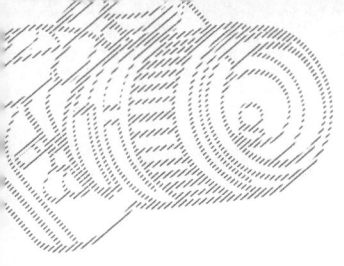

FUNDA-
MENTOS
LEGAIS DA
INVESTI-
GAÇÃO PAR-
TICULAR

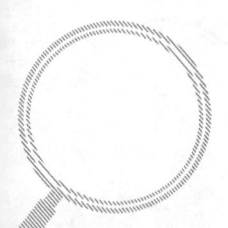

O selo DIALÓGICA da Editora InterSaberes faz referência às publicações que privilegiam uma linguagem na qual o autor dialoga com o leitor por meio de recursos textuais e visuais, o que torna o conteúdo muito mais dinâmico. São livros que criam um ambiente de interação com o leitor – seu universo cultural, social e de elaboração de conhecimentos –, possibilitando um real processo de interlocução para que a comunicação se efetive.

Maurício Marques Canto Júnior

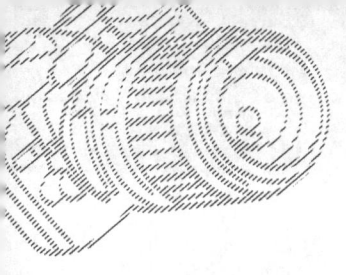

FUNDA-MENTOS LEGAIS DA INVESTI-GAÇÃO PAR-TICULAR

Dados Internacionais de Catalogação na Publicação (CIP)
(Câmara Brasileira do Livro, SP, Brasil)

Canto Júnior, Maurício Marques
  Fundamentos legais da investigação particular/
Maurício Marques Canto Júnior. Curitiba:
InterSaberes, 2019. (Série Estudos de Investigação
Particular)

  Bibliografia.
  ISBN 978-85-5972-916-0

  1. Detetive como profissão 2. Detetives
particulares 3. Investigação 4. Regulamentação –
Brasil I. Título. II. Série.

18-21977   CDD-363.28981

Índices para catálogo sistemático:

1. Brasil: Detetives particulares: Regulamentação:
Exercício profissional 363.28981
Iolanda Rodrigues Biode – Bibliotecária – CRB-8/10014

1ª edição, 2019.

Foi feito o depósito legal.

Informamos que é de inteira responsabilidade do autor a emissão de conceitos.

Nenhuma parte desta publicação poderá ser reproduzida por qualquer meio ou forma sem a prévia autorização da Editora InterSaberes.

A violação dos direitos autorais é crime estabelecido na Lei n. 9.610/1998 e punido pelo art. 184 do Código Penal.

Rua Clara Vendramin, 58
Mossunguê . CEP 81200-170
Curitiba . PR . Brasil
Fone: (41) 2106-4170
www.intersaberes.com
editora@editoraintersaberes.com.br

Conselho editorial
— Dr. Ivo José Both (presidente)
— Drª. Elena Godoy
— Dr. Nelson Luís Dias
— Dr. Neri dos Santos
— Dr. Ulf Gregor Baranow

Editora-chefe
— Lindsay Azambuja

Supervisora editorial
— Ariadne Nunes Wenger

Analista editorial
— Ariel Martins

Preparação de originais
— Gilberto Girardello Filho

Edição de texto
— Arte e Texto Edição e Revisão de Textos
— Floresval Nunes Moreira Junior

Capa
— Charles L. da Silva (design)
— Alexandr III e exopixel/ Shutterstock (imagens)

Projeto gráfico
— Iná Trigo

Diagramação
— Regiane Rosa

Equipe de design
— Charles L. da Silva
  Sílvio Gabriel Spannenberg

Iconografia
— Regina Claudia Cruz Prestes
— Célia Regina Tartalia e Silva

sumário

apresentação _____ 7
como aproveitar ao máximo este livro _____ 9

Capítulo 1
O conceito de investigação _____ 13
1.1 Introdução _____ 14
1.2 Necessidade da busca da verdade e seus meios _____ 16
1.3 Atividade de inteligência _____ 26
1.4 Análise do fenômeno jurídico _____ 38

Capítulo 2
A profissionalização do detetive particular _____ 54
2.1 Introdução _____ 55
2.2 Significado da Classificação Brasileira de Ocupações (CBO) _____ 57
2.3 Espécie de prestação de serviço _____ 67
2.4 Exigibilidade de qualidade e transparência _____ 78

Capítulo 3
Limites normativos extrínsecos à investigação particular _____ 92
3.1 Introdução _____ 93
3.2 Direitos humanos _____ 93
3.3 Direito à privacidade e à intimidade _____ 104
3.4 Sigilo das informações obtidas e validade das provas _____ 115

Capítulo 4
Limites normativos intrínsecos à investigação particular _____ 131
4.1 Introdução _____ 132
4.2 Legislação específica: leis n. 13.432/2017, n. 3.099/1957 e Decreto n. 50.532/1961 _____ 133

4.3 Relações empresariais: propriedade, *compliance*, auditoria e espionagem _____ 144
4.4 Relações pessoais: *status* patrimonial, investigação e localização de pessoas, casamentos, filhos e empregados/contratados domésticos _____ 157

Capítulo 5
A relação contratual do detetive particular _____ **175**
5.1 Introdução _____ 176
5.2 Idiossincrasias da relação entre cliente e detetive particular _____ 176
5.3 O Contrato de Prestação de Serviço _____ 186
5.4 Cláusulas, condições e aditamentos: como fechar o contrato _____ 194

Capítulo 6
O adimplemento integral na atividade investigativa particular _____ **211**
6.1 Introdução _____ 212
6.2 Modelo de Contrato de Prestação de Serviço _____ 213
6.3 Modelo de Relatório Circunstanciado _____ 230

para concluir... _____ 253
referências _____ 257
bibliografia comentada _____ 266
apêndice _____ 267
respostas _____ 273
sobre o autor _____ 277

apresentação

A presente obra pretende apresentar, de forma dialogal e discursiva, as razões jurídicas que embasam a profissão do detetive particular.

Superando uma mera visão dogmática, pela qual se faria uma monótona repetição de legislação e alguns comentários, preferimos adotar uma abordagem fenomenológica*, por meio da demonstração da experiência intelectual direta com o objeto de estudo e da racionalização decorrente da percepção imediata dos seus elementos constitutivos. Ou seja: experimentando os conceitos, buscamos mostrar o que neles havia de essencial.

Com isso, esta obra foi dividida em seis partes, tendo a clara intenção de se aproximar, aos poucos, do seu objetivo fundamental a partir das noções mais generalistas da realidade jurídica em relação à profissão de detetive particular.

No primeiro capítulo, analisamos o conceito de investigação. Pois, se tudo relacionado ao detetive particular é investigação, então, naturalmente, é imprescindível começar a obra com o assunto mais básico: Afinal, o que é investigar?

Em seguida, no segundo capítulo, por meio de uma breve explicação sobre o fenômeno jurídico, que efetivamente foi o primeiro caso investigativo, pretendemos mostrar como o trabalho do detetive particular foi reconhecido como profissão válida no Brasil e, principalmente, quais são as consequências para aquele que pretende utilizar a capacidade investigativa como atividade profissional.

---

* "Pois, o conhecimento pode ser entendido analisando-se os ingredientes que o compõem e observando-se a interação dos mesmos no processo cognitivo. Assim, o procedimento fenomenológico caracteriza-se como procedimento científico, [...] tematiza explicitamente o seu objeto e como investigá-lo de maneira metódica e sistemática. Proceder fenomenologicamente não significa somente partir da e basear-se na experiência do assunto a ser investigado, mas ter plena consciência do caminho que, uma vez percorrido e experimentado, pode ser descrito, refeito e corrigido por outros. [...] O que importa é desenvolver uma sequência organizada de passos argumentativos que conduzam com transparência metodológica ao resultado" (Greuel, 1998, p. 73).

Superada essa noção, no terceiro capítulo, dedicamo-nos a investigar o regramento jurídico destinado a todas as pessoas, circundando gradativamente o fenômeno até atingirmos o profissional da investigação: o detetive particular.

Ao nos aproximarmos do detetive particular, no quarto capítulo, naturalmente abordamos o regime jurídico específico desse profissional, demonstrando as principais peculiaridades que as normas do direito trazem a esse investigador privado.

Com a consciência de leis, normas, princípios e regras que regulam a profissão do detetive particular, e após conhecermos as principais opções possíveis de dedicação ao seu ofício, no quinto capítulo, inauguramos o conhecimento do instrumento jurídico por excelência do investigador particular com o seu cliente: o Contrato de Prestação de Serviços.

Conhecido o instrumento contratual, desde as peculiaridades entre as partes, cliente e profissional, até os detalhes conceituais mais relevantes para as cláusulas contratuais, no sexto e último capítulo quase abandonamos a perspectiva teórica e abraçamos, definitivamente, o objetivo fundamental desta obra: permitir que o futuro profissional tenha a certeza e a segurança jurídica necessárias para atuar no ofício de detetive particular. Por já dominar as causas, os direitos e as limitações impostas pelo Direito, o leitor conhecerá um modelo prático de Contrato de Prestação de Serviços e se habilitará a construir o seu próprio modelo para usá-lo com os seus clientes, porque já sabe o que significa ser um investigador, como foi reconhecida essa profissão, quais são as limitações intrínsecas e extrínsecas a esse ofício e como, juridicamente, funciona esse contrato.

Construindo um caminho investigatório sobre os fundamentos legais da investigação particular, objetivamos trazer conhecimento, autonomia e capacitação para que você, leitor, conclua a leitura deste livro tendo a certeza de que, afinal de contas, ser detetive particular é ter a liberdade de ser contratado para planejar, executar e descobrir os segredos inevitáveis que fazem parte desta vida.

como aproveitar ao máximo este livro

Este livro traz alguns recursos que visam enriquecer o seu aprendizado, facilitar a compreensão dos conteúdos e tornar a leitura mais dinâmica. São ferramentas projetadas de acordo com a natureza dos temas que vamos examinar. Veja a seguir como esses recursos se encontram distribuídos no decorrer desta obra.

Conteúdos do capítulo:
Logo na abertura do capítulo, você fica conhecendo os conteúdos que nele serão abordados.

Após o conteúdo deste capítulo, você será capaz de:
Você também é informado a respeito das competências que irá desenvolver e dos conhecimentos que irá adquirir com o estudo do capítulo.

Síntese:
Você dispõe, ao final do capítulo, de uma síntese que traz os principais conceitos nele abordados.

Para saber mais:
Logo na abertura do capítulo, você fica conhecendo os conteúdos que nele serão abordados.

Questões para revisão:
Logo na abertura do capítulo, você fica conhecendo os conteúdos que nele serão abordados.

Questões para revisão

1. Apresente e explique dois motivos para justificar a proibição de propaganda enganosa e abusiva.
2. Por que a qualidade e a transparência são fundamentais na prestação de um serviço?
3. Como podemos considerar o significado da Classificação Brasileira de Ocupações (CBO)?
   a) Uma mera sugestão de possibilidades profissionais.
   b) Uma questão burocrática e formal.
   c) Uma técnica de classificação de trabalhos.
   d) Uma determinação de qual ocupação deve ser realizada.
   e) Uma divergência entre o trabalho prestado e o resultado atingido.
4. Analise as seguintes assertivas:
   I) O Estado é resultado das relações de poder em uma sociedade.
   II) O poder é determinado somente pelas eleições.
   III) Ao Estado é atribuída a capacidade de afirmar o que é justo, lícito e legal.

   A seguir, indique a alternativa que apresenta apenas a(s) assertiva(s) correta(s):
   a) I.
   b) II.
   c) III.
   d) I e III.
   e) II e III.

Questões para reflexão:
Logo na abertura do capítulo, você fica conhecendo os conteúdos que nele serão abordados.

---

5. Analise as assertivas a seguir e, na sequência, assinale a alternativa correta:

   A atividade investigativa é uma prestação de serviço.

   PORQUE

   O Código de Defesa do Consumidor (CDC) é uma legislação especial.

   a) A primeira assertiva é verdadeira, mas a segunda assertiva é falsa.
   b) A primeira assertiva é falsa, mas a segunda assertiva é verdadeira.
   c) As duas assertivas são verdadeiras, sendo a segunda uma consequência lógica da primeira.
   d) As duas assertivas são verdadeiras, mas a segunda não é uma consequência lógica da primeira.
   e) As duas assertivas são falsas.

Questões para reflexão

1. Procure imaginar que você é um cliente precisando de um investigador particular. Quais qualidades gostaria que ele tivesse?
2. Em relação ao serviço que será prestado, como transmitir com clareza o que poderá ser feito sobre algum caso concreto? Como trazer segurança ao trabalho, mostrando qualidade e transparência?

Bibliografia comentada:
Logo na abertura do capítulo, você fica conhecendo os conteúdos que nele serão abordados.

bibliografia comentada

LEMBO, C. **A pessoa:** seus direitos. Barueri: Manole, 2007.
Obra completa e fundamental sobre os direitos humanos e os limites à privacidade e à intimidade. Ensina a respeitar os limites do outro na hora de trabalhar com a investigação.

MACHADO, C. (Org.). **Código de defesa do consumidor interpretado:** artigo por artigo, parágrafo por parágrafo. Barueri: Manole, 2013.
Considerando a necessidade de o detetive particular ser regido pelo CDC, essa obra é de leitura obrigatória, especialmente nos artigos tratados neste livro de fundamentos legais.

MELLO, C. de M. **Direito civil:** contratos. 2. ed. Rio de Janeiro: F. Bastos, 2017.
Sendo o contrato o instrumento por excelência da relação profissional entre o cliente e o detetive particular, a leitura deste livro é essencial.

PLATT, W. **A produção de informações estratégicas.** Tradução de Álvaro G. Pereira e Heitor A. Pereira. Rio de Janeiro: Biblioteca do Exército/Livraria Agir, 1974.
Esse texto é considerado um clássico para a organização de dados e informações que possam gerar inteligência. Trata-se de um manual fundamental para o detetive particular.

REALE, M. **Lições preliminares de direito.** 25. ed. São Paulo: Saraiva, 2001.
Uma das obras propedêuticas em direito que alcançou maior recorde de edições. Em linguagem simples e atraente, permite levar o aluno a compreender o fenômeno jurídico com rapidez e facilidade.

ROCHA, A. G. F. (Org.). **Planejamento e gestão estratégica.** São Paulo: Pearson Education do Brasil, 2012.
Obra de referência sobre organização estratégica e fundamental para a gestão de dados e informações do detetive particular.

O CONCEITO DE INVESTIGAÇÃO

Conteúdos do capítulo:
- O conceito de investigação.
- O resultado da postura investigativa.
- O conteúdo do fenômeno jurídico.

Após o estudo deste capítulo, você será capaz de:
1. compreender, objetivamente, o que significa *investigar*;
2. entender por que a inteligência é o resultado natural da investigação;
3. refletir sobre o direito por meio de uma investigação fenomenológica.

1.1 Introdução

Um ótimo detetive particular será aquela pessoa curiosa, sagaz e inteligente o bastante para saciar suas dúvidas sobre algum assunto.

Saber buscar a informação necessária e conhecer as técnicas e os meios de aquisição de dados e informações farão a realização de um sonho profissional se tornar realidade. Nesse sentido, para que possamos iniciar essa fantástica jornada na aventura do desconhecido, explorando textos e sentidos na busca do saber, devemos começar com os primeiros passos.

Conhecer o significado das palavras nos fará ter uma maior intimidade com a própria linguagem, veículo por excelência da comunicação de nossa mente com o mundo, com as coisas e com a própria realidade.

Percebida a importância da linguagem enquanto elemento absolutamente essencial para a produção de qualquer espécie de conhecimento, o primeiro passo é entender, com maestria, o significado do conceito de **investigação**, pois é exatamente tudo o que faremos como detetives particulares.

De início, podemos saber que a palavra *conceito* se origina de *conceptus*, que significa aquilo que pode ser concebido. De acordo com Cândido de Figueiredo, no seu *Novo diccionário da língua portuguesa*, dos idos de 1913, tendo já mais de cem anos de idade, *conceito* é aquilo que o espírito concebe, que consegue gerar. Em suma, significa tudo aquilo que um indivíduo pensa ao ouvir um determinado termo.

Assim, conhecer o conceito de algo é educar a própria mente para pensar exatamente o que deve ser pensado. Por exemplo, ao dizer a palavra *praia*, qual conceito vem à sua mente?

Alguns pensam em férias e mar. Outros, em sol e sorvete. Enfim, há várias formas diferentes de pensar em praia, mas a educação da sua própria imaginação exige saber que praia é um conceito geográfico, que representa um ambiente para o qual milhares de pessoas se dirigem em períodos de férias ou descanso.

Assim, em relação ao conceito de *praia*, é essencial conhecermos a sua noção geográfica – as outras percepções não precisam necessariamente existir.

Para o nosso assunto, compreender a definição do conceito de **investigação** permitirá ao detetive particular ter uma melhor e mais ponderada atuação profissional. Afinal, se na sua mais íntima consciência o investigador não entender exatamente quem ele é e o que faz no meio social, não poderá exercer sua atividade profissional com sabedoria, clareza de intenção e excelência de resultados.

Vivemos em uma sociedade altamente competitiva, em que um profissional liberal deve ter a capacidade de se destacar acima da normalidade de seus pares. Se ele for apenas mais um na multidão, sendo medíocre (alguém que vive na média), a satisfação pessoal no exercício do seu trabalho, além da renda e da perspectiva de crescimento, estará essencialmente comprometida.

Assim, este primeiro capítulo justifica-se pela necessidade da compreensão profunda do significado e do alcance da atividade de investigação, mostrando que as limitações jurídicas, normativas ou sociais existentes nessa atividade, cujo objeto será extensivamente abordado nos próximos capítulos, existem para determinar o exercício ponderado, refletido, responsável e valioso da investigação profissional.

Afinal, se o investigador não compreender exatamente o que faz, tampouco poderá entender o motivo de uma conduta ser proibida ou, pelo contrário, obrigatória. Se não souber o porquê de existir uma normatização (uma vedação, uma determinação ou uma permissão de conduta), será impossível efetivamente compreender o regime jurídico (quais fontes normativas, leis etc.) aplicável à sua atividade profissional.

Em suma, o detetive particular realiza uma atividade de inteligência por meio de determinadas estratégias de aquisição de informações com vistas à busca e à compreensão da verdade. Compreendidas essas atividades de inteligência do detetive, com suas respectivas estratégias de aquisição de informações, traremos noções fundamentais do direito, do próprio sistema jurídico, para iniciarmos o mergulho nos seus fundamentos legais.

Pois, se precisamos conhecer os fundamentos legais da investigação particular, devemos saber o que significa investigar, como obter a verdade com o objetivo de formar inteligência e, principalmente, entender como efetivamente funciona o fenômeno jurídico.

Assim, meios de apreensão da realidade enquanto necessidade de busca pela verdade comporão a primeira seção deste capítulo. Já a produção de inteligência, como resultado dessa busca, determinará a segunda parte.

Concluiremos este capítulo com a compreensão do fenômeno jurídico como resultado da busca pela verdade fundamental que compõe o próprio objeto deste livro: os fundamentos legais da investigação particular.

1.2 Necessidade da busca da verdade e seus meios

Não é exclusivo ao investigador particular ter a necessidade de conhecer mais perfeitamente a realidade – há inúmeras atividades profissionais com esse intuito. Inclusive, a própria existência humana é um reflexo dessa intrínseca necessidade existencial, tendo a filosofia, há milênios, afirmado: "todos os homens possuem, naturalmente, o desejo de conhecer"* (Aristóteles, 1982).

O ser humano tem desejo de conhecer a realidade e a necessidade de apreender a verdade por própria capacidade intelectual. Longe de ser mera vaidade ou veleidade moral, é uma questão de sobrevivência uma pessoa saber diferenciar perigos de oportunidades, realizando

---

* Da obra consultada: "*Todos los hombres tienen naturalmente el deseo de saber*", em tradução livre.

cálculos entre riscos e benefícios, ponderando e buscando uma situação mais digna e confortável para si.

Compreendendo a **verdade** como adequação da consciência à realidade, conforme a clássica e notória definição escolástica, percebe-se que a busca da verdade é fundamental. Trata-se, na verdade, de uma necessidade primordial do ser humano.

Estas palavras soam bem aos ouvidos: **o homem busca a verdade**!

Tudo bem: o ser humano quer conhecer. Mas, e daí? De que forma entender isso poderá ajudar alguém a ser um profissional melhor e mais bem preparado para enfrentar as agruras da concorrência e da prestação de um serviço moralmente digno, juridicamente seguro e financeiramente apreciável?

A resposta a essa importante questão é simples, note: quando um cliente bater à sua porta, a sua primeira pergunta (silenciosa, claro) deverá ser: Quais fatos e verdades esse cliente desconhece e, por conta desse desconhecimento, pretende me pagar para que eu descubra?

Além disso, sobre esses fatos, quais serão os meios de busca da verdade? Acompanhamento? Vigília? Escuta ambiental? Engenharia social?

Talvez o cliente apenas necessite de um planejamento dos meios pelos quais possa colher dados e informações. Não é impossível que a atividade requisitada ocorra exclusivamente no plano intelectual.

Obviamente, é comum o cliente necessitar que o detetive particular busque o conhecimento de uma verdade.

Exemplificando: numa relação conjugal, por vezes, um marido (ou uma esposa) não quer saber simplesmente se a cônjuge está traindo, mas, sim, se verdadeiramente o ama. Vamos esclarecer: um cliente contrata você para, segundo ele, apenas saber se a mulher o está traindo. Você aceita o trabalho, cobra os seus honorários e conclui o serviço com um sonoro "Não, seu cônjuge não apresenta sinais de que esteja sendo infiel".

Você pode concluir que não há traição e, ainda, reforçar: "A sua cônjuge está sempre realizando atividades de interesse da preservação da família. Ela cuida bem das crianças, pois sempre pergunta à professora como eles estão indo na escola. Também se preocupa com uma alimentação balanceada, sempre comprando carnes e verduras em vez de alimentos processados. Ela também cuida de si mesma, provavelmente para você, pois vai à academia, que, inclusive, é destinada somente para mulheres".

Essa resposta poderá ser insatisfatória, pois o cliente não quer saber meramente sobre a conjunção carnal com terceiros, mas sim se a mulher o ama, se o casamento está falido etc. O cliente quer conhecer a verdade.

Pode parecer um detalhe ínfimo, mas esse exemplo nos ajuda a compreender que, às vezes, é necessário um pouco mais do que simplesmente juntar dados e informações. É importante saber que o verdadeiro trabalho de um detetive é conhecer a realidade, apreender a verdade, e não somente se apegar a um detalhe relacionado aos fatos. Afinal, se o investigador não conhecer as reais intenções do seu cliente, o que poderia ser um trabalho valoroso poderá acabar se tornando custoso e, em muitos casos, criminoso.

Ratifica-se: conhecer a verdade é muito mais complexo do que conseguir aferir um ou outro fato. No caso da fidelidade conjugal, o detetive tem de estar seguro das intenções do seu próprio cliente e, especialmente, do próprio objeto de investigação.

O exemplo meramente hipotético recém-utilizado demonstra uma realidade em comum: apenas dizer que o cônjuge "não demonstrou ter realizado conjunção carnal com terceiros" não é uma resposta satisfatória. Lembre-se: você está lidando com seres humanos, pessoas que normalmente têm inseguranças, dúvidas, problemas e questões que superam o fato de meramente saber se o cônjuge está traindo.

Evidentemente, saber se há traição é uma condição necessária à prestação do serviço de investigação particular, mas nunca será uma condição suficiente. Para melhor compreender a importância do assunto tratado, é necessária uma abordagem concreta. Para isso, citamos um evento ocorrido em 2015, no Brasil, amplamente divulgado nas redes sociais e nos canais de notícias: o caso da Fabíola da manicure (Bottino, 2015).

Nessa situação, a mulher mentiu para o marido ao dizer que iria à manicure; no entanto, estava o traindo. Então, descumpriu o dever de fidelidade ao realizar atos de conjunção carnal com um amante, num motel localizado na cidade em que morava o casal.

Indignado, e ciente desses fatos, o cônjuge traído fora nesse motel para pegar, em flagrante, a então esposa com o amante. Imbuído da arrogância do exercício arbitrário das próprias razões – pois, independentemente de suas emoções estarem hipertrofiadas, não é normalmente dado à pessoa pretender exercer os seus próprios direitos à força –, o marido traído filmou a esposa na saída do motel e divulgou as imagens nas mídias sociais. Qual é a moral da história? E se fosse você o detetive, nesse caso? Ao descobrir que a esposa se dirigia ao motel, você informaria ao seu cliente, o marido? Se o detetive levasse o marido traído para pegar a esposa em flagrante e este cometesse crimes muito mais graves do que apenas a publicação de um vídeo, você poderia ser condenado a pagar por danos morais? Poderia o detetive particular ter contribuído com a causa de até um homicídio, na pior das hipóteses?

Essas questões serão resolvidas no decorrer deste livro, quando conhecermos o que um detetive particular tem o direito de fazer e o que lhe é proibido.

Enfim, para o momento, basta termos em mente que o investigador particular tem o dever de querer conhecer toda a verdade. Inclusive, a própria Lei n. 13.432, de 11 de abril de 2017, que regulamenta a atividade do detetive particular (conforme abordaremos no quarto capítulo), no seu art. 6º, obriga o profissional a ter apreço pela verdade (Brasil, 2017).

Só que a verdade não se resume aos fatos e às informações de interesse do cliente. Por vezes, o detetive particular deve ter a sensibilidade e a noção dos limites legais sobre quais informações, e em qual momento, devem ser exibidas.

Sabendo da delicadeza relacionada à questão da infidelidade conjugal, e tendo o marido (ou esposa) traído um temperamento mais colérico que fleumático, torna-se necessária a precaução de prever, em cláusula contratual, que você, o detetive, não tem a obrigação de informar o paradeiro imediato do objeto investigado, justamente para prevenir esse tipo de situação.

Neste livro, abordaremos o conteúdo possível e útil na relação contratual com o cliente, inclusive disponibilizando um modelo completo de contrato lavrado. Mas este capítulo atual está dedicado à necessidade de compreensão da busca da verdade, que somente será possível se houver tecnologia suficiente para obter meios de apreensão da realidade.

Ou seja, a busca da verdade é inerente ao ser humano, mas ela deve ser exercida com cautela e sabedoria. Além disso, para ir atrás da verdade, é necessário ter instrumentos e meios que permitam apreendê-la.

Tais meios de apreensão da realidade se referem às tecnologias disponíveis para agir com estratégia no reconhecimento de fatos.

A *tecnologia* deve ser compreendida no seu devido sentido. Isto é, ao ouvir essa palavra, a imaginação humana remete a computadores, *smartphones*, internet, drones, satélites etc. Certamente, esses instrumentos são úteis à apreensão da realidade. Mas a tecnologia significa, meramente, um meio técnico, fruto da inteligência humana apta a perceber e a modificar o mundo.

Um bom detetive particular deve conhecer os modos de utilização da tecnologia eletrônica, como *trojans* e demais *spywares* em computador (se o equipamento for de propriedade do cliente), rastreios de telefones celulares ou mesmo escutas telefônicas.

A escuta telefônica (quando um dos interlocutores está gravando a conversa) é permitida. Mas a questão da interceptação telefônica é problemática, mesmo com autorização judicial, porque questões como competência jurisdicional (inclusive para violação de domicílio etc.) envolvem toda a problemática do controle judicial.

Veja como a mais balizada doutrina aborda esse assunto:

> A nosso aviso, nada autoriza a conclusão de que a autorização judicial fundamentada para a realização da citada providência investigativa tenha como consequência a sua absoluta invalidade quando se tratar, por exemplo, de reconhecimento posterior da incompetência (material ou territorial) do juiz. Ressalve-se, mais uma vez e sempre, as hipóteses de eventuais abuso de poder, nos quais o juiz, mesmo sabendo não ser a autoridade competente, prossegue na investigação (neste sentido, STF – HC nº 81.260/ES, Rel. Min. Sepúlveda Pertence, Tribunal Pleno, julgamento 14.11.2001; citando este precedente, vejase STF – HC nº 99.619/RJ e HC nº 102.293/RS). E, mais recentemente, também nesse sentido decidiu a Suprema Corte, no julgamento do HC nº 110.496, 2ª Turma, Rel. Min. Gilmar Mendes, j. 9.4.2013, no qual se levantou a tese do juízo aparente, ou teoria do juízo aparente, segundo a qual o erro sobre a competência é escusável em determinadas circunstâncias. Ademais, o mesmo Tribunal fixou que a autorização judicial para interceptação telefônica não fixa regra de competência, mas, sim, atende a reserva de jurisdição para quebra de sigilo (HC nº 126.536/ES, Rel. Min. Teori Zavascki, 1º.3.2016). O que estamos a assentar é que, desde que devidamente fundamentada, a decisão judicial atenderá aos requisitos constitucionais para o deferimento da medida, não traduzindo qualquer prova ilícita aquela assim obtida. O que se exige para as interceptações telefônicas, e, também, para a violação de domicílio, de registros de dados e outras, é o controle judicial, orientado pela

apreciação da necessidade e pertinência da medida, a ser feita por magistrado, ou seja, por autoridade com poderes decisórios. (Pacelli, 2017, p. 389-390)

Ou seja, a própria doutrina jurídica conflita com questões concernentes à competência de um juízo e a consequente validade ou invalidade da prova colhida na interceptação telefônica.

Se a própria doutrina necessita fundamentar o seu posicionamento em função de decisões judiciais, imagine-se a dificuldade que um detetive particular poderá ter, se não estiver adequadamente informado, sobre os limites de atuação da sua profissão.

E esta é exatamente a função deste livro: desvendar as possibilidades legais de atuação do detetive particular. Mas, note-se: em vez de simplesmente impor ou colacionar uma sequência de regras do direito (muitas delas extremamente problemáticas, como visto), pretendemos demonstrar, argumentativamente, com pontos lógicos de explicação, o sentido e o significado das limitações jurídicas impostas à profissão.

Nesse momento, cabe destacar que um detetive particular não é, necessariamente, um jurista ou técnico em informática, mas apenas um usuário dessas técnicas em busca de dados e informações, ou seja, procura fatos que visem esclarecer pontos de interesse do cliente.

Especialmente por conta disso, um ótimo detetive deve conhecer, além do direito e de grampos telefônicos (os quais, se feitos sem autorização judicial, constituem crime, é bom lembrar[*]), técnicas de engenharia social, de leitura do corpo e do comportamento humano.

Um ótimo detetive precisa saber implementar atividades persuasórias a alguém (por exemplo, conseguir conversar com a professora dos filhos da família para compreender o nível de integração, comprometimento e interesse dos cônjuges para com o núcleo familiar), dentre outra miríade de possibilidades.

---

[*] Conforme proteção constitucional prevista no inciso XII do art. 5º da Constituição Federal de 1988 (Brasil, 1988) e com a exceção autorizada nos modos definidos na Lei n. 9.296, de 24 de julho de 1996 (Brasil, 1996a).

Além disso, um excelente detetive deve deter as minúcias de uma atividade de auditoria, por exemplo; senão, deixará de perceber quaisquer irregularidades em uma complexa rede de atividades empresariais, especialmente detalhes em desconformidades de protocolos e sistemas de ação dentro de uma empresa. Especificidades sobre todas essas questões serão esmiuçadas nos próximos capítulos.

É importante compreender a existência de diversas técnicas de engenharia social com vistas a obter informações relevantes para o seu cliente. Tais técnicas envolvem desde atitudes mais sagazes até as meramente sedutoras (incluindo proveito financeiro ou conduta libidinosa). A engenharia social é largamente reconhecida como meio de colheita de dados e informações.

A doutrina entende que a engenharia social exige sagacidade da pessoa que pretende obter a informação:

> Na maioria dos casos, os engenheiros sociais bem-sucedidos têm uma habilidade muito boa em lidar com as pessoas. Eles são charmosos, educados e agradam facilmente – os traços sociais necessários para estabelecer a afinidade e confiança. Um engenheiro social experiente pode ter acesso a praticamente qualquer informação-alvo usando as estratégias e táticas da sua habilidade.
>
> Os tecnologistas experientes têm desenvolvido soluções de segurança da informação para minimizar os riscos ligados ao uso dos computadores, mas mesmo assim deixaram de fora a vulnerabilidade mais significativa: o fator humano. Apesar do nosso intelecto, nós humanos – você, eu e todas as outras pessoas – continuamos sendo a ameaça mais séria à segurança do outro. (Mitnick; Simon, 2003, p. 7)

Não se tratando exclusivamente da capacidade de adquirir informações que estejam em computadores, a engenharia social é uma técnica extremamente útil para um detetive particular. Afinal, o objetivo da investigação, conforme analisaremos, é o planejamento e a execução da colheita de dados e informações de interesse particular do cliente.

Com esse pressuposto, o núcleo que caracteriza a atividade do detetive particular nada mais é do que "ter acesso a praticamente qualquer informação-alvo usando as estratégias e táticas da sua habilidade", conforme afirmam Kevin Mitnick e William Simon (2003, p. 7), na consagrada obra *A arte de enganar*.

Além da engenharia social, a capacidade de realização de uma leitura profunda da realidade também envolve análise textual, idiossincrasias e até reconhecimento de expressões faciais.

Inclusive, outra curiosidade: o reconhecimento de expressões faciais na atuação do detetive particular é recente e teve origem em uma publicação científica de 1872 denominada "A expressão das emoções no homem e nos animais", de Charles Darwin (Ávila et al., 2016, p. 210) – em que pese o fato de ser possível reconhecer se uma pessoa está mentindo apenas pelo jeito de falar dela.

Atualmente, a ciência de reconhecimento facial é uma realidade inquestionável. Há inúmeras empresas de segurança e investigação, além de agências de inteligência e outros órgãos estatais, que se valem da segurança científica ofertada pela análise dessas expressões faciais e corporais.

> Paul Ekman* é um renomado cientista nessa área e que, inclusive, inspirou a produção de uma série de televisão denominada *Lie To Me* (*Minta para mim*, em tradução livre), que demonstra as várias formas de utilização da leitura de microexpressões para a determinação e o julgamento da existência (ou ausência) de veracidade na conduta de uma pessoa.

---

* Acesse o *site* do cientista pelo seguinte *link*: <https://www.paulekman.com/>. Acesso em: 21 ago. 2018.

Nesse sentido, o detetive particular deve deter habilidades excepcionais para conseguir realizar o seu trabalho, não apenas conhecendo a legislação (assunto fundamental deste livro), mas tendo claras noções do que significa o trabalho de um detetive.

Obviamente, não há aquele romantismo clássico de um agente secreto estilo 007, até porque o detetive particular lida exclusivamente com questões cíveis (assuntos criminais, somente com permissão do cliente e autorização do delegado de polícia, conforme debateremos no quarto capítulo).

Mas, por hora, é importante saber que as habilidades sociais são extremamente necessárias para que haja um excelente desempenho profissional.

A própria lei exige que o detetive particular seja honesto, zeloso, técnico, discreto e tenha apreço pela verdade, conforme abordaremos na sequência. Mas é fundamental compreender que essa atividade profissional é única, diferente e intrigante.

Além da possibilidade de buscar informações por meios próprios, o detetive particular tem hoje meios formais garantidos pelo próprio Estado, inclusive através do Poder Judiciário, se necessário for, para atingir as informações necessárias à satisfação das necessidades do cliente.

Por derradeiro, cabe conhecer a existência da Lei de Acesso à Informação – Lei n. 12.527, de 18 de novembro de 2011 (Brasil, 2011b) –, que oferece um *site* oficial destinado ao público em geral[*], regulamentando o direito constitucional à informação, conforme previsto no art. 5º, inciso XIV, da Constituição Federal: "é assegurado a todos o acesso à informação e resguardado o sigilo da fonte, quando necessário ao exercício profissional" (Brasil, 1988).

---

[*] Acesse o *site* mantido pelo governo federal no seguinte *link*: <http://www.acessoainformacao.gov.br>. Acesso em: 21 ago. 2018.

Regulamentada pelo Decreto n. 7.724/2012, a Lei de Acesso à Informação garante o acesso à informação de ordem pública que seja de interesse da população. É importante conhecer os meios oficiais de acesso à informação, posto ser possível que um cliente requeira dados e informações oficiais, os quais o governo (bem dizer, o Estado) tem a obrigação de fornecer.

Mas é importante deixar claro que, muito menos que executar um trabalho burocrático, cansativo e repetitivo, o detetive particular deve ter sagacidade, inteligência e habilidades específicas para bem desempenhar o seu mister.

O detetive particular não é apenas um coletor de dados, e sim um verdadeiro interpretador de informações. Esse profissional, por expressa disposição legal, deve apresentar uma análise e uma conclusão sobre as informações colhidas, com vistas a orientar a conduta do cliente. Isso, na doutrina mais especializada, chama-se precisamente de *atividade de inteligência*, ou seja, mais do que meramente coletar dados e informações, significa fazer esses dados e informações terem algum sentido, conferindo-lhes um significado que possa ter alguma utilidade real para o cliente.

Este assunto – gerar informação que apresente sentido e tenha a capacidade de orientar a conduta do cliente – é o tema do próximo item deste capítulo.

1.3 Atividade de inteligência

Um verdadeiro detetive particular necessita compreender que a sua atividade envolve a produção de inteligência, isto é, representa muito mais do que providenciar uma reunião de dados, informações e fatos para o seu cliente.

Conforme abordado, o profissional dessa área deve se ater ao contexto do seu cliente, posto que a informação, se for dada sem critério ou ponderação, permitirá gerar exacerbação da afetividade do cliente, especialmente nos casos de interesse íntimo.

O risco da exposição pública de um comportamento privado também gera responsabilidade civil, pois pode fazer o cliente ser devedor em uma ação de compensação por danos morais porque, por exemplo, não conseguiu conter sua ira diante de um ato injusto. Mas por que esses detalhes são importantes? Especialmente, na seara no Direito, qual é a relevância em se compreender o risco, conforme o exemplo citado no item anterior, de um cônjuge traído sair atirando ou publicando vídeos que foram originariamente produzidos pelo detetive particular?

É simples: se os clientes, mesmo bem informados, saírem do seu escritório presos ou com dívidas em dano moral, a sua clientela não se multiplicará, certo?

A compreensão da estrutura de trabalho envolvida na atividade de investigação particular é assunto do próximo capítulo, e as determinações contratuais que potencialmente possam diminuir ou eliminar os riscos inerentes a essa atividade extremamente instigante e desafiadora serão assuntos do quinto capítulo. Mas, nesse momento, é fundamental compreender que a atividade de inteligência desenvolvida pelo detetive particular envolve não apenas as informações a serem adquiridas com a investigação, mas, principalmente, as informações que o próprio detetive particular necessita ter antes mesmo de aceitar ser contratado pelos seus clientes.

Este é o sentido que pretendemos desenvolver nesta seção: a atividade do detetive particular envolve uma capacidade superior de perceber e coletar dados sobre a realidade.

Conforme explicado na primeira parte deste capítulo, a capacidade de realizar engenharia social, fazendo os objetos de investigação fornecerem os dados que precisam ser coletados ou sendo capaz de compreender e atender às reais necessidades do cliente, é uma atividade de alto valor intelectual. No entanto, não se refere apenas a dados e informações, pois um excelente detetive particular deve saber produzir, no sentido técnico, inteligência.

Bem, até agora, compreendemos que a inteligência envolve trabalhar de forma a conhecer os detalhes técnicos da profissão, bem como a expectativa de diminuição de riscos ao detetive e ao cliente. Mas, afinal de contas, o que é a atividade de inteligência?

A atividade de inteligência não representa, meramente, aquela construção romântica do espião sedutor – conforme já citamos. Pelo contrário, ela envolve um aspecto fundamental da própria capacidade humanda de compreender as informações.

A Central Inteligence Agency (CIA), a agência de inteligência mais famosa do mundo, apresentou uma obra na qual explica a inteligência como sendo uma capacidade psicológica e intelectual humana que deve ser devidamente compreendida: "agentes de análise de informação deveriam ter consciência sobre o seu processo de raciocínio. Eles deveriam pensar em como fazem julgamentos e chegam a conclusões, não apenas saber sobre os próprios julgamentos e suas respectivas conclusões" (Heuer Jr., 1999, p. 31)*.

Richards Heuer Jr. (1999) apresentou conclusões de que a atividade de inteligência – no sentido da capacidade de análise de um grande conjunto de informações para dela retirar um sentido ou uma orientação à conduta – é uma atividade que pode ser treinada e, principalmente, aprendida.

Aprende-se a produzir inteligência quando se estruturam os problemas de forma analítica, reduzindo-se o preconceito em relação aos dados e às informações obtidas e buscando meios de organizá-los hierarquicamente.

Na verdade, a próxima seção, que abordará o fenômeno jurídico, foi construída de forma a atender aos princípios expostos nesse momento, quais sejam: expor, de forma analítica, em juízo de epoché (método

---

* Tradução livre, diretamente do texto original: *"Intelligence analysts should be self-conscious about their reasoning processes. They should think about how they make judgments and reach conclusions, not just about the judgments and conclusions themselves"*.

fenomenológico), o que se constitui como essencial para a existência do direito e suas diversas manifestações.

Contudo, nesse momento, é importante compreender que a atividade do detetive particular se compõe, primordialmente, da capacidade de colher dados e informações, conforme exposto no item anterior, mas se desenvolve no sentido de produzir inteligência, de fazer os dados e as informações obtidas ter algum sentido, para que possam orientar a conduta do cliente.

Evidentemente, não se trata de *atividade de inteligência* nos termos definidos pela Agência Brasileira de Inteligência (Abin), que a conceitua como:

> é o exercício de ações especializadas para obtenção e análise de dados, produção de conhecimentos e proteção de conhecimentos para o país. Inteligência e Contrainteligência são os dois ramos da atividade.
>
> A atividade de Inteligência é fundamental e indispensável à segurança dos Estados, da sociedade e das instituições nacionais. Sua atuação assegura ao poder decisório o conhecimento antecipado e confiável de assuntos relacionados aos interesses nacionais. (Brasil, 2018a)

Enfim, é fundamental compreender que a atividade de inteligência a que estamos nos referindo nesta seção não é para o exercício de competência dos Estados, mas é, justamente, a capacidade de obtenção e análise de dados para assegurar poder decisório ao cliente.

Essa capacidade de assegurar poder decisório foi exatamente a intenção dos exemplos já apresentados, quando demonstramos a necessidade de compreensão até mesmo do temperamento do cliente, para evitar se envolver em questões que possam gerar problemas jurídicos, prejuízos financeiros ou impedimentos profissionais.

Assim, a atividade de inteligência essencialmente significa a capacidade de colher informações e agrupá-las de modo que tenham algum significado prático.

Por exemplo: informação é ver batom no colarinho; inteligência é perceber a probabilidade de infidelidade conjugal. Informação é verificar que o concorrente lançou um produto muito similar ao que a empresa do cliente pretendia lançar; inteligência é desconfiar de vazamento de informações sigilosas empresariais. Em suma, informação é saber que tomate é uma fruta; inteligência é não colocar o tomate em uma salada de frutas.

A indústria cultural de entretenimento é generosa na exposição da atividade de inteligência. Há inúmeros livros, filmes e séries de televisão que abordam o assunto, sempre voltados a uma forma lúdica e interessante, obviamente.

> A atividade de inteligência essencialmente significa a capacidade de colher informações e agrupá-las de modo que tenham algum significado prático.

É importante destacar que a realidade do trabalho na atividade de inteligência envolve muito mais do que apenas angariar informações, conforme já exposto.

Washington Platt (1974, p. 77), na aclamada obra *Produção de informações estratégicas*, apresenta a seguinte noção, essencial para o entendimento do que pretendemos expor nesta seção:

> Faz parte dos deveres de um oficial de informações utilizar seu senso crítico para selecionar e "pinçar" da grande massa de fatos disponíveis os poucos informes que interessam e, portanto, merecem ser estudados. Depois de descobrir o que realmente interessa, a obrigação do oficial de informações é procurar seu verdadeiro significado.

O aspecto fundamental a ser compreendido é a necessidade de impor ao raciocínio a capacidade de análise das informações recebidas.

Afinal, se um detetive particular meramente enviar um conjunto de dados ou informações dispersas ao seu cliente, de forma alguma conseguirá ajudar a esclarecer algo que seja de interesse deste.

O ofício de detetive particular significa muito mais do que apenas juntar informações; representa ter a capacidade de conferir a estas algum sentido, para que possam ser devidamente utilizadas pela pessoa que contratou o serviço de investigação particular.

A *Revista Brasileira de Inteligência* é uma publicação científica promovida pela Abin e que produz conhecimento reflexivo em relação ao exposto nesta seção. No artigo "Inteligência ou informações", publicado em 2006 nesse periódico, Fernando do Carmo Fernandes (2006, p. 11-12) expôs a seguinte conclusão sobre a diferença entre *informação* e *inteligência*:

> O conhecimento "Informação" é definido como uma série de dados organizados de um modo significativo, analisados e processados. Agregamos valor a esse produto avaliando sua pertinência, qualidade, confiabilidade e relevância, e integrando-o a um saber anterior. A partir desse trabalho, elabora-se um quadro da situação que gera hipóteses, sugere soluções, justificativas de sugestões, críticas de argumentos. [...]
>
> Assim, "Informação" é a matéria-prima para a produção de "Inteligência". Relaciona-se com fatos presentes ou passados e deve expressar o estado de certeza. É utilizada em apoio ao processo de tomada de decisão, particularmente em decisões pontuais ou de nível tático-operacional.
>
> Já "Inteligência" é um conhecimento que prescinde da oportunidade. Deve conjecturar sobre aspectos de um evento antes que este se realize.

Nesse sentido, percebe-se a existência de um grau de relevância, e de significação, hierárquico entre dados, informações e inteligência.

Dados são meras apreensões da realidade; dizem respeito àquilo que foi percebido e, de alguma maneira, registrado. É importante notar que esse registro pode ocorrer meramente na memória na pessoa, não sendo imprescindível a existência de algum suporte físico (documento, fotografia, video etc.)

Quando os dados são organizados, é produzida a informação. Assim, ***informação*** significa um conjunto de dados que foram hierarquicamente organizados em função de sua pertinência, qualidade, confiabilidade e relevância.

De posse dessas informações, os dados poderão se tornar inteligência se permitirem conjecturar sobre aspectos de um evento que ainda não se realizou.

Inteligência é a capacidade de compreender uma determinada realidade e poder prever, sempre com uma margem de probabilidade de erro, evidentemente, quais eventos poderiam se realizar no futuro.

Exatamente por isso, é completamente lícito entender a atividade do detetive particular como uma atividade de inteligência. Novamente, não falamos de *inteligência* no sentido de orientar a conduta de governantes ou a promoção de políticas etc.

Dizemos que a atividade do detetive particular significa produção de inteligência porque permitirá ao cliente, estando em posse de dados e informações que tenham significado, um leque de opções de ações que possam orientar a sua conduta individual.

No quarto capítulo deste livro, trataremos especialmente da legislação específica que regulamenta a atividade do detetive particular. Mas, quando chegarmos a esse momento, já saberemos que, por expressa disposição legal (Lei n. 13.432/2017), ao detetive particular é dada a competência de gerir o planejamento e a execução da coleta de dados e informações que visem aclarar interesse do cliente.

Porém, além disso, o detetive particular deverá levantar conclusões sobre as informações colhidas, inclusive indicando as possibilidades de providências possíveis de serem tomadas.

Justamente nesse quesito, explicitado no art. 9º da Lei n. 13.432/2017, é que se compreende: além da capacidade do detetive particular em colher dados e informações, é necessário orientar a conduta do cliente (evidentemente, não se trata de forçá-lo a tal), sugerindo-lhe hipóteses de conduta que sejam mais condizentes com as necessidades dele.

Ainda, a atividade de inteligência deve ser realizada dentro de determinados parâmetros de qualidade.

Afinal, se essa inteligência pretende orientar a conduta do cliente, obviamente há uma série de requisitos a serem obedecidos, sobre pena da produção de um conjunto de conhecimentos que seja, ao final, inútil.

Por isso, Luis Carlos Guedes (2006, p. 23-24) apresentou a seguinte classificação para que o conteúdo apresentado como atividade de inteligência seja considerado apropriado:

> Os princípios básicos que regem a produção de Inteligência, qualquer que seja o campo de atuação, devem ser aplicados na justa medida, de modo a evitar que a ênfase em um deles acarrete prejuízo na observância dos demais. São eles:
>
> - Segurança
>   Em todas as fases de sua produção, a informação deve ser protegida de modo que o acesso a ela seja limitado apenas a pessoas credenciadas.
> - Clareza
>   A informação deve ser expressa de forma a ser imediata e completamente compreendida pelos usuários.
> - Amplitude
>   A informação produzida sobre fato, tema ou situação deve ser a mais ampla possível – mas também sintética – a fim de facilitar seu entendimento.
> - Imparcialidade

A informação difundida deve ser pertinente e isenta de idéias preconcebidas, subjetivismos e outras influências que gerem distorções em sua interpretação.
- Objetividade
A informação deve ser produzida de modo a atender objetivos definidos, a fim de minimizar custos e riscos desnecessários.
- Oportunidade
A informação deve ser produzida dentro de prazos que assegurem sua utilização completa e adequada.
- Utilidade
A informação produzida por um OI [Oficial de Inteligência da Abin], de qualquer natureza, tem de ser útil e deve ser transformada em ação. Não existe a informação pela informação.
- Exclusividade
A informação oriunda de um OI deve ser exclusiva. Neste caso, não tem o mesmo significado do 'furo jornalístico'. Um assunto, mesmo conhecido, pode ser abordado sob vários ângulos: seja em razão de uma fonte exclusiva, seja a partir de uma relação com outro tema ainda não abordado, seja a partir de determinada perspectiva de assunto ou cenário em andamento. Fornecer à autoridade assessorada algo de novo é o objetivo. Sem estas características o conhecimento oriundo de um OI perde a razão de ser.

Os quesitos que determinam a validade na produção em atividade de inteligência são: a segurança; o grau de sigilo da inteligência produzida, que combinará com a discrição do detetive particular; a clareza, para que a produção seja imediatamente inteligida pelo seu destinatário, o que coaduna com a necessidade de se expressar com fluência, apresentando um elevado grau de capacidade argumentativa.

É importante destacar que, para os fins coligidos neste livro, a capacidade argumentativa significa, meramente, a expressão linguística de forma coerente, lógica e racional. Por exemplo: se o detetive particular afirmar, numa empresa em que fora contratado para realizar uma sindicância (ou até mesmo uma auditoria), que a indeterminação das competências nos cargos dos empregados causa a diminuição de produtividade pelo excesso de retrabalho, ele não poderá indicar, de início, a demissão de funcionários.

Afinal, se o problema é a ausência da definição de competências, de forma alguma será possível concluir que há necessidade de demissão. Primeiro, deve-se melhor definir essas competências; depois, se houver dois cargos com as mesmas atribuições, então, um deles deverá ser extinto.

Assim, a atividade de inteligência nada mais é que a capacidade humana de conhecer a realidade e esboçar esse conhecimento na produção de possíveis ações a serem tomadas

Afinal, inteligência é a capacidade de se orientar perante a realidade.

Mas, retomando a citação de Guedes (2006), além de **segurança** e **clareza**, o detetive particular deverá ter **amplitude**, buscando tratar a situação a partir de todos os ângulos possíveis, bem como **imparcialidade** e **objetividade**, isto é, suas paixões e inclinações não devem interferir nas opções ofertadas ao cliente, que tem uma necessidade a ser atendida.

Já a **oportunidade** da inteligência refere-se ao atendimento do prazo convencionado em contrato, conforme será abordado no quinto e sexto capítulos.

A **utilidade** e a **exclusividade** se referem, especificamente, à qualidade do produto final a ser apresentado pelo detetive particular. Afinal, imagine se,

> Inteligência é a capacidade de se orientar perante a realidade.

no final do contrato, quando da sua conclusão, na apresentação do Relatório Circunstanciado (assunto do sexto capítulo), não for apresentado algo de útil para o cliente; se lhe for mostrado um relatório que qualquer pessoa poderia fazer ou, meramente, um ajuntamento de informações ostensivamente disponibilizadas na internet, quais terão sido a utilidade e o valor do próprio trabalho do detetive particular? Também é relevante perceber como as agências de inteligência entendem as necessidades e o perfil dos seus agentes, pois, analogamente, será possível notar que as qualidades exigidas se adequam, e muito, àquelas esperadas pelo detetive particular:

> Com relação à atividade de Inteligência, atributos adicionais são desejáveis ou indispensáveis. Espera-se [...] que apresente as seguintes características:
> - discrição, por ser uma atividade que trabalha, essencialmente, com assuntos sensíveis e que requer anonimato nas ações;
> - ajustamento ao trabalho, uma vez que a atividade é atípica e requer aprendizado específico para a realização do ofício;
> - conhecimento profissional, ou seja, domínio das atividades que estão sob sua responsabilidade, muitas delas extremamente sensíveis e com elevado grau de responsabilidade;
> - flexibilidade de raciocínio, pois, ao se ter em conta as transformações de toda natureza pelas quais o mundo está passando, é fundamental que o profissional tenha capacidade de reavaliar posturas, reconsiderar ideias preconcebidas e ter um pensamento bem articulado com a realidade;
> - fluência e compreensão oral e escrita, devido a necessidade de efetuar constantes contatos interpessoais e elaborar relatórios que servirão como instrumentos de decisões por parte de representantes do Estado exige que o profissional tenha clareza nas suas formas de expressão, compreenda e se faça compreender, de modo a minimizar, o máximo possível, as distorções inerentes aos contatos humanos. (Teixeira, 2006, p. 33)

Novamente, nunca é demais repetir: não estamos igualando a atividade de interesse público do agente de inteligência com a atividade de interesse privado do detetive particular.

O que estamos afirmando é a existência de diversos paralelos e várias igualdades entre essas atividades, principalmente no que concerne à transformação de dados em informações e destas em inteligência.

Nesse sentido, o detetive particular deverá ser discreto, pois estará sempre lidando com informações sensíveis, as quais podem, em tese, acabar com uma família, custar o emprego de alguém etc.

Além da discrição – pois, se for reconhecido, maior será a dificuldade de colher provas –, é importante que o detetive particular tenha capacidade técnica para exercer sua profissão. A primeira seção deste capítulo abordou justamente essa questão, mostrando desde a necessidade da busca da verdade quanto os meios pelos quais se pode atingi-la, inclusive com o uso de engenharia social, dentre outros exemplos.

Não bastando a capacidade técnica, o comprometimento ético é fundamental, mera consequência da sensitividade das informações a que o detetive particular tem acesso.

A sagacidade também é fundamental. Um excelente detetive particular deve ter uma boa memória, bem como interesse na compreensão da realidade, incluindo aspectos sociais, biológicos e psicológicos, pois todos são elementos que irão interferir na sua capacidade de apreender o real, coletar dados, interpretar informações e produzir inteligência para o seu cliente.

Por isso, a capacidade de expressão oral e escrita é imprescindível. Se um detetive particular não souber escrever bem, terá problemas em produzir os relatórios obrigatórios (que serão extensivamente analisados nos capítulos seguintes) e, principalmente, não poderá expressar os dados que coletou, as informações que levantou ou a inteligência que produziu. A capacidade de produção textual, inclusive, é um pressuposto básico para o exercício de qualquer profissão liberal.

Em suma: discrição, ética, tirocínio, capacidade argumentativa e expressiva – esses são os elementos fundamentais para que você se torne um bom detetive particular, exercendo uma profissão original, emocionante, cheia de desafios e oportunidades.

Afinal, é um princípio lógico entender o que um detetive particular faz para compreender como o direito o regula.

Conhecidos os aspectos estruturais que definem a atividade desse profissional, agora devemos buscar conhecer a regulamentação jurídica que normatiza a profissão, posto ser esse o próprio objeto deste livro.

Mas, antes de analisarmos a regulamentação jurídica da atividade do detetive particular, devemos compreender o significado do conceito **jurídico**. Afinal, o que é *jurídico*?

1.4 Análise do fenômeno jurídico

Na primeira seção deste capítulo, tratamos da necessidade da busca da verdade, e dos meios para atingi-la. Na sequência, abordamos a definição da atividade de inteligência. Nesta derradeira seção do primeiro capítulo, iremos dispor o nosso conhecimento, produzido até o momento, à prova.

Em suma, utilizando-se dos conceitos apresentados nas seções anteriores, é oportuna a hora para comprovarmos a serventia do conteúdo trazido até agora.

Conforme já discutimos, o primeiro momento na busca da verdade é a coleta de dados, para que estes sejam transformados em informações. Dessas informações, finalmente, após uma organização analítica e disposição hierárquica, produzimos inteligência, conteúdo que pode orientar a nossa conduta em relação ao objetivo declarado deste livro: conhecer os fundamentos legais da investigação particular.

Lembrando desses quesitos explicados até o momento, façamos uma breve reflexão: O que significa o **direito**?

Importante deixar absolutamente claro que esta seção fará uma abordagem fenomenológica da existência do Direito, posto o fenômeno jurídico ser considerado indiscutivelmente complexo, e até contraditório, dependendo do paradigma utilizado.

Os maiores estudiosos do direito percebem o alto nível de complexidade dessa matéria, mas caberá a nós, com as ferramentas que já adquirimos até este momento, resolvermos o enigma que o circunda. Observe o que afirma a doutrina:

> Poucas questões respeitantes à sociedade humana tem sido postas com tanta persistência e tem obtido respostas, por parte de pensadores sérios, de formas tão numerosas, variadas, estranhas e até paradoxais como a questão "o que é o direito?". Mesmo se limitarmos a nossa intenção à teoria jurídica dos últimos 150 anos e deixarmos de lado a especulação clássica e medieval acerca da "natureza" do Direito, encontraremos uma situação sem paralelo em qualquer outra matéria estudada de forma sistemática como disciplica acadêmica autônoma. (Hart, 2001, p. 5)

Conhecida a advertência apresentada por Herbert Hart, um verdadeiro detetive particular não vai se deixar intimidar na primeira dificuldade. A coragem intelectual, municiada com os instrumentos necessários para a coleta de dados e informações à produção de inteligência, permite-nos pesquisar e investigar o que é o direito.

Afinal, buscar conhecer os fundamentos legais da investigação particular significa procurar responder ao seguinte questionamento: O que o Direito afirma sobre a atividade do detetive particular?

Enfim, a primeira investigação que deve ser feita é perguntar **o que é o Direito**.

Um primeiro pensamento pode ser: direito é aquilo que não é torto.

Por mais estranho que possa parecer, esse raciocínio está correto: direito é aquilo que não é torto. Também, podemos pensar na seguinte frase: *faça isso direito!*, isto é, de forma correta!

Enfim, o direito é aquilo que não é torto e também pode ser visto como aquilo que é correto. É exatamente essa a primeira noção que devemos ter sobre o fenômeno jurídico (direito): **aquilo que é correto**.

Isso significa que já temos alguns dados brutos sobre o que é o direito, mas isso ainda não é uma informação.

Então, pense nas suas atividades diárias, especificamente naquelas em que você está se relacionando com outras pessoas no seu convívio social. Não considere parentes, filhos ou cônjuge, mas sim relações que não sejam domésticas.

Por exemplo, quando você vai comprar um lanche, note que sempre acontece a mesma coisa: alguém faz a oferta de um produto (o fato de estar exposto à venda já é uma oferta) e você aceita pagar pelo preço que ele vale. Após o pagamento, você recebe o lanche e se satisfaz com isso.

Está claro que, no mundo real, tudo acontece de maneira imediata. Em termos simplórios: você vê a comida, paga por ela e a come. Mas é exatamente isso que significa, conforme exposto na seção anterior, analisar um dado ou uma informação. *Analisar* é, justamente, dividir em partes, explicando e mostrando o que significa cada uma delas.

Assim, cabe perguntar: Nesse exemplo do lanche, houve algum fenômeno jurídico? Algo tão prosaico quanto comprar um sanduíche tem alguma relação com um nome tão empolado quanto *fenômeno jurídico*?

Claro que sim! O que você acabou de fazer foi um negócio jurídico de compra e venda, por meio de um contrato verbal de execução imediata.

O simples ato de comprar qualquer coisa é um ato jurídico, isto é, pertence ao mundo jurídico. Em tempo, para entender o significado de *jurídico*, sempre pense em algo obrigatório. Se você pagar pelo lanche, o vendedor será obrigado a lhe entregar o alimento. Por outro lado, se você comer o lanche, será obrigado a pagar por ele.

Considere esse raciocínio, por exemplo, ao tomar um táxi. Ao final da corrida, você será obrigado a pagar pelo serviço? Sem dúvidas! Mas, por que você será obrigado a pagar pelo valor mostrado no taxímetro (ou previsto no aplicativo)? Porque você havia entrado em um acordo, o qual foi estabelecido no momento em que chamou e entrou no táxi (ou quando chamou o veículo por um aplicativo de celular, por exemplo). Da mesma maneira, reflita sobre o aluguel, as contas de luz e água, o vestuário etc.

Perceba que há muitos fenômenos jurídicos a sua volta. A todo momento, fazemos negócios jurídicos com as pessoas. Note, também, que os exemplos aqui apresentados trataram exclusivamente sobre compra e venda.

Mas, além dessa espécie de negócio jurídico, também temos obrigação de conduta perante os outros. Basta refletir: Você pode sair por aí furando os olhos das pessoas? Roubando bolsas ou carros? Não, não pode!

E não pode porque não é direito, não é correto.

Quem empresta as coisas dos outros e não as devolve está agindo de uma maneira torta, errada, incorreta.

Esta é a informação primordial para começarmos a entender o direito: aquele comportamento considerado normal em uma sociedade. Se comprou ou alugou, pague. Se emprestou, devolva. Se não é seu, não mexa. Enfim, esse comportamento considerado normal foi, após um grande desenvolvimento cultural, transformado em norma.

Explicamos: o ser humano é um ser social que precisa viver em sociedade. Por mais que uma pessoa não goste muito de sair, de conversar com os outros etc., ela precisa dos outros para construir sua casa, para plantar sua comida, para a proteger etc.

Todo ser humano precisa viver em sociedade. Obviamente, há exceções, mas a absoluta maioria das pessoas precisa coexistir com outros indivíduos. E essa coexistência se dá dentro de alguns parâmetros e condições.

A primeira e mais óbvia condição é a linguagem. O primeiro muro, ou a primeira ponte (dependendo do seu paradigma), para a coexistência entre as pessoas é a capacidade de se comunicar. Por isso, conforme debatemos na seção anterior, é tão importante o detetive particular ter a capacidade de se expressar com clareza, convicção e logicidade, pois a sua atividade fundamental é, por meio da pesquisa, produzir e levar inteligência para o cliente.

Além da linguagem, que pode ser linguagem de sinais, linguagem corporal etc. (não precisa ser apenas a linguagem escrita ou oral), temos um arcabouço cultural que nos une.

Reflita sinceramente: Você gostaria de conviver com pessoas que poderiam roubá-lo? Com pessoas que poderiam até mesmo matá-lo? Ou, ainda, com canibais?

O ser humano normal gosta de conviver com pessoas que partilhem de um mesmo fundo cultural.

Por óbvio, não estamos insinuando que todo mundo precisa ser igual, pois são as nossas diferenças que nos unem e nos acrescentam. Mas temos um conteúdo cultural em comum, um conjunto de valores que compartilhamos. No mínimo, podemos assumir que somos todos contra a violência, contra o crime, contra o ódio, apenas para citar alguns exemplos.

Para todos nós, ser contra a violência, o crime e o ódio é ser normal. Ou seja, é viver em função de uma norma, uma maneira de determinar o nosso comportamento para que ele seja considerado normal, afinal. E se alguém perguntar a você o que é normal, diga: normal é o que a maioria faz.

Então, a norma é essencialmente um fenômeno jurídico, pois determina o que é considerado normal – ou **o que deveria ser** considerado normal.

E essa questão do dever-ser é fundamental, pois determina o caráter normativo do direito. *Normativo* porque define um comportamento que **deveria** ser considerado normal.

Por exemplo, as pessoas não **deveriam** roubar. Se roubam, devem ir para a cadeia.

Esta é a essência do fenômeno jurídico: aquilo que **deve ser**.

E tudo deve ser de acordo com a norma, isto é, normal. Pode até parecer um mundo horrivelmente chato, mas pense assim: em uma sala de aula, os alunos devem estar atentos, quietos e prestar atenção.

Agora, se esses mesmos alunos estão em um restaurante ou em um bar, eles devem ter o mesmo comportamento adotado na aula? É claro que não! Não seria normal eles irem a um bar para se manterem em silêncio, prestando atenção em um professor.

> A norma é essencialmente um fenômeno jurídico, pois determina o que é considerado normal – ou **o que deveria ser** considerado normal.

Aquilo que **deve ser** reflete, puramente, a noção de ordem. E a vida em sociedade exige ordem.

A ordem é um valor, assim como a justiça e a paz. Então, o Direito existe enquanto fenômeno normativo para preservar determinados valores*, especialmente a ordem, a paz e a justiça.

Afinal, a vida em sociedade necessariamente gera conflitos, ou há alguma dúvida?

Por exemplo, pense em você, leitor, que gostaria de já ter lido este livro inteiro, terminado o curso, estar trabalhando e com um monte de clientes, mas, ao mesmo tempo, ter pouco trabalho para fazer e muitos recursos financeiros, como carros, casas, barcos, aviões etc.

Mas você sabe que, antes de conquistar isso tudo, é preciso passar pela *via crucis* de conhecer o material, estudar para as aulas, manter-se bem informado para obter um alto nível intelectual e, ao final, poder exercer sua profissão com dignidade.

São conflitos – diferenças entre o que desejamos, o que somos e o que conseguimos. Todo mundo tem uma certa medida de frustração, afinal, somos todos humanos.

---

* As definições dos conceitos de valores são frutos de uma análise fenomenológica dessa realidade com base em praticamente uma década lecionando sobre o assunto em faculdades de Direito.

Mas o que o Direito tem a ver com tudo isso? Bem, ele determina aquilo que deve ser feito (seguir a norma) para que os conflitos sejam evitados. Havendo conflitos, o direito escolhe meios e maneiras de resolvê-los, a fim de estabelecer uma ordem.

Ao mesmo tempo em que o direito busca promover a ordem, também afirma que os conflitos devem ser resolvidos sem violência (paz). Além disso, os resultados da resolução desses conflitos devem ser obtidos de maneira que atendam às expectativas e aos interesses considerados justos dentro de uma determinada comunidade, de um determinado local e em certo período de tempo (justiça).

A *paz* é erroneamente percebida como a ausência de conflitos (posto ser impossível não haver conflitos em uma sociedade, pois a existência de interesses díspares é parte da normalidade social). Pelo contrário, *paz* significa a resolução dos conflitos de maneira não belicosa, com ausência de violência ou de imposição de soluções pela força.

Por sua vez, *justiça* é um termo extremamente conflituoso. Pode ser compreendido como a existência de soluções que sejam aceitas pela maioria da população. Trata-se de uma solução que atenda à moralidade média de uma determinada sociedade.

Já a ***ordem*** é justamente a existência de um procedimento, protocolo, meio ou conjunto de atos previamente ordenado que tem o objetivo de solucionar problemas de forma a trazer segurança aos envolvidos, posto já conhecerem as regras do jogo antes de verificarem um resultado ou uma solução final.

> Em suma, o direito é, em essência, um fenômeno normativo (determina o que *deve ser*) que busca preservar os valores considerados essenciais dentro de uma sociedade (paz, ordem e justiça), em função de uma cultura que cultive (por isso, *cultura*) esses valores.

O jurista Miguel Reale (2001, p. 31), considerado um dos maiores pensadores sobre o direito, expressa as mesmas posições, demonstradas da seguinte forma:

> Da tomada de posição axiológica resulta a **imperatividade** da via escolhida, a qual não representa assim mero resultado de uma nua decisão, arbitrária, mas é a expressão de um complexo processo de opções valorativas, no qual se acha, mais ou menos condicionado, o poder que decide.
>
> A característica da **imperatividade** do Direito como de todas as normas éticas – embora tenha sido e continue sendo contestada –, parece-nos essencial a uma compreensão realística da experiência jurídica ou moral. Tudo está, porém, em não se conceber a imperatividade em termos antropomórficos, como se atrás de cada regra de direito houvesse sempre uma autoridade de arma em punho para impor seu adimplemento.
>
> Apesar de não se poder negar que, no ato de aprovar uma lei, haja sempre certa margem de decisão livre, e, às vezes, até mesmo de arbítrio, na realidade a obrigatoriedade do Direito vem banhada de exigências axiológicas, de um complexo de opções que se processa no meio social, do qual não se desprende a autoridade decisória.
>
> O certo é que toda norma enuncia algo que **deve ser**, em virtude de ter sido reconhecido um valor como razão determinante de um comportamento declarado obrigatório. Há, pois, em toda regra um **juízo de valor**, cuja estrutura mister é esclarecer, mesmo porque ele está no cerne da atividade do juiz ou do advogado. (Reale, 2001, p. 31, grifo do original)

Ou seja, a tomada de posição axiológica significa a escolha consciente de valores considerados indispensáveis à coexistência humana, à vida em sociedade.

Sendo esses valores indispensáveis, o seu comportamento é obrigatório, ainda que haja certo espaço de liberdade ao indivíduo.

Até aqui, tudo muito simples, não é mesmo? O Direito é um instrumento normativo que prescreve como as pessoas devem se comportar para que possamos viver em sociedade.

Basta entender que o direito é apenas a determinação do comportamento considerado normal (por meio de uma norma), em função de valores considerados fundamentais pela cultura de certa sociedade.

Compreendido isso, o próximo passo é entender **por que** o Direito é **obrigatório**. Ou seja, por que as pessoas devem obedecer às regras que ele criou? O que faz o direito ser **jurídico**?

Uma primeira visão é simples de ser percebida: as pessoas obedecem ao direito porque não querem ser presas, não é óbvio?

Mas por que as pessoas seriam presas? Só porque um policial, um delegado ou um juiz quer? Basta alguém ter vontade para prender outro indivíduo?

Não! Uma pessoa pode ser presa porque desobedeceu uma norma. Dito de outra forma, é porque o direito quer, pois tem o poder de exigir o cumprimento de suas normas.

Então, trata-se de entender por que a norma tem essa validade, essa legitimidade de determinar sanções tão agressivas quanto mandar alguém para a prisão, mandar devolver um carro cujo financiamento não foi pago (na forma de alienação fiduciária), ordenar a alguém que saia de casa porque não pagou o aluguel, entre outros exemplos.

Saber por que o direito é obrigarório é perceber um fenômeno sociológico, derivado da convivência social.

Basta observar a sua própria vida na sociedade. Você cumpre certas ordens e regras, mas não tem a menor ideia do porquê. Mas é fácil notar que as pessoas criam redes de comprometimento entre si em função da necessidade de viver em sociedade.

Por óbvio, para coexistir em sociedade, precisamos de uma determinada ordem. Na bagunça, ninguém consegue viver com qualidade.

Então, estabelecemos normas para que a vida social seja civilizada. A essas redes de comprometimentos, deveres e direitos recíprocos, chamamos *civilização*.

E esse é o termo para compreender por que a norma é obrigatória: porque vivemos em uma sociedade civilizada, na qual não coexistimos como animais, que vivem como se estivessem regidos pela lei da selva, em que somente o mais forte sobrevive.

A vida em sociedade não é regida meramente pela força, mas pela troca de experiências, ideias e valores. Pessoas civilizadas se comunicam

> Saber por que o direito é obrigarório é perceber um fenômeno sociológico, derivado da convivência social.

e buscam um meio-termo, comprometem-se a buscar melhorar a si mesmas e ao mundo que as rodeia.

Assim, a forma civilizada de nos organizarmos é por meio da política. A política rege a vida social e racionaliza as relações de poder que, necessariamente, subjazem a toda experiência comunitária.

É importante destacar que não é meramente o poder que determina a vida em sociedade, mas sim o poder mediado pela política, pelas pessoas, pelas ideias.

Então, a organização do poder (que se manifesta enquanto capacidade de determinar o comportamento alheio) se dá pela política à formação do Estado.

Inclusive, na verdade, deve-se entender o Estado (*grosso modo*, Poderes Executivo, Legislativo e Judiciário) como o estado das coisas, isto é, como a forma pela qual as relações de poder estão se compondo e se associando em determinada sociedade.

Para reger essas relações políticas que ocorrem por meio do Estado, a própria evolução da civilização trouxe a noção da **democracia representativa**, ou seja: os cidadãos possuem o direito de votar, de eleger e serem eleitos, para que seus representantes façam as escolhas normativas no Poder Legislativo.

O Poder Legislativo significa a **capacidade de ser legível**, ou seja: aquele que pode ser lido. E o que pode ser lido? A lei. E o que você lê na lei? A norma.

Assim, o Poder Legislativo é aquela parte do Estado que realiza as escolhas normativas. Esse poder faz, em suma, as leis.

As leis que se originam do Poder Legislativo são as normas que podem ser lidas.

Então, retomamos a ideia original do direito enquanto norma, mas lembrando: o direito visa à ordem, por meio da paz, na busca da justiça.

Norberto Bobbio traz interessantes ponderações sobre o conteúdo gnosiológico de norma:

> Deve-se acrescentar que há duas formulações típicas das normas jurídicas como normas técnicas segundo os dois diversos modos típicos com que o legislador, em todo ordenamento jurídico, faz operar a sanção. Se nós definirmos a sanção como uma consequência desagradável imputada pelo legislador a todo aquele que transgride a norma primária, o objetivo de atribuir uma consequência desagradável ao trangressor pode ser atingido de dois modos: 1) fazendo de modo que violando a norma **não se alcance o fim a que se propunha**; 2) fazendo de modo que violando a norma **se alcance um fim oposto àquele que se propunha**. Exemplos do primeiro modo são as normas mais propriamente chamadas de técnicas, isto é, aquelas que estabelecem a modalidade para o cumprimento de um ato juridicamente válido (como grande parte das normas sobre contratos e testamentos): em todos esses casos se não sigo a modalidade prescrita, não atinjo o fim de realizar um ato juridicamente válido, e a sanção consiste precisamente no desaparecimento do fim. Exemplos do segundo modo são as normas cuja transgressão implica a atribuição de uma pena ao transgressor: neste caso a transgressão (por exemplo, a prática de um delito, como o furto) me leva a atingir um objetivo diverso daquele que me propunha (ao invés de um grande lucro,

a reclusão). Em ambos os casos o destinatário da norma é posto diante de uma alternativa. No primeiro caso: "Ou você faz X, ou não obterá Y", onde Y é o fim desejado. Enquanto redutíveis a proposições alternativas, ambos os tipos de normas são redutíveis a proposições hipotéticas com estas duas diversas formulações: "Se você não fizer X, **não obterá** Y", "Se você não fizer X, **obterá** Y". Estas proposições hipotéticas são redutíveis por sua vez a normas técnicas, cuja formulação é, para o primeiro tipo: "Se **você quer** Y, deve X", para o segundo modo: "Se **você não quer** Y, deve X". (Bobbio, 2003, p. 75, grifo do original)

Nesse sentido, a norma sempre trará, como consequência, a sanção. Há duas formas de sanção: a positiva e a negativa. A sanção positiva é aquela desejada pelo agente, também chamada *sanção premial*. Já a sanção negativa é chamada de *pena*, que não precisa necessariamente ser a prisão, mas pode ser, por exemplo, a decretação da invalidade de um determinado ato (ou contrato).

Assim, a norma, que é a própria estrutura do Direito, está montada dentro de uma determinada ordem (hierarquia) de um sistema. Nesse sentido, o direito existe numa estrutura lógica que permite orientar os indivíduos.

Mas, para haver ordem, a estrutura do direito expressa pela norma precisa de uma determinada hierarquia, para poder conceber quais normas são mais importantes e, assim, determinar a existência e o significado de outras normas inferiores. Se todas as normas tivessem o mesmo valor, e apenas uma contrariasse outra, teríamos o caos. Se duas normas são contraditórias, qual delas deve ser obedecida?

Sob essa ótica, a hierarquia é concebida exatamente para determinar um modo, um meio de solucionar normas contraditórias, chamadas no direito de *normas antinômicas*. Com tudo isso, é preciso pensar qual seria a norma fundamental que efetivamente disponha todo o arranjo normativo; a norma que, inclusive, constitua o próprio estado de direito. Essa norma que constitui o Estado, e o próprio sistema jurídico, é a norma constitucional, conhecida como **Constituição Federal**.

Logo, o direito brasileiro foi construído em volta da Constituição da República Federativa do Brasil, que é o grande norte, a verdadeira bússola normativa para o ordenamento jurídico brasileiro.

Dito isso, devemos ter em mente que o fenômeno jurídico é, exatamente, a consequência da organização social. A vida civilizada em sociedade determina que certos comportamentos sejam considerados necessários (permitidos, obrigatórios ou proibidos), sempre com vistas a realizar a paz, a ordem e a justiça.

Então, reconhecendo que a Constituição Federal é o verdadeiro alicerce de todo o sistema jurídico, bastará analisarmos as leis (que são subordinadas à Constituição) para compreendermos os fundamentos legais da investigação particular.

Síntese

Neste capítulo, compreendemos o verdadeiro núcleo essencial da atividade do detetive particular, percebendo que sua profissão é composta pela habilidade de colher dados e informações para gerar conteúdo útil que possa orientar a conduta do cliente.

Dito de outra forma, o detetive particular é um pesquisador que produz inteligência.

Depois, valendo-se das técnicas aprendidas nas duas primeiras seções (dados, informações e inteligência), no último item deste capítulo abordamos o conteúdo, o alcance e o significado do fenômeno jurídico.

Afinal, os fundamentos legais da investigação particular representam o fenômeno jurídico da profissão do pesquisador que produz inteligência de interesse privado do cliente.

Nos próximos capítulos, analisaremos cada um dos elementos que compõem essa atividade.

Para saber mais

Livro

REALE, M. **Lições preliminares de direito**. 25. ed. São Paulo: Saraiva, 2001.
A obra *Lições preliminares de direito*, escrita por Miguel Reale, é o melhor livro para começar a entender o direito.

Séries

DR. HOUSE. EUA, 2004-2012. Série.
ELEMENTARY. EUA, 2012-. Série.
CRIMINAL Minds. EUA, 2005-. Série.
Acompanhe as séries Dr. House, Elementary e Criminal Minds para perceber a forma e a relevância da produção de inteligência.

Site

PAUL EKMAN GROUP. Disponível em: <https://www.paulekman.com/>. Acesso em: 12 ago. 2018.
O autor Paul Ekman é considerado uma das maiores autoridades mundiais na capacidade de avaliar a veracidade de informações, além das emoções predominantes, na fala de um interlocutor.

Questões para revisão

1. Como a engenharia social poderia ajudar um detetive particular?
2. Por que é sempre necessária uma atividade investigativa antes de se produzir inteligência?
3. De acordo com o conceito de atividade de inteligência apresentado, verifique as assertivas a seguir e assinale a alternativa correta:

A atividade de inteligência é um resultado imprescindível ao detetive particular

PORQUE

A coleta de dados e informações deve guardar um sentido que aclare assuntos de interesse do cliente.

a) A primeira assertiva é verdadeira, mas a segunda assertiva é falsa.
b) A primeira assertiva é falsa, mas a segunda assertiva é verdadeira.
c) As duas assertivas são verdadeiras, sendo a segunda uma consequência lógica da primeira.
d) As duas assertivas são verdadeiras, mas a segunda não é uma consequência lógica da primeira.
e) As duas assertivas são falsas.

4. Os valores fundamentais para o direito são: (1) paz; (2) ordem; (3) justiça. Um (4) significa a capacidade de resolver os conflitos sem belicismo; outro (5), a satisfação dos interesses de acordo com a cultura da população; o último (6) se refere ao conhecimento prévio dos meios de resolução de conflitos. Em qual alternativa a correlação entre o termo e a sua definição está correta?
a) 1-4; 2-5; 3-6.
b) 1-5; 2-4; 3-6.
c) 1-6; 2-4; 3-5.
d) 1-4; 2-6; 3-5.
e) 1-6; 2-5; 3-4.

5. Considere a seguinte assertiva: o direito se encontra completamente determinado pela legislação aplicável. Em seguida, assinale a alternativa correta:
a) O direito é meramente uma questão de escolhas políticas.
b) As escolhas políticas positivadas esgotam o fenômeno jurídico.

c) Não é possível resumir o direito à legislação, pela sua complexidade.
d) A legislação é a norma que pode ser lida e prescinde de interpretação.
e) A norma é livremente escolhida pelo Poder Judiciário.

Questões para reflexão

1. Compare a atividade de inteligência à investigação particular e busque perceber as semelhanças existentes entre elas.

2. Neste capítulo, discutimos que a investigação é uma ferramenta da atividade de inteligência. Nesse sentido, reflita sobre o fato de que ambas são realizadas em uma sociedade, submetendo-as às disposições legais.

A PROFISSIONALIZAÇÃO DO DETETIVE PARTICULAR

Conteúdos do capítulo:
- Apresentação da Classificação Brasileira de Ocupações (CBO).
- O trabalho de prestação de serviços.
- A qualidade e a transparência no trabalho.

Após o estudo deste capítulo, você será capaz de:
1. entender o que significa uma profissão;
2. compreender a espécie de trabalho do detetive particular;
3. identificar o conteúdo mínimo necessário para prestar um serviço adequado.

2.1 Introdução

No primeiro capítulo, tivemos a oportunidade de compreender o conceito de investigação e utilizamos esse conhecimento no entendimento do fenômeno jurídico – da coleta de dados às informações, e da informação à inteligência, elementos necessários para que um indivíduo possa saber o significado e o alcance da atividade de investigador. Assim, o primeiro capítulo serviu para aplicarmos esses conhecimentos à compreensão do fenômeno jurídico, ou seja, do direito.

Após o entendimento do núcleo fundamental que determina o conteúdo do assunto abordado – a investigação –, faz-se necessário, ao futuro detetive particular, saber que sua atividade profissional está prevista dentro do ordenamento jurídico brasileiro, sendo uma ocupação válida para o exercício de uma atividade remunerada.

Nesse sentido, este capítulo está destinado a explicar o que significa a atividade do detetive particular ter sido reconhecida, perante o direito, enquanto profissão legalmente constituída.

Afinal, a atividade investigatória está necessariamente regrada dentro de um sistema normativo, não existindo à margem da sociedade. Assim, há um conjunto de leis, regras, princípios e normas que regulam essa profissão.

Se no primeiro capítulo nosso interesse era conhecer os elementos inerentes ao significado de investigação privada, bem como sua aplicação ao conhecimento do fenômeno jurídico, agora iniciaremos uma jornada com foco na sociedade.

É importante saber que, para a excelência profissional, não basta realizar de maneira ótima a sua própria atividade, mas sim compreender a existência de um conjunto politicamente organizado de pessoas concentradas em volta de um Estado – no caso, a República Federativa do Brasil –, que determinam o conteúdo e o alcance da atividade de investigação.

Na primeira seção deste capítulo, apresentaremos a Classificação Brasileira de Ocupações (CBO), para demonstrar a forma de organização estatal na classificação das espécies de atividades profissionais – as chamadas *ocupações remuneradas* –, que permite uma melhor racionalização das diversas atividades reconhecidas pelo Estado, realizando um controle mais eficaz dos seus aspectos jurídicos, sociais, tributários e éticos.

Compreendida a forma, o limite e o alcance do reconhecimento da atividade investigativa profissional, teremos o conteúdo necessário para perceber que essa atividade é, na verdade, uma prestação de serviço.

Longe de estipularmos platitudes conceituais, meras repetições terminológicas com inexpressividade significativa, a compreensão da investigação enquanto prestação de serviço significa a submissão ao Código de Defesa de Consumidor (CDC) – Lei n. 8.078, de 11 de setembro de 1990 (Brasil, 1990a) –, no qual se presume a fragilidade da posição do cliente perante o prestador de serviço.

Isso significa que a hipossuficiência do cliente poderá ser alegada a qualquer tempo, demonstrando a necessidade de o investigador dominar profundamente conhecimento esboçado no primeiro capítulo. Em outras palavras, a real natureza ontológica da atividade de investigação deve ser conhecida, pois será esse conhecimento (substrato, inclusive, de toda atividade de investigação) que permitirá ao detetive o exercício do seu trabalho com segurança, honestidade, ética, disciplina e honradez.

Sem abstrações, basta imaginar o seguinte cenário: você, o detetive, faz um contrato com uma esposa que suspeita da fidelidade do marido. Você apresenta as provas, ou os indícios, da traição. Mas o cliente ainda não se sente convencido e exige melhores provas, mais profundas investigações, mais custos. Ao final, digamos que seja impossível obter um parecer conclusivo sobre a existência ou não de infidelidade.

Poderá o cliente exigir o retorno do pagamento por defeito ou falha na prestação do serviço? Por que sim e por que não?

Assim, neste capítulo, começaremos a delinear o substrato jurídico, então normativo, obrigatório e invencível, ao qual todo detetive particular precisa se submeter para exercer sua profissão. Compreendendo ser uma ocupação reconhecida pelo Estado, na segunda parte demonstraremos a submissão desta ao CDC. Concluiremos com a orientação para uma prestação de serviço eficaz, pois investigar é uma atividade de risco em que há responsabilidade de meios, cujos resultados poderão estar acima ou fora da capacidade objetiva do detetive, que sempre terá de agir com qualidade e transparência.

2.2 Significado da Classificação Brasileira de Ocupações (CBO)

A CBO se refere ao agrupamento de atividades semelhantes em um nicho no mercado de trabalho. Isso quer dizer que há uma prévia organização das espécies de trabalho existentes, para que o Estado possa melhor realizar sua atividade de fiscalização e organização laboral.

Conforme o próprio Ministério do Trabalho discorre:

> A nova CBO tem uma dimensão estratégica importante, na medida em que, com a padronização de códigos e descrições, poderá ser utilizada pelos mais diversos atores sociais do mercado de trabalho. Terá relevância também para a integração das políticas públicas do Ministério do Trabalho e Emprego, sobretudo no que concerne aos programas de qualificação profissional e intermediação da mão-de-obra, bem como no controle de sua implementação. (Brasil, 2018b)

A concepção estratégica da CBO tem a função de ordenar as diversas possibilidades de exercício profissional remunerado das atividades humanas. Destinada a categorizar níveis de tributação, legislação, sindicalização e controle, a CBO atende a várias funções dentro da organização estatal.

Essa padronização de atividades profissionais obedece a um rigoroso sistema científico que visa, primeiramente, conhecer as possíveis atividades realizadas no país. As consequências dessa organização perpassam condições jurídicas nas ordens civil, penal, tributária, consumerista e social, posto que determina os limites e as formas de atuação profissional de funcionários, profissionais autônomos etc.

É importante compreender a relevância da existência da CBO, uma vez que se trata de um componente elementar e fundamental para a determinação do conteúdo que envolve a profissão de detetive particular. Ao não entender o que significa a CBO e, principalmente, não se determinar de acordo com a sua própria classificação, o investigador particular terá problemas para se localizar dentro da complexa rede de atribuições que compõem a sua atividade.

A doutrina compreende a relevância da CBO nos seguintes termos:

> Ela constitui um instrumento imprescindível de organização do levantamento de informações, análise e divulgação de dados pela administração do Estado, além de contribuir para normalizar os critérios de prestação de informações do setor privado ao poder público. Para que consiga subsistir como uma ferramenta útil deve, contudo, acompanhar as mudanças do mercado de trabalho, que têm sido constantes e, nos anos recentes, aceleradas. Esse é o desafio do documento recém-dado a público. (Nozoe; Bianchi; Rondet, 2003, p. 245)

Notadamente, a questão estratégica é fundamental para orientar as políticas públicas plausíveis ao Estado. A CBO constitui-se um critério de formação de conteúdo de inteligência, uma ferramenta de conhecimento da realidade e de prestação de informações do setor privado ao Poder Público. Ou seja, ao melhor conhecer e classificar as atividades privadas, serve a CBO à orientação das políticas públicas do Estado.

Mas como poderá o futuro detetive particular deter a capacidade de compreensão da utilidade e da relevância do CBO nas suas atividades profissionais?

Para tanto, basta imaginar um trabalhador que, não sendo médico, prescreva remédios às pessoas. Intuitivamente, qualquer cidadão sabe que é proibido receitar remédios sem uma licença médica. Mas a questão à qual se pretende responder é: O que é um médico? Qual é a diferença entre um médico e, digamos, um curandeiro? Por que a vovó pode receitar um chá especial para curar a gripe mas alguns remédios precisam de receita médica?

Compreender a proibição de medicar sem licença médica é um dos meios para se entender a relevância da CBO.

Nesse sentido, como diferenciar um detetive particular profissional de um mero curioso? Ou de um fofoqueiro? Como evitar que a atividade de investigação não signifique, meramente, a indevida tentativa de invasão à privacidade alheia?

Assim, a compreensão da relevância do CBO é exigida na medida em que se apreende a submissão de qualquer atividade social à disciplina normativa determinada pelo Estado. Ratificando-se, basta refletir: Por que algumas pessoas podem dirigir caminhões e outras não? Por que alguns podem ser professores, advogados, detetives, ao passo que outros não?

Em que medida o Estado, a sociedade e o governo podem se imiscuir nas atividades dos indivíduos, determinando a exigibilidade de licenças, diplomas, cursos, alvarás etc.? Mais

> *Estado* significa, apenas, o estado das relações de poder em uma determinada sociedade.

profundamente: quando as pessoas deram autorização para que o Estado as governasse? Aliás, o que é o Estado?

Independentemente de filigranas jurídicas ou questiúnculas inúteis – pois não nos cabe, aqui, discutir a origem da formação estatal (se nascida meramente da força, do consenso, da inteligência, tradição etc., conforme delibado no primeiro capítulo) –, é fundamental relembrar que *Estado* significa, apenas, o estado das relações de poder em uma determinada sociedade.

Basta perceber as forças que animam uma sociedade e será facilmente perceptível compreender que o Estado significa, justamente, esse equilíbrio entre forças, por vezes, até antagônicas e contraditórias.

Sobre isso, a literatura especializada se expressa nos seguintes termos:

> É que o Estado e o indivíduo não são os únicos na sociedade. É que existem outros poderes, poderes sociais em relação ao quais o homem é também devedor de obediência e de serviços. Desse modo ele pode ser mais sensível, e o observador mais atento, à diminuição ou ao desaparecimento das obrigações para com um poder social do que ao agravamento das obrigações para com o Poder Político.
>
> Como todo poder na Sociedade repousa sobre obediências e tributos, há naturalmente uma luta entre os poderes pela apropriação das obediências e dos tributos. O que favorece o progresso do Estado é que ele luta contra outros senhores: e o que se percebe é antes o rebaixamento destes do que a elevação daquele. As coisas só poderiam ser de outro modo onde não houve em absoluto poderes sociais, numa Sociedade idealmente simples. (Jouvenel, 2010, p. 200)

Nesse sentido, *poder* se refere à capacidade de determinar o comportamento alheio em uma complexa sociedade na qual a obediência não se encontra, exclusivamente, com o poder político.

O poder econômico também compõe o Estado, ou alguém teria alguma dificuldade em perceber a força desse poder econômico na atuação estatal? Já tivemos reserva de mercado para computadores, para carros etc. Hodiernamente, o Estado detém o monopólio do petróleo e dos correios, por exemplo. Qualquer transmisora de televisão somente existe sob o beneplácito estatal.

Abrir um comércio exige vasta papelada. Começar uma empresa, ou mesmo se tornar microempreendedor (apesar das maiores facilidades apresentadas hoje), exige uma verdadeira *via crucis* pela burocracia. Somente um indivíduo que nunca tenha tentado empreender desconhece a realidade e a imperatividade do poder estatal diante do indivíduo.

O poder intelectual também é uma realidade, posto a própria compreensão da realidade ser uma forma de poder. O modo de organização do Estado é decorrência de anos de experiências e relações sociais, sendo o conceito de democracia o epítome da experiência humana diante das relações de poder.

Além do Poder de defesa, consubstanciado pelas polícias e pelas Forças Armadas, o Estado também detém o poder de dizer o direito – a denominada **jurisdição** (de *juris* – direito; *dicção* – dizer).

Ao Estado é atribuída a capacidade de afirmar o que é justo, lícito e legal. Nos assuntos de direito administrativo, cabe ao Estado, inclusive, dizer até o que é moral, conforme expresso na própria Constituição Federal, art. 37: "A administração pública direta e indireta de qualquer dos Poderes da União, dos Estados, do Distrito Federal e dos Municípios obedecerá aos princípios de legalidade, impessoalidade, moralidade, publicidade e eficiência [...]" (Brasil, 1988).

Essa mesma detenção de legitimidade do poder estatal também é alvo de acaloradas discussões doutrinárias. Há correntes que creditam essa legitimidade ao estabelecimento do modo democrático de organização do Estado, como se a forma (democracia) pudesse legitimar o seu conteúdo (poder estatal).

De qualquer maneira, a discussão é infinita, posto alguns defenderem genocidas e ditadores em nome de um utópico futuro maravilhoso e outros acreditarem que a mera apresentação formal do voto (sem um controle contínuo das atividades do governante ou do próprio escrutínio) é suficiente.

Ou seja, a questão é abordar a realidade do poder estatal diante do indivíduo, determinando os meios, os modos e os limites de cada pessoa na sua atuação social.

O ponto fundamental é compreender a capacidade do poder estatal em explanar quais são as profissões aceitáveis dentro do seu território, informando o conteúdo e o conjunto das competências determinadas para o exercício legal de tais ocupações.

O Estado pode, por meio do direito, determinar quem tem a capacidade de exercer determinada profissão ou por que uma pessoa está impedida desse mesmo exercício. Em outras palavras,, ele tem o poder de dizer quais são as formas e os limites de atuação de uma pessoa em suas atividades profissionais.

A Constituição Federal assegura o exercício de uma profissão somente com o atendimento de seus requisitos legais, conforme consta no inciso XIII, art. 5º: "é livre o exercício de qualquer trabalho, ofício ou profissão, atendidas as qualificações profissionais que a lei estabelecer" (Brasil, 1988).

O texto legal nos permite compreender por que somente um médico pode receitar remédios, por que apenas um advogado tem poder postulatório ou por que é obrigatório deter um certo tipo de CNH (Carteira Nacional de Habilitação) para ser motorista profissional.

Assim, a CBO se determina, justamente, como a forma de organização do Estado perante os meios e modos de atuação profissional. Essa forma de organização, conforme já explicado nesta seção, ocorre por meio da descrição e da separação, em diferentes categorias, de classes de atividades profissionais.

> Aristóteles definia *classificar* como a atribuição de um gênero próximo e uma diferença específica. Por exemplo: o ser humano é um animal (gênero próximo) racional (diferença específica).

Nesse sentido, a forma de classificação obedece a determinados critérios, para que se possa desenvolver um banco de dados com as principais atividades desenvolvidas no país, principalmente tendo em vista a capacidade de organização estatal na promoção de cursos e atualizações sobre as atividades mais relevantes no mercado nacional.

Para o nosso caso específico, detetive particular, a CBO (3. ed.), na categoria "Agentes de Investigação e Identificação", sob o número 3518-05 para *detetive profissional*, apresenta-se nos seguintes termos: "Agente de investigação privada; Detetive particular; Investigador particular" (Brasil, 2010, p. 611).

Isso significa que a nossa profissão está sob os auspícios da família número 3518 (especificamente, 3518-05), juntamente com o investigador de polícia e o papiloscopista, compondo os agentes de investigação e identificação.

O fato de a profissão de detetive particular estar classificada em conjunto com a do investigador de polícia pode ser elemento de profundas confusões quanto aos limites, às capacidades e às competências da atividade investigativa privada.

Este livro foi elaborado exatamente para eliminar quaisquer dúvidas quanto aos limites e às possibilidades de atuação do detetive particular. As minúcias serão abordadas no quarto capítulo, mas é importante já perceber que certas autorizações e permissões atribuídas pelo Estado ao investigador de polícia não se aplicam, em absoluto, ao detetive particular.

Para adiantarmos um pouco o assunto do terceiro e quarto capítulos, basta perceber que ao detetive particular não se permite, por autoridade própria (*sponte propria*), a investigação de crimes, mas apenas de ilícitos civis. Ademais, quaisquer interferências nos limites dos direitos subjetivos do indivíduo (mormente, direito à privacidade e à intimidade) só podem ser realizadas via judicial, obrigação que vale mesmo aos agentes oficiais do Estado.

Em suma: nem o delegado de polícia (civil ou federal) pode interferir na vida particular das pessoas, pois sua atuação se dá somente por meio de autorização legal ou judicial. Se nem um delegado das forças policiais pode agir desse modo, sem autorização, muito menos um detetive particular. Por isso, é importante ter consciência dos limites de atuação profissional, sob pena de causar danos morais aos objetos de investigação, prejuízos financeiros a si mesmo e ao cliente e, ainda, ser condenado à prisão pelo cometimento de algum crime no afã de tentar desvendar algum mistério ou por imaginar que está meramente cumprindo o seu dever profissional.

Além disso, a CBO atribui outras funções aos denominados *agentes de investigação e identificação*, descrevendo, sumariamente, as suas principais funções nos seguintes termos:

> Investigam crimes; elaboram perícias de objetos, documentos e locais de crime; planejam investigações; efetuam prisões, cumprindo determinação judicial ou em flagrante delito; identificam pessoas e cadáveres, coletando impressões digitais, palmares e plantares. Atuam na prevenção de crimes; gerenciam crises, socorrendo vítimas, intermediando negociações e resgatando reféns; organizam registros papiloscópicos e custodiam presos. Registram informações em laudos, boletins e relatórios; colhem depoimentos e prestam testemunho. (Brasil, 2010, p. 611)

Perceba que a CBO afirma que, entre as principais funções dos agentes de investigação – que inclui o detetive particular –, estão ações como investigar crimes e efetuar prisões. Conforme bem especificado no primeiro capítulo, reiterado no decorrer do livro e verticalizado no quarto capítulo, não cabe ao detetive particular, sem autorização expressa do delegado de polícia, a atribuição de ações perante a esfera criminal, despossuindo qualquer competência para a investigação de crimes ou realização de prisões. Nesse sentido, o detetive particular tem apenas as prerrogativas de qualquer cidadão comum, ou seja:

ao perceber a notícia de um crime, deverá informar a polícia, e poderá deter um criminoso apenas se este estiver em flagrante delito, para que seja disponibilizado à polícia.

A própria Constituição Federal, norma fundamental da estrutura do fenômeno jurídico, conforme extensivamente abordado na última parte do primeiro capítulo, somente permite a atuação do cidadão comum em relação a crimes, sem autorização judicial, em casos muito específicos. Por exemplo:

> Art. 5º [...]
>
> XI – a casa é asilo inviolável do indivíduo, ninguém nela podendo penetrar sem consentimento do morador, salvo em caso de flagrante delito ou desastre, ou para prestar socorro, ou, durante o dia, por determinação judicial; [...]
>
> LXI – ninguém será preso senão em flagrante delito ou por ordem escrita e fundamentada de autoridade judiciária competente, salvo nos casos de transgressão militar ou crime propriamente militar, definidos em lei; [...]. (Brasil, 1988)

Compreendidas essas limitações legais, é fundamental perceber a importância de uma formação adequada para o exercício da profissão de investigador particular, pois a possibilidade de haver confusões quanto às possibilidades de atuação desse trabalhador poderá levá-lo a caminhos que se enveredam para o crime ou a marginalidade, realizando exatamente o oposto que desejaria fazer na sua jornada profissional.

Nesse sentido, a realização ética é fundamental para o detetive particular, pois a ausência de uma convenção obrigatória, de um Código de Ética para todos os investigadores particulares, tende a permitir e a propagar erros de atuação profissional que causarão mais danos que benefícios não somente à sociedade, mas também ao próprio detetive.

A ética, nos limites dessa exposição, não pode ser entendida meramente como ciência da moral, no paradigma aristotélico, mas sim como um regime normativo que determina o modo de comportamento singular destinado à realização de uma profissão – especificamente, a investigação particular.

Para compreendermos a limitação ética do detetive particular, poderia ser muito mais simples, raso e definitivamente reducionista, arbitrariamente escolher um dos regulamentos de ética existentes das muitas organizações de detetives particulares e apenas tecer meros comentários, buscando explicar quais seriam os comportamentos desejáveis ao profissional dessa área.

Entretanto, buscamos realizar um curso que pretende apresentar, com profundidade e responsabilidade, informações valiosas aos futuros profissionais da investigação particular. Logo, compreender a natureza, a dimensão, o regime jurídico e as responsabilidades inerentes à profissão do detetive particular é determinante para a formação de um profissional íntegro e capaz.

Nesse sentido, é fundamental compreender o que significa ser um investigador particular (objeto do primeiro capítulo) e a forma como essa profissão é reconhecida perante a sociedade (assunto deste capítulo). Assim, munidos do conhecimento ontológico, social e jurídico da sua atividade, os detetives particulares poderão desenvolver, com altivez e segurança, as suas relevantes funções sociais de busca da verdade, blindados contra eventuais processos ou restrições externas que tentem embaraçar a sua atividade.

Perante a sociedade, o investigador particular é primariamente reconhecido pela sua habilidade pericial, ao reconhecer pessoas e situações ou processos. Conforme já abordado no primeiro capítulo, essa atividade profissional é composta pela capacidade de pesquisa da realidade (dados, informações e inteligência), com vistas a aclarar os interesses do cliente.

Mas no caso de crimes (atividade atribuída ao detetive particular somente sob autorização do delegado de polícia), a capacidade de analisar o corpo de delito (materialidade do crime) é fundamental. Por isso, os conhecimentos técnicos das ciências forenses são importantes. A sagacidade e a sabedoria na análise da realidade e dos fatos que necessitam de verificação são imprescindíveis, mas perceber quais são os limites de atuação é crucial, sob pena de o detetive particular sofrer processos que causem danos pecuniários ou até prisionais.

Por essa razão, o reconhecimento ético dessa atividade é importante. Não poderá permanecer nesse ramo profissional um amador, que não tenha as qualidades técnicas fundamentais para o exercício de sua atividade, tampouco, e principalmente, aquele a quem falta a capacidade moral de reconhecer os limites, nem sempre tão claros, de sua atuação profissional.

A verticalização desses questionamentos será efetuada no decorrer desta obra, mas compreender que a atividade de investigação particular é uma espécie de prestação de serviço corresponde ao primeiro passo na direção da compreensão ética dessa ocupação.

Então, as orientações éticas da profissão de detetive particular estão previstas na legislação específica que a regulamenta: a Lei n. 13.432, de 11 de abril de 2017 (Brasil, 2017).

A primeira seção do quarto capítulo tratará especificamente dessa lei, mas, para o momento, é relevante saber que o cargo de detetive particular é reconhecido pelo Estado, bem como que esse profissional presta um serviço de colheita de dados e informações para a produção de inteligência, com vistas a garantir ao cliente um melhor conhecimento sobre a realidade.

2.3 Espécie de prestação de serviço

Conforme já discorrido, e intuitivamente compreendido, a atividade da investigação particular corresponde a uma prestação de serviço.

Nesse sentido, o profissional dessa área está submetido aos ditames do CDC e, por isso, deve compreender quais são as exigências plausíveis à prestação desse serviço.

Percebe-se, no decorrer deste livro, uma aproximação consistente à compreensão da natureza da atividade investigativa privada e de seus limites normativos.

Isso significa a explicitação não apenas da natureza dessa atividade, mas do ordenamento jurídico que a normatiza, traduzindo-se em normas que serão obrigatoriamente seguidas pelos profissionais da área.

Em suma, estamos nos aproximando, aos poucos, dos fundamentos legais da investigação particular.

Obviamente, poderíamos nos apegar meramente à legislação que dispõe sobre o exercício dessa profissão, mas já demonstramos que o conhecimento verdadeiro da realidade dessa ocupação é fundamental para que um detetive possa exercê-la com propriedade. Afinal, se um detetive particular não tiver interesse ou capacidade de colher as informações fundamentais sobre sua própria atividade, qual seria a sua aptidão para investigar ou coletar dados sobre qualquer outra realidade?

Conhecer profundamente a própria profissão é prova de competência investigativa, e essa é a intenção deste livro.

Para compreendermos o significado de a atividade investigativa particular estar vinculada ao CDC, posto ser uma atividade de prestação de serviço a um consumidor final, é necessário subirmos um pouco na escala do direito para, efetivamente, obtermos as informações relevantes sobre o fenômeno jurídico. Caso sobreviva alguma repulsa natural a algum conhecimento que não seja exatamente a atividade-fim do investigador, basta lembrar que saber os limites éticos e jurídicos dessa profissão permitirá uma

> Conhecer profundamente a própria profissão é prova de competência investigativa

maior segurança na captação, na contratação, no relacionamento, na cobrança e na manutenção de sua atividade profissional.

Enfim, entendendo a relevância do conhecimento jurídico da própria atividade, uma vez que sua natureza foi delibada no primeiro capítulo, e que o próprio significado de profissionalização é objeto deste capítulo, basta compreendermos que há uma ordem jurídica que antecede, inclusive, a própria possibilidade de existência de qualquer profissão.

Longe de delongarmos em elucubrações sociológicas, é natural percebermos a existência de uma ordem social que preexiste à nossa própria vida.

Por mais que possamos criticar a existência de desordem (e muita) na ordem social, sabemos que não vivemos em uma anarquia. Não estamos em um estado de completa selvageria, em que a lei do mais forte é fonte de ordem, paz e justiça. Se houver dúvidas, basta lembrar que um ladrão, se for exposto na sociedade, será provavelmente linchado. Imagine, então, o que aconteceria a um estuprador solto nas ruas; no momento em que for reconhecido, certamente será morto pela população.

Sim, vivemos um grau, por vezes, insuportável de desordem, mas reconhecemos a existência de um ordenamento da vida em sociedade. A maior prova da busca da ordem social é o desconforto gerado pela existência de desordem no âmbito social.

Observe nossa insistência quanto à utilização do termo **ordem**. Isso não é por acaso, pois o Direito – isto é, o ORDENamento jurídico – existe justamente para a preservação dos valores considerados mais valiosos em uma sociedade: ordem, paz e justiça.

É importante mencionar que estamos revisitando os principais conceitos apresentados no final do primeiro capítulo e, ao mesmo tempo, elevando esse conhecimento e aprofundando as noções mais importantes do fenômeno jurídico aplicado ao detetive particular.

Em definições meramente instrumentais – pois já reafirmamos não ser escopo desta obra verticalizar profundamente o fenômeno jurídico, mas sim compreender a normatização imposta à atividade de investigatição particular –, podemos relembrar que o direito existe para a conservação de valores considerados essenciais à sociedade (especificamente: paz, ordem e justiça) enquanto meios legítimos para preservá-la.

Mas, como isso acontece? Onde foram realizadas as escolhas fundamentais que determinam a existência de uma ordem, de um ordenamento jurídico, de direito e justiça? É primordial, nesse sentido, conhecermos o meio que a sociedade elegeu para constituir a si mesma.

Até por antonomásia, é possível inferir que a sociedade constitui-se, jurídica e formalmente, por meio da Constituição.

Perceba que estamos repetindo o conceito apreendido na última seção do primeiro capítulo para que esse raciocínio se torne natural: ao falar sobre *direito*, o estudo se inicia com a escolha normativa fundamental, a Constituição Federal.

> Lembramos que o documento essencial que determina a existência jurídica de uma nação é a Constituição Federal. Tendo, sociologicamente, origem na função democrática apresentada pelos Estados modernos, a Constituição é a nossa Carta Magna, nosso compromisso essencial para uma vida em sociedade pautada na busca da paz, da ordem e da justiça.

A Constituição, no art. 5º, inciso XXXII, indica que "o Estado promoverá, na forma da lei, a defesa do consumidor" (Brasil, 1988).

Para identificarmos o que significa *consumidor*, basta lermos a lei a que a Constituição se refere, denominada **Código de Defesa do Consumidor** (CDC) – Lei n. 8.078, de 11 de setembro de 1990 (Brasil, 1990a).

Relembrando: a Constituição representa as escolhas normativas e políticas fundamentais. Para detalhar essas escolhas, o Poder Legislativo legisla, ou seja, elabora leis que abordam e especificam detalhes inerentes ao convívio humano.

Se a Constituição Federal escolheu a proteção do consumidor, caberá à Lei específica (CDC) determinar os meios de sua caracterização e proteção. No art. 2º do CDC está escrito: "Consumidor é toda pessoa física ou jurídica que adquire ou utiliza produto ou serviço como destinatário final." (Brasil, 1990a).

Se o cliente do investigador está adquirindo um serviço como destinatário final, não há dúvidas de que ele seja considerado um consumidor.

Também, no art. 3º do CDC, nota-se que:

> Art. 3º. Fornecedor é toda pessoa física ou jurídica, pública ou privada, nacional ou estrangeira, bem como os entes despersonalizados, que desenvolvem atividade de produção, montagem, criação, construção, transformação, importação, exportação, distribuição ou comercialização de produtos ou prestação de serviços. (Brasil, 1990a)

Ainda, a legislação específica, no parágrafo 2º, que:

> Serviço é qualquer atividade fornecida no mercado de consumo, mediante remuneração, inclusive as de natureza bancária, financeira, de crédito e securitária, salvo as decorrentes das relações de caráter trabalhista. (Brasil, 1990a)

O investigador particular é uma pessoa física que desenvolve atividade de prestação de serviços, e não há possibilidade de dúvidas quanto ao enquadramento legal dessa atividade em relação ao CDC.

A certeza é indubitável, porque o art. 2º do CDC indica que *consumidor* é o destinatário final; *fornecedor*, por sua vez, conforme o art. 3º, é aquele que desenvolve atividade de prestação de serviço (atividade fornecida).

O CDC apresenta algumas garantias e exigências às relações de consumo. A primeira e mais relevante noção, fundamental para um profissional prestador de serviços, é a de que o consumidor é considerado vulnerável.

A hipossuficiência do consumidor significa a existência de uma vulnerabilidade intrínseca ao cliente. Há doutrinadores em direito consumerista que pretendem diferenciar *hipossuficiência* de *vulnerabilidade*.

Mas para os fins pragmáticos desta obra, é importante saber: a vulnerabilidade significa que o cliente não possui as informações técnicas suficientes de todos os produtos e serviços que consome, tendo em vista a impossibilidade de se conhecer toda a miríade de mercadorias à disposição para compra, o que torna fundamental a obrigação de esclarecimento dos serviços.

Esse esclarecimento, inclusive, é muito importante. Basta lembrar o que já mencionamos sobre o problema de um cliente publicar dados, informações ou inteligência produzidos pelo detetive particular e, com efeito, causar danos à sua própria vida ou à de terceiros.

Se o cliente, então consumidor, não for detalhadamente esclarecido em relação ao conteúdo sensível produzido em uma investigação privada, os danos dessa falta de orientação poderão se reverter em prejuízo direto ao profissional, por conta da proteção oferecida ao consumidor.

Isso significa que o consumidor tem direitos básicos na relação de consumo, os quais estão previstos no art. 6º do CDC e serão aprofundados na próxima seção. Mas, para o momento, cabe-nos saber que há o direito à educação adequada em relação aos serviços que se pretende contratar, além de proteção contra a publicidade enganosa e abusiva.

Entre os direitos básicos do consumidor, existe o direito à educação e à orientação do consumo (no nosso caso, contratação) de serviços, com proteção contra propaganda abusiva, bem como o direito a um contrato razoável e proporcional que impeça a exploração do consumidor, considerado vulnerável, além da inversão do ônus da prova.

Uma questão muito importante é saber que essa inversão de ônus significa que cabe ao detetive particular, o prestador de serviços, provar que quaisquer alegações apresentadas pelo cliente, o consumidor, são falsas, no caso de haver algum conflito na prestação de serviços.

Por isso os últimos capítulos deste livro são tão fundamentais, tendo em vista que a realização de um serviço adequado e honesto dependerá da lavratura de um contrato detalhado e consciente.

Então, sem um contrato adequado, poderá haver um enorme problema na prestação dos serviços. Se não houver expressa previsão contratual, um cliente, tendo má-fé, fraca instrução moral ou dificuldades cognitivas, poderá alegar que não requisitou exatamente os serviços que foram prestados; poderá dizer que você, o prestador de serviços, o investigador particular, ofendeu a privacidade, a honra ou a dignidade da pessoa investigada; ou que, por exemplo, as fotos da prova de traição foram publicadas porque foram disponibilizadas a ele (o cliente), que agiu sob forte emoção.

Em melhores termos: pode acontecer de um detetive particular realizar o trabalho corretamente, cumprindo todos os detalhes que foram acordados, mas o cliente publicar as fotos do resultado de uma investigação, por exemplo, e tentar se eximir da responsabilidade, pois o investigador não poderia ter deixado essas fotos à disposição, posto que na época da prestação do serviço o cliente estava vulnerável.

Exatamente por isso, no quinto e sexto capítulos abordaremos as mais relevantes peculiaridades em relação à contratação da prestação de serviços de investigação. A especificação contratual poderá libertar o detetive particular das contigências condenatórias existentes em uma relação contratual consumerista na qual não tenham sido tomadas as melhores precauções possíveis.

Nesse momento, é fundamental compreender que, sendo uma espécie de prestação de serviço, as informações a serem prestadas ao cliente devem ser as mais lídimas, fidedignas e claras possíveis. Não poderá haver dúvidas quanto aos riscos e problemas existentes na atuação profissional da investigação particular.

Para melhor entender a relevância dessa situação, imagine o seguinte: um cliente requer vigilância do cônjuge, mas, por algum motivo, este descobre que está sendo vigiado (mesmo que não seja por culpa do detetive, e sim por ela ter encontrado uma nota fiscal de prestação de serviço em alguma roupa do esposo) e, por isso, pede a separação conjugal. Se o cliente não tiver sido informado sobre como guardar documentos sigilosos ou sobre a necessidade de disfaçar a contratação de um detetive, o prestador de serviços poderá ser condenado a pagar pelos danos decorrentes de uma separação conjugal, divórcio ou ação de danos morais.

> Sendo uma espécie de prestação de serviço, as informações a serem prestadas ao cliente devem ser as mais lídimas, fidedignas e claras possíveis. Não poderá haver dúvidas quanto aos riscos e problemas existentes na atuação profissional da investigação particular.

Note-se o termo *poderá*. Ninguém está afirmando que o detetive particular será, necessariamente, judicialmente condenado por algum desses motivos. A questão é evitar se colocar em riscos desnecessários. Para isso, basta a realização de uma contratação benfeita.

Conforme já explicado, a responsabilização do detetive particular não pode ocorrer independentemente de culpa (dolo ou imperícia), nos termos do parágrafo 4º do art. 14 do CDC: "A responsabilidade pessoal dos profissionais liberais será apurada mediante a verificação de culpa." (Brasil, 1990a).

Além disso, a defesa do consumidor acontece de maneira muito dramática, pois, conforme já explainado, o cliente é vulnerável. Assim, há vários dispositivos legais no CDC que existem para proteger essa que é considerada a parte mais frágil do sistema.

Observe a obrigatoriedade de fornecer informações suficientes ao cliente, numa espécie de consentimento esclarecido, conforme reza o art. 9º do CDC:

> Art. 9º. O fornecedor de produtos e serviços potencialmente nocivos ou perigosos à saúde ou segurança deverá informar, de maneira ostensiva e adequada, a respeito da sua nocividade ou periculosidade, sem prejuízo da adoção de outras medidas cabíveis em cada caso concreto. (Brasil, 1990a)

Isso significa que o risco de uma investigação matrimonial, por exemplo, pode levar ao divórcio. Caso o cliente seja indubitavelmente informado da existência de uma traição, não poderá depois alegar danos morais contra o detetive por este ter angariado as provas que levaram à separação.

Não bastando esse cuidado, também deverá ser contratualmente previsto que o cliente assume a incumbência de impedir que o cônjuge seja informado das investigações, uma vez que o risco de gerar danos morais é muito alto nessa situação.

Apesar da restrição de responsabilidade ocorrer somente no caso de culpa do profissional liberal, havendo uma empresa de investigação, esta será regida pelo *caput* do art. 14 do CDC:

> Art. 14. O fornecedor de serviços responde, independentemente da existência de culpa, pela reparação dos danos causados aos consumidores por defeitos relativos à prestação dos serviços, bem como por informações insuficientes ou inadequadas sobre sua fruição e riscos. (Brasil, 1990a)

Nesse sentido, a empresa de investigação, que tem personalidade independente dos seus membros, poderá ser objetivamente responsabilizada em caso de existência de dano ao cliente, o que torna ainda mais relevante a necessidade de especificar os direitos e as obrigações contidos nos termos contratuais, conforme será revisitado nos últimos dois capítulos deste livro.

Com relação à publicidade, é fundamental conhecer em detalhes o art. 37 do CDC:

> Art. 37. É proibida toda publicidade enganosa ou abusiva.
>
> § 1º É enganosa qualquer modalidade de informação ou comunicação de caráter publicitário, inteira ou parcialmente falsa, ou, por qualquer outro modo, mesmo por omissão, capaz de induzir em erro o consumidor a respeito da natureza, características, qualidade, quantidade, propriedades, origem, preço e quaisquer outros dados sobre produtos e serviços.
>
> § 2º É abusiva, dentre outras a publicidade discriminatória de qualquer natureza, a que incite à violência, explore o medo ou a superstição, se aproveite da deficiência de julgamento e experiência da criança, desrespeita valores ambientais, ou que seja capaz de induzir o consumidor a se comportar de forma prejudicial ou perigosa à sua saúde ou segurança.
>
> § 3º Para os efeitos deste código, a publicidade é enganosa por omissão quando deixar de informar sobre dado essencial do produto ou serviço. (Brasil, 1990a)

Quando do início de sua carreira, e até para angariar novos clientes, o detetive particular precisará fazer publicidade, divulgando seu trabalho e destacando suas qualidades profissionais.

O CDC protege o consumidor contra a publicidade enganosa, que, como exposto na citação do CDC, é aquela "capaz de induzir em erro o consumidor a respeito da natureza, características, qualidade, quantidade, propriedades, origem, preço e quaisquer outros dados sobre produtos e serviços" (Brasil, 1990a). Já a publicidade abusiva é "discriminatória de qualquer natureza, a que incite à violência, explore o medo ou a superstição [...] ou que seja capaz de induzir o consumidor a se comportar de forma prejudicial ou perigosa à sua saúde ou segurança" (Brasil, 1990a).

Nesse sentido, vamos abordar e exemplificar mais profundamente estes dois conceitos: publicidade enganosa e propaganda abusiva.

A **publicidade enganosa** ocorre quando é prometido algo que não pode ser cumprido – por exemplo, a certeza de que todos os fatos que o cliente requisitou serão conhecidos. Assim, o detetive particular não pode prometer que conseguirá descobrir o eventual amante ou qual funcionário está vendendo segredos industriais, por exemplo. Ele poderá, no máximo, fazer publicidade sobre sua taxa de sucesso e a garantia de utilização dos melhores recursos disponíveis para a busca da verdade.

Já em relação à **propaganda abusiva**, deve-se notar a fragilidade imediata do possível cliente. Não poderá um detetive particular explorar um medo ou uma superstição do consumidor – por exemplo, fazer uma propaganda afirmando: "não seja um corno (ou corna), que sempre é o último a saber"; "contrate nossos serviços", ou algo como: "se você não investiga preventivamente o seu empregado, não merece ter uma empresa segura", ou quaisquer outras explorações nesse sentido, pois são consideradas crimes contra o consumidor e, obviamente, uma afronta à idoneidade na prestação de serviço, que se inicia na oferta em público.

Enfim, nesta seção, abordamos os principais aspectos negativos da defesa do consumidor, especialmente quanto às proibições explícitas e tácitas inerentes à relação consumerista.

Agora, é o momento de debatermos as prestações positivas, ou seja, as ações relevantes para demonstrar a qualidade e a transparência do serviço prestado.

2.4 Exigibilidade de qualidade e transparência

Tendo a atividade de investigação submissão aos ditames do CDC, conforme amplamente discutido na seção anterior, é fundamental compreender o que significa, juridicamente, a exigibilidade de qualidade e transparência na atuação profissional do detetive particular, para que a sua atividade atenda aos critérios mínimos de satisfação do cliente.

Os conceitos de qualidade e transparência só têm sentido se são interpretados sistematicamente, ou seja, dentro de um conjunto lógico-normativo que atribua sentido e significado aos elementos que o compõem. Afinal, se não houver contexto, não haverá sentido. Um exemplo extremamente prosaico para demonstrar o que está sendo afirmado é a frase "quero comprar uma manga!". Como saber se estamos falando da fruta ou da parte do vestuário? As próprias palavras não permitem chegar a uma conclusão, é necessário um contexto. É fundamental compreender que as interpretações estão dentro de um conjunto maior de sentido, de significado.

No caso específico desta obra, é necessário compreender que a existência de um CDC é decorrência de uma política pública de proteção da atividade econômica e de seus agentes, tanto produtores quanto consumidores.

Se for analisado dentro do sistema constitucional, o CDC só terá sentido ao compreendermos o disposto no art. 1º da Constituição Federal, inciso IV: "A República Federativa do Brasil [...], constitui-se em Estado Democrático de Direito e tem como fundamentos: [...] IV – os valores sociais do trabalho e da livre iniciativa" (Brasil, 1988).

A questão agora é saber como interpretar o que está escrito na Carta Magna. Afinal, tentar fazer uma interpretação literal pode gerar muito mais dúvidas e problemas do que certezas e soluções. Observe mais este singelo exemplo: se o fundamento da própria existência do

Brasil é a livre iniciativa, não é impossível pensar que o próprio CDC seja um empecilho à livre iniciativa, pois restringe a atividade econômica a certos parâmetros que inibem a liberdade de empreender.

Mas basta analisar o chamado *guardião da Constituição Federal*, o Supremo Tribunal Federal (STF), para perceber que a interpretação que entende adequadamente a livre inciativa se impõe: "O princípio da livre iniciativa não pode ser invocado para afastar regras de regulamentação do mercado e de defesa do consumidor. [RE 349.686, rel. min. Ellen Gracie, j. 14-6-2005, 2ª T, *DJ* de 5-8-2005]". (STF, 2005)

Assim, ao analisarmos sistematicamente o direito, não nos apegando a quaisquer interpretações meramente interesseiras ou parciais, mas com base no princípio da existência de uma ordem normativa – de um conjunto de leis, normas, regras e princípios que determinam os comportamentos permitidos, proibidos e obrigatórios que coadunem com a razoável vontade democrática –, é possível determinar uma correta – ou, minimamente, fundamentada – interpretação do direito que permita ao indivíduo agir adequadamente.

> Em melhores termos, a correta interpretação do fenômeno jurídico dá segurança ao futuro detetive particular, pois possibilita que ele se determine em sua profissão com segurança, honestidade e honra, obtendo não apenas os meios para sua subsistência, mas, principalmente, realizando um trabalho que dignifique sua vida.

Este livro, acompanhando a respectiva disciplina, tem justamente a função de compreender o conceito de investigação, a possibilidade de atuação profissional do detetive particular com as garantias de atuação dentro da ordem jurídica, para que o agente possa se sentir seguro e confiante no seu fundamental trabalho de descoberta da verdade.

Assim, compreender o sistema normativo que assegura a atividade do detetive particular é buscar se cercar das garantias jurídicas que tornam lícita a profissão, para que o investigador possa gastar seu tempo efetivamente trabalhando, conseguindo e satisfazendo clientes, em vez de passar horas ao lado de um advogado tentando arranjar a melhor maneira de não ser considerado culpado por qualquer problema que decorra de sua atividades. É o famoso brocardo: é melhor prevenir do que remediar.

Esta é a missão que pretende ser explorada: Quais são os limites extrínsecos (que valem para quaisquer profissões) e intrínsecos (normas específicas para a atividade de investigador particular) para que essa ocupação seja exercida com segurança? Além disso, como se assegurar na determinação de uma contratação justa, na qual inexistam surpresas quanto aos compromissos assumidos perante o cliente? Essas são as questões que esta obra pretende explorar, sem, obviamente, ter a petulância de esgotar o assunto.

Enfim, nesse momento, compreendido o significado de investigação, conforme discorrido no primeiro capítulo, cabe analisarmos o significado da profissionalização do detetive particular, com sua relação explicitada perante o Estado (a CBO) e sua conformação enquanto atividade de prestação de serviços, sujeita ao CDC e com critérios de qualidade e transparência como meios de controle dessa atividade profissional liberal.

Mas para compreendermos o significado de *qualidade* e *transparência*, faz-se necessária uma interpretação sistemática, que realizaremos neste momento, em relação ao que significa a Constituição Federal dizer que protege a livre iniciativa.

Novamente, valemo-nos da interpretação fornecida pelo STF, nos seguintes termos:

> É certo que a ordem econômica na Constituição de 1988 define opção por um sistema no qual joga um papel primordial a livre iniciativa. Essa circunstância não legitima, no entanto, a assertiva de que o Estado só intervirá na economia em situações excepcionais.
>
> Mais do que simples instrumento de governo, a nossa Constituição enuncia diretrizes, programas e fins a serem realizados pelo

Estado e pela sociedade. Postula um plano de ação global normativo para o Estado e para a sociedade, informado pelos preceitos veiculados pelos seus arts. 1º, 3º e 170.

A livre iniciativa é expressão de liberdade titulada não apenas pela empresa, mas também pelo trabalho. Por isso a Constituição, ao contemplá-la, cogita também da "iniciativa do Estado"; não a privilegia, portanto, como bem pertinente apenas à empresa.

Se de um lado a Constituição assegura a livre iniciativa, de outro determina ao Estado a adoção de todas as providências tendentes a garantir o efetivo exercício do direito à educação, à cultura e ao desporto (arts. 23, V; 205; 208; 215; e 217, § 3º, da Constituição). Na composição entre esses princípios e regras, há de ser preservado o interesse da coletividade, interesse público primário. O direito ao acesso à cultura, ao esporte e ao lazer são meios de complementar a formação dos estudantes. [ADI 1.950, rel. min. Eros Grau, j. 3-11-2005, P, *DJ* de 2-6-2006.]. (STF, 2006)

Observe que o aspecto primordial, conforme entendido pelo STF, é a defesa do interesse da coletividade, o chamado *interesse público primário* (o secundário seria representado pelos interesses do Estado). Assim, não apenas a livre iniciativa não é, em absoluto, livre, como também deve atender aos interesses da coletividade.

Com isso, já começamos a delinear o conteúdo a ser compreendido pela terminologia *livre iniciativa*, especialmente na defesa do interesse público primário. Também, perceba que a defesa do consumidor, por meio do CDC, é atendimento direto do interesse público primário.

Novamente, recorre-se ao entendimento do STF para orientar a interpretação sistemática que pretendemos fazer nesta seção. Assim, em relação à proteção do consumidor, o STF se expressa nos seguintes termos:

A competência do Estado para instituir regras de efetiva proteção aos consumidores nasce-lhe do art. 24, V e VIII, c/c § 2º [...]. Cumpre ao Estado legislar concorrentemente, de forma específica, adaptando as normas gerais de "produção e consumo" e de "responsabilidade por dano ao [...] consumidor" expedidas pela União às peculiaridades e circunstâncias locais. E foi o que fez a legislação impugnada, pretendendo dar concreção e efetividade aos ditames da legislação federal correlativa, em tema de comercialização de combustíveis. [ADI 1.980, voto do rel. min. Cezar Peluso, j. 16-4-2009, P, *DJE* de 7-8-2009.] = ADI 2.832, rel. min. Ricardo Lewandowski, j. 7-5-2008, P, *DJE* de 20-6-2008. (Brasil, 2009)

Observe o critério fundamental exposto pelo STF: responsabilidade por dano ao consumidor. Esse é o elemento fundamental que baliza a compreensão do significado do CDC quanto às relações de consumo, especialmente àquelas relações balizadas pela invocação da proteção do consumidor quanto aos serviços oferecidos.

Em suma, os serviços devem oferecer garantia de qualidade e transparência para que o consumidor não seja lesado e deixe de sofrer qualquer dano por culpa do profissional liberal – no caso, do detetive particular.

A doutrina tradicional separa em duas classes os vícios (defeitos) de qualidade: por insegurança e por inadequação. Vício de qualidade **por insegurança** significa a possibilidade de gerar danos à integridade física ou psíquica do consumidor. Já o vício **por inadequação** é considerado aquele defeito que agride, meramente, a esfera econômica do cliente. Em outras palavras, por insegurança, a saúde pessoal do cliente está em risco; por inadequação, apenas custos materiais estariam relacionados a essa espécie de defeito.

Essa diferença, meramente acadêmica, não ajuda a orientar o comportamento adequado de um investigador particular. Afinal, idiossincracias conceituais não ajudarão esse profissional a realizar um trabalho com maior segurança.

Nesse sentido, mais que diferenças acadêmicas, serão abordadas as previsões de exigibilidade de qualidade na prestação do serviço de investigação particular, mormente aquelas previstas diretamente na legislação consumerista.

A doutrina especifica, em detalhes, as possibilidades ofertadas ao consumidor em caso de vício de serviços:

> Art. 20. O fornecedor de serviços responde pelos vícios de qualidade que os tornem impróprios ao consumo ou lhes diminuam o valor, assim como por aqueles decorrentes da disparidade com as indicações constantes da oferta ou mensagem publicitária, podendo o consumidor exigir, alternativamente e à sua escolha:
>
> I – a reexecução dos serviços, sem custo adicional e quando cabível;
>
> II – a restituição imediata da quantia paga, monetariamente atualizada, sem prejuízo de eventuais perdas e danos;
>
> III – o abatimento proporcional do preço.
>
> § 1º A reexecução dos serviços poderá ser confiada a terceiros devidamente capacitados, por conta e risco do fornecedor.
>
> § 2º São impróprios os serviços que se mostrem inadequados para os fins que razoavelmente deles se esperam, bem como aqueles que não atendam as normas regulamentares de prestabilidade.
>
> [...]
>
> Art. 23. A ignorância do fornecedor sobre os vícios de qualidade por inadequação dos produtos e serviços não o exime de responsabilidade.

Art. 24. A garantia legal de adequação do produto ou serviço independe de termo expresso, vedada a exoneração contratual do fornecedor.

Art. 25. É vedada a estipulação contratual de cláusula que impossibilite, exonere ou atenue a obrigação de indenizar prevista nesta e nas seções anteriores.

§ 1º Havendo mais de um responsável pela causação do dano, todos responderão solidariamente pela reparação prevista nesta e nas seções anteriores. (Brasil, 1990a)

A qualidade na prestação do serviço ocorre quando os possíveis danos são minorados à exaustão. O CDC, em seu art. 6º, aborda essa questão, esmiuçando os direitos dos consumidores nos seguintes termos:

Art. 6º São direitos básicos do consumidor:
I – a proteção da vida, saúde e segurança contra os riscos provocados por práticas no fornecimento de produtos e serviços considerados perigosos ou nocivos;
II – a educação e divulgação sobre o consumo adequado dos produtos e serviços, asseguradas a liberdade de escolha e a igualdade nas contratações;
III – a informação adequada e clara sobre os diferentes produtos e serviços, com especificação correta de quantidade, características, composição, qualidade, tributos incidentes e preço, bem como sobre os riscos que apresentem; (Redação dada pela Lei nº 12.741, de 2012)
IV – a proteção contra a publicidade enganosa e abusiva, métodos comerciais coercitivos ou desleais, bem como contra práticas e cláusulas abusivas ou impostas no fornecimento de produtos e serviços;

V – a modificação das cláusulas contratuais que estabeleçam prestações desproporcionais ou sua revisão em razão de fatos supervenientes que as tornem excessivamente onerosas;
VI – a efetiva prevenção e reparação de danos patrimoniais e morais, individuais, coletivos e difusos;
VII – o acesso aos órgãos judiciários e administrativos com vistas à prevenção ou reparação de danos patrimoniais e morais, individuais, coletivos ou difusos, assegurada a proteção Jurídica, administrativa e técnica aos necessitados;
VIII – a facilitação da defesa de seus direitos, inclusive com a inversão do ônus da prova, a seu favor, no processo civil, quando, a critério do juiz, for verossímil a alegação ou quando for ele hipossuficiente, segundo as regras ordinárias de experiências;
IX – (Vetado);
X – a adequada e eficaz prestação dos serviços públicos em geral.
(Brasil, 1990a)

Ocorre que a importância desse assunto exige uma hermenêutica, uma interpretação detalhada do conteúdo e do significado de cada inciso, a fim de determinar o comportamento adequado do detetive particular e o balizamento das expectativas razoáveis do cliente – conforme será tratado no Capítulo 5 –, para que seja realizado um trabalho íntegro, prestativo e recomendável que atenda aos anseios determinados pelo próprio CDC.

Com esse intuito, nota-se que o primeiro inciso ("a proteção da vida, saúde e segurança contra os riscos provocados por práticas no fornecimento de produtos e serviços considerados perigosos ou nocivos") aborda toda a problemática da própria investigação, pois o cliente deve estar consciente de que os resultados atingidos pela investigação podem não ser agradáveis.

Nunca devemos considerar que é seguro alguém saber que foi traído na sua relação conjugal, ou que um funcionário, talvez contratado há vários anos, está desviando para outras empresas recursos, pesquisas e materiais sensíveis.

A própria consideração da vida deve ser exposta, pois o cliente precisa ser avisado de que, independentemente do resultado atingido, haverá exclusão de responsabilidade do investigador privado caso haja qualquer tentativa de suicídio ou homicídio, talvez até recaídas em psicotrópcios ou depressão, especialmente nos casos de investigação relacionados à vida privada (filhos, cônjuge etc.).

Já o segundo e terceiro incisos tratam basicamente do mesmo assunto: esclarecimento do consumidor em relação ao serviço a ser prestado. Nesse sentido, é importante destacar a necessidade de o detetive particular esmiuçar a forma, os meios e os objetivos de sua investigação, para que o cliente possa ter certeza do serviço que está adquirindo.

A questão da publicidade enganosa, prevista no quarto inciso, já foi abordada na seção anterior.

Obviamente, menções quanto à qualidade dos investigadores, à alta tecnologia envolvida ou à alta taxa de sucesso não causarão embaraços legais na oferta desse serviço.

O quinto inciso ("a modificação das cláusulas contratuais que estabeleçam prestações desproporcionais ou sua revisão em razão de fatos supervenientes que as tornem excessivamente onerosas"), considerando sua altíssima importância na oferta de um serviço tão previsivelmente imprevisível, será especialmente abordado no Capítulo 5. Por ora, é relevante observarmos que a qualidade no serviço prestado é representada pela segurança que o cliente sente em relação ao serviço, principalmente considerando-se que, na existência de fatos supervenientes, os custos e as taxas envolvidas serão atualizadas de forma proporcional ao serviço já prestado. Imagine o seguinte exemplo: sendo necessária uma viagem mais longa, o detetive particular resolve triplicar o valor da diária, sem aviso prévio. Esse tipo de conduta é vedada perante o ordenamento jurídico atual.

Já o sexto, o sétimo, o oitavo e o décimo incisos tratam da necessidade de organização estatal, especialmente jurídica, com vistas a oportunizar meios de proteção ao consumidor, não tendo relevância estratégica para o que está sendo tratado nesta obra. Afinal, o objeto deste livro é apresentar o conteúdo do regime jurídico previsto ao prestador de serviços de investigação particular.

Em nenhum momento a necessidade de organização governamental ou jurisdicional terá relevância ao prestador do serviço. Inclusive, a própria função deste livro é fazer você, detetive particular, conhecer os meandros jurídicos para evitar ser processado ou ter qualquer tipo de prejuízo na prestação de seu serviço de investigação.

Síntese

Neste capítulo, abordamos os aspectos fundamentais da escolha legislativa em reconhecer a atividade profissional do detetive particular.

Por meio da Classificação Brasileira de Ocupações (CBO), o investigador privado teve o reconhecimento de sua profissão, cujas competências e habilidades exigíveis foram apresentadas no primeiro capítulo.

Também, o reconhecimento da atividade profissional do detetive particular significa que essa ocupação está submetida ao Código de Defesa do Consumidor (CDC), posto ser uma prestação de serviço que deve ocorrer sob os critérios de qualidade e transparência.

Assim, conhecida a possibilidade profissional do detetive particular, bem como sua regulamentação perante o CDC, cabe investigar as limitações normativas existentes a qualquer atividade social (Capítulo 3), para que, na sequência, possamos abarcar o regime jurídico específico do investigador privado.

Para saber mais

Artigo

CARVALHO, M. de. Propaganda e publicidade enganosas; garantia legal e contratual e cláusulas abusivas. **Cadernos do Curso de Extensão de Direito do Consumidor**. p. 55-69. Disponível em: <http://www.emerj.tjrj.jus.br/publicacoes/cadernos_de_direito_do_consumidor/edicoes/cadernos_de_direito_do_consumidor_55.pdf>. Acesso em: 12 ago. 2018.

Esse texto é relevante para entendermos as formas de publicidade e os meios de garantir segurança jurídica consumerista na atividade de investigação particular.

Filmes

METROPOLIS. Direção: Fritz Lang. Alemanha, 1927. 153 min.
FORMIGUINHAZ. Direção: Eric Darnell e Tim Johnson. EUA, 1998. 84 min.
À PROCURA da felicidade. Direção: Gabriele Muccino. EUA, 2007. 145 min.

O primeiro filme é uma obra de arte do expressionismo alemão. Esta ficção científica ambienta as complexas e, por vezes, antagônicas relações sociais. O segundo se refere a uma animação infantil que consegue mostrar a relevância da cooperação social e a importância da personalidade na contribuição ao seu entorno. O terceiro filme, baseado em fatos reais, mostra o drama de um indivíduo, seu esforço e abnegação, na conquista de seus próprios sonhos dentro da complexidade social hodierna.

Livros

MACHADO, C. (Org.). **Código de Defesa do Consumidor interpretado**: artigo por artigo, parágrafo por parágrafo. Barueri: Manole, 2013.
CHAVES, S. F. **A vulnerabilidade e a hipossuficiência do consumidor nas contratações eletrônicas**. Barueri: Manole, 2015.

Essas duas indicações são relevantes para o detetive particular. Conhecer o Código de Defesa do Consumidor (CDC) é fundamental para um investigador que pretende estar preparado para reconhecer os possíveis limites de ação na sua atividade. E a obra de Chaves é importante para perceber o que significa o consumidor ser considerado vulnerável e, eventualmente, hipossuficiente, além de trazer conhecimentos sobre a forma de contratação *on-line*.

Questões para revisão

1. Apresente e explique dois motivos para justificar a proibição de propaganda enganosa e abusiva.

2. Por que a qualidade e a transparência são fundamentais na prestação de um serviço?

3. Como podemos considerar o significado da Classificação Brasileira de Ocupações (CBO)?
   a) Uma mera sugestão de possibilidades profissionais.
   b) Uma questão burocrática e formal.
   c) Uma técnica de classificação de trabalhos.
   d) Uma determinação de qual ocupação deve ser realizada.
   e) Uma divergência entre o trabalho prestado e o resultado atingido.

4. Analise as seguintes assertivas:
   I) O Estado é resultado das relações de poder em uma sociedade.
   II) O poder é determinado somente pelas eleições.
   III) Ao Estado é atribuída a capacidade de afirmar o que é justo, lícito e legal.

A seguir, indique a alternativa que apresenta apenas a(s) assertiva(s) correta(s):

a) I.
b) II.
c) III.
d) I e III.
e) II e III.

5. Analise as assertivas a seguir e, na sequência, assinale a alternativa correta:

A atividade investigativa é uma prestação de serviço.

PORQUE

O Código de Defesa do Consumidor (CDC) é uma legislação especial.

a) A primeira assertiva é verdadeira, mas a segunda assertiva é falsa.
b) A primeira assertiva é falsa, mas a segunda assertiva é verdadeira.
c) As duas assertivas são verdadeiras, sendo a segunda uma consequência lógica da primeira.
d) As duas assertivas são verdadeiras, mas a segunda não é uma consequência lógica da primeira.
e) As duas assertivas são falsas.

Questões para reflexão

1. Procure imaginar que você é um cliente precisando de um investigador particular. Quais qualidades gostaria que ele tivesse?

2. Em relação ao serviço que será prestado, como transmitir com clareza o que poderá ser feito sobre algum caso concreto? Como trazer segurança ao trabalho, mostrando qualidade e transparência?

3

LIMITES NORMATIVOS EXTRÍNSECOS À INVESTIGAÇÃO PARTICULAR

Conteúdos do capítulo:
- Os direitos de todos.
- Espécies pertinentes de direitos.
- O resultado da atividade investigativa e sua validade jurídica.

Após o estudo deste capítulo, você será capaz de:
1. identificar e respeitar os direitos humanos;
2. perceber por que a privacidade e a intimidade são absolutamente asseguradas;
3. produzir atividade de inteligência de forma lícita e segura.

3.1 Introdução

A partir deste momento, os regimes jurídicos necessários à prestação do serviço de investigação serão verticalizados. Isso significa que o conteúdo normativo se tornará cada vez mais exigível, uma vez que o reconhecimento dos limites do que é permitido, proibido e obrigatório deve se tornar cada vez mais claro ao detetive particular. Afinal, o objetivo declarado é conhecer os fundamentos legais da investigação particular.

Se o profissional não tiver clareza dos limites de sua atuação profissional, a mera probabilidade de cometer erros na prestação do serviço poderá se tornar certeza, posto a ignorância ser irmã da falha, do defeito e do prejuízo.

Nesse sentido, este capítulo abordará os limites normativos extrínsecos à investigação, ou seja, aqueles limites que o direito impõe a qualquer atividade profissional (não apenas aos detetives particulares) e que, por isso, são de conhecimento obrigatório, já que são considerados virtudes de qualquer profissional que pretenda evitar o cometimento de crimes ou atos ilícitos civis na realização da sua profissão.

Enfim, conhecer os direitos humanos – inerentes a qualquer indivíduo –, além do direito à privacidade e à intimidade, do sigilo das informações obtidas e da validade das provas, é conteúdo primordial para o estabelecimento de um sólido fundamento normativo que possa orientar a conduta do detetive particular que pretende realizar seus serviços de forma segura, válida e satisfatória.

3.2 Direitos humanos

Obviamente, o núcleo essencial deste livro, ou mesmo desta seção, não é o conhecimento profundo do conteúdo e do significado dos direitos humanos. Porém, é necessário termos um bom reconhecimento da base normativa que fundamenta a proteção de um indivíduo, independentemente de sua condição social ou, no que seja relevante, da sua própria conduta individual.

A problemática da proteção de criminosos – pejorativamente denominada *direito dos manos* – deve ser superada. Não pode um detetive particular ter uma visão tão mesquinha e preconceituosa de um dos conteúdos mais importantes à proteção da pessoa, mesmo àquela que tenha contrariado a lei.

Afinal, é importante destacar que, se alguém cometeu um crime, o bandido é o criminoso, não a sociedade. Por isso, os direitos humanos devem ser aplicados a todos, indistintamente. Indepententemente do uso político que se faça desses direitos, não cabe à sociedade voltar à barbárie apenas para satisfazer o interesse de punição de um criminoso.

Assim, a centralidade fundamental dos direitos humanos enquanto elemento fundador da própria civilização ocidental é a base da própria normativa que rege qualquer atividade humana, mormente a atividade profissional da atuação investigativa.

Reconhecer os direitos humanos é conhecer a própria história da humanidade. Obviamente, o escopo desta obra escapa, e muito, a qualquer pretensão de esgotamento da história dos direitos humanos, posto que se destina apenas a melhor orientar o profissional que decide ingressar na atividade de investigação particular.

De qualquer maneira, não ter a noção de como os direitos foram formados, especialmente em se tratando de um conteúdo tão fundamental, poderia, por conta desse desconhecimento, gerar desrespeito. E o desrespeito aos direitos causa, especialmente, danos pessoais e profissionais.

> Reconhecer os direitos humanos é conhecer a própria história da humanidade.

Enfim, a história dos direitos humanos (United For Human Rights, 2018a) remonta à Antiguidade, quando foi produzido o Cilindro de Ciro, que determinou a igualdade entre todas as pessoas dominadas pelo Império Persa, em 539 a.C. Isso significou que, pela primeira vez na história da humanidade, povos conquistados não seriam escravizados. Além disso, a igualdade racial também foi princípio de orientação dos direitos humanos.

A própria formação do cristianismo determinou a generalização do que, modernamente, compreende-se por **direitos humanos**. Isso ocorreu, precipuamente, pela determinação cristã da inerência de dignidade à pessoa humana, posto que o ser humano foi criado à imagem e semelhança de Deus.

Independentemente de quaisquer ponderações de fé, crença ou mesmo religiosidade, não é possível negar, na perspectiva histórica ocidental, que o cristianismo foi um grande precursor, e difusor, da noção de que todas as pessoas nasceram naturalmente com os mesmos direitos e obrigações, posto que a inerência de sua dignidade decorre de sua origem divina.

Aliás, a própria noção de **direito natural** é fundamental para compreendermos o significado e o conteúdo dos direitos humanos, que inclusive podem ser considerados o próprio direito natural positivado. Esse direito natural, conforme é entendido hodiernamente, compõe-se de uma série de direitos e deveres decorrentes da inerente dignidade humana concedida pela concepção de termos sidos criados à imagem e semelhança de Deus. Reiteramos: não é um caso de proselitismo religioso, mas apenas de reconhecimento da história ocidental na formação dos direitos humanos.

A literatura especializada também cita a Magna Carta (1215), de origem inglesa, como uma positivação do que se compreende por *direitos humanos* – com a garantia do direito de propriedade (que inclusive pode ser vista, também, como propriedade do próprio corpo, então direito à vida), do direito a *habeas corpus* (a possibilidade da revisão de qualquer arbitrariedade que cause limitação da liberdade individual), além da limitação do poder de tributar do governo, do direito à herança etc. É importante destacar que os direitos promulgados (para alguns, outorgados) na Magna Carta foram disponibilizados a todos os cidadãos, independentemente de quaisquer condições (sociais, familiares ou históricas). Em suma, este é o ponto fundamental dos direitos humanos: eles são inerentes ao indivíduo (United For Human Rights, 2018a).

A Declaração de Independência dos Estados Unidos (1776), além da Constituição desse país (1787) e do Bill of Rights (Declaração de Direitos, 1791), também são considerados marcos fundamentais dos direitos humanos, pois previam o direito à liberdade de expressão, a proibição de produzir prova contra si mesmo, entre outros direitos.

Novamente, a questão fundamental não era, exatamente, o conteúdo dos direitos. O aspecto de maior relevância era que esses direitos foram concedidos a todas as pessoas, sem nenhuma espécie de distinção.

A **Declaração dos Direitos do Homem e do Cidadão** (1789) ocorreu quando a França declarou a formação da sua República, superando o regime monárquico e declarando que, em função do direito natural, todos os indivíduos tinham direito à liberdade, à propriedade e à segurança, bem como de resistência à opressão. Novamente, o ponto nevrálgico era o reconhecimento (nunca a mera concessão do Estado) de um conjunto de direitos e deveres inerentes à espécie humana (Larousse..., 2017).

Ainda no final do século XIX, houve uma positivação dos direitos humanos na denominada *Convenção de Genebra*. O ponto fundamental dessa convenção (a primeira ocorreu em 1864) – que previa a obrigação de tratar os militares feridos em guerra, dentre várias outras peculiaridades – era mostrar que os direitos humanos não dependiam apenas da vontade estatal, pois em uma guerra não haveria, em tese, organização social suficiente para garantir a proteção de um soldado ferido (United For Human Rights, 2018a).

Nesse sentido, as Convenções de Genebra serviram para que houvesse o reconhecimento mundial (mais propriamente, ocidental) da existência de um conjunto de direitos e deveres inerentes à dignidade da pessoa humana. Mesmo que se estivesse em tempo de guerra, tais direitos não dependeriam da vontade estatal. A própria noção de direito à vida, à liberdade, à dignidade e à propriedade não decorreria de uma benesse do governo, mas de uma imposição racional, também denominada *direito natural* – que, modernamente, tornou-se positivada nos direitos humanos.

Ocorre que essas compreensões conceituais, metafísicas, existentes por parte de vários Estados sofreram um enorme baque na Segunda Guerra Mundial. Perceba, leitor, que a Primeira Grande Guerra não está sendo citada, já que ocorreu no sistema de guerra de trincheiras e a população civil não foi maciçamente atingida pelos confrontos.

Mas na Segunda Guerra Mundial, não somente pela evolução tecnológica, mas também pela inclusão de extenso sofrimento de civis, as consequências causaram uma revolução que originou a formação e o reconhecimento dos direitos humanos hodiernos, conforme entendido na era contemporânea.

O grande causador dessa revolução foi o nazismo. Orientada pelos *gulags* soviéticos, a Alemanha nazista realizou um dos maiores atos de atrocidade contra o ser humano de toda a história da humanidade. Buscando legitimar suas teorias eugênicas (que estavam espalhadas por toda a sociedade ocidental, diga-se de passagem), o nazismo perseguiu as minorias mais frágeis para que pudesse dizimá-las (Nazi Party, 2018).

Nesse sentido, os nazistas escolheram o povo judeu como bode expiatório das mazelas ocorridas na Alemanha após a Primeira Guerra Mundial. Como esse país saiu perdedor desse confronto, sua economia se encontrava em frangalhos, e as punições decorrentes da guerra também contribuíram para a falência generalizada de todo o Estado alemão.

Buscando encontrar culpados pelo desastre econômico alemão e apoiados na doutrina eugenista da superioridade genética ariana, Adolf Hitler e seus asseclas nazistas determinaram que todos os indivíduos considerados diferentes (judeus, ciganos, negros etc.) fossem expulsos da Alemanha ou exterminados.

As razões para esse genocídio – como sempre ocorre nesses casos em que o governo promete a instauração de um "paraíso" na Terra – justificavam-se pela suposta melhora das condições da população. A doutrina expõe a problemática nazista, com o fundamento discriminatório em função de raça ou classe como elemento anulador da própria possibilidade de direitos humanos, nos seguintes termos:

> Ou seja, a ideologia como a lógica, realizando-se totalmente (e nascendo de uma vontade de realização total), de uma ideia que "permite explicar o movimento da história como um processo único e coerente". Supõe-se, diz ainda Hannah Arendt, "que o movimento da história e o processo lógico dessa noção correspondem ponto por ponto, de tal modo que tudo o que acontece, acontece conforme à lógica de uma ideia".
>
> O que em outros termos nos interessa e nos prenderá a atenção é a ideologia enquanto, por um lado, ela se propõe sempre como uma explicação **política** do mundo, ou seja, como uma explicação da **história** [...] a partir de um conceito único: o conceito de raça, por exemplo, ou o conceito de classe, a saber, o de "humanidade total". (Lacoue-Labarthe; Nancy, 2002, p. 22-23, grifo do original)

Considerando que todas as outras raças eram impuras, como se as pessoas pudessem ser classificadas da mesma forma que cachorros ou bois, por exemplo, a Alemanha nazista promoveu a mortandade de milhões de civis, simplesmente com a vaga promessa de aprimorar a população alemã e buscar seu desenvolvimento moral, econômico e social.

Após o final da Segunda Guerra Mundial, percebeu-se que a aliança gerada pela Liga das Nações (uma espécie de Organização das Nações Unidas – ONU –, formada após a Primeira Guerra Mundial) não fora suficiente para a garantia de paz no planeta, especialmente na civilização ocidental.

Assim, concomitantemente ao Tribunal de Nuremberg, que buscou responsabilizar o alto comando nazista pelos crimes contra a humanidade perpetrados durante a Segunda Guerra Mundial, ocorreu a formação da ONU* – (que, de conhecimento notório, nada mais é que uma instituição internacional, um "clube", com muitas aspas, em que países e outros membros com personalidade internacional, como o Tribunal Penal Internacional, o Tribunal Internacional de Justiça etc., reúnem-se para deliberar sobre a formação de convenções e tratados internacionais que permitam uma melhor organização das relações entre os Estados e as demais entidades em âmbito internacional.

A formação da ONU gerou, em seguida, a organização de grupos de trabalho destinados a buscar uma normatização, um conjunto de direitos e deveres que pudessem se tornar reconhecidos e, então, obrigatórios perante toda a comunidade internacional civilizada (Unicrio, 2014).

Assim, três anos após a formação da ONU, em 1948, promulgou-se a Declaração Universal dos Direitos Humanos (DUDH), que visava positivar (tornar positivo, fazer ser reconhecido por meio escrito, de modo inegável) a existência de direitos inerentes à pessoa humana.

Pela primeira vez na história da humanidade, formou-se um conjunto de direitos e deveres destinados a não somente proteger um grupo específico de indivíduos – e não apenas dentro de um mesmo Estado –, mas sim a todas as pessoas: os chamados *direitos humanos*.

Tais direitos visam preservar a inerente dignidade da pessoa humana, especialmente agredida após o espetáculo de tristeza, maldade e atrocidade ocorrido na Segunda Guerra Mundial.

---

* Toda a história da Organização das Nações Unidas (ONU) está no *site* oficial da instituição. Disponível em: <http://www.un.org/en/sections/history/history-united-nations/>. Acesso em: 27 ago. 2018.

Observe que o próprio preâmbulo da DUDH não deixa margem de dúvidas quanto à necessidade, à extensão e ao conteúdo dos direitos nela previstos:

> Considerando que o reconhecimento da dignidade inerente a todos os membros da família humana e dos seus direitos iguais e inalienáveis constitui o fundamento da liberdade, da justiça e da paz no mundo;
>
> Considerando que o desconhecimento e o desprezo dos direitos do Homem conduziram a actos de barbárie que revoltam a consciência da Humanidade e que o advento de um mundo em que os seres humanos sejam livres de falar e de crer, libertos do terror e da miséria, foi proclamado como a mais alta inspiração do Homem. (United Nations Human Rights, 2018)

Os conteúdos fundamentais, conforme discorrido nessa seção, envolvem a inerente dignidade dos seres humanos, possuidores de direitos inalienáveis, não decorrentes de mera benevolência estatal, então reconhecidos enquanto direitos naturais.

Da mesma forma, a questão histórica é fundamental, pois o "desconhecimento e o desprezo dos direitos do Homem conduziram a atos de barbárie" – referindo-se, especialmente, aos campos de concentração nazista –, causaram revolta à consciência humana e alertaram para a necessidade de existir uma instituição internacional, quiçá supranacional, destinada a proteger os direitos considerados inalienáveis aos indivíduos.

Por derradeiro, acompanhe a seguinte definição dos direitos humanos:

> Os direitos humanos são baseados no princípio do respeito ao indivíduo. O seu principal conceito é asseverar que cada pessa é um ser moral e racional que merece ser tratado com dignidade. Também são chamados direitos humanos porque são universais.

Há nações e grupos sociais que possuem direitos exclusivos, mas os direitos humanos pertencem a todos os indivíduos – não importando quem seja e onde resida – simplesmente porque a pessoa está viva.

Ainda que muitas pessoas, quando perguntadas para enumerar os seus direitos, apenas lembrem da liberdade de expressão e crença, talvez mais um ou dois. Não há dúvidas de que esses sejam direitos relevantes, mas a amplitude dos direitos humanos é muito maior. (United For Human Rights, 2018b, tradução livre)*

Nesse sentido, qual é a importância dos direitos humanos para um detetive particular? Por que conhecê-los? Em que medida o conhecimento de um regime jurídico internacional influencia os limites e as formas de atuação profissional do investigador particular?

A resposta é muito simples: compreendendo-se, conforme reiteramente explainado neste livro, que o direito estabelece os limites da ação humana lícita, determinando o que seja permitido, proibido ou obrigatório – bastará ao futuro profissional conhecer o regime jurídico aplicável e, por óbvio, obedecê-lo.

Em suma: quando um detetive particular sabe o que é permitido, proibido ou obrigatório, não tem dificuldades em determinar a sua conduta de acordo com o direito (im)posto pela sociedade. Ao final, conseguirá obter sucesso profissional aliado a uma extensa atuação lícita, proba e virtuosa.

---

* Do original: *Human rights are based on the principle of respect for the individual. Their fundamental assumption is that each person is a moral and rational being who deserves to be treated with dignity. They are called human rights because they are universal. Whereas nations or specialized groups enjoy specific rights that apply only to them, human rights are the rights to which everyone is entitled – no matter who they are or where they live – simply because they are alive. Yet many people, when asked to name their rights, will list only freedom of speech and belief and perhaps one or two others. There is no question these are important rights, but the full scope of human rights is very broad.*

No caso em tela, trata-se de reconhecer a existência de direitos inerentes à pessoa humana que não dependem da própria aprovação do Estado para serem exigíveis: os denominados *direitos humanos*, que nada mais são do que os direitos naturais positivados.

Está claro que, efetivamente, conseguir a proteção dos direitos humanos depende de condições materiais e sociológicas, assunto que ultrapassa o escopo desta seção, mas o ponto é claro: todos os indivíduos são merecedores dessa proteção.

Para atender aos interesses imediatos do investigador particular, deve-se notar que os direitos mais genéricos, como o direito à vida, à presunção de inocência, à igualdade, à exigência de proteção do Estado e à jurisdição etc., não atendem a uma relevância mais imediata.

Mas o direito à liberdade e à segurança pessoal interferem na possibilidade de atuação do detetive particular. Afinal, o fato de haver uma pessoa que está sendo vigiada interfere, significativamente, na liberdade e na segurança pessoal desse profissional.

Basta imaginar o seguinte exemplo: uma pessoa que é constantemente seguida e tem a sua rotina conhecida por terceiros poderá ter maior probabilidade de sofrer sequestros, furtos etc.

Além disso, apenas presidiários em regime aberto e semiaberto devem constantemente informar o seu paradeiro. Qualquer civil que não esteja cometendo crimes tem o direito de não ser perseguido ou vigiado, sob risco de afrontar-se sua liberdade e segurança pessoal, conforme explanado.

Mas há um texto, na própria DUDH, que explicita o maior entrave jurídico na capacidade de investigação particular, expresso no artigo 12, *in verbis*: "Ninguém sofrerá intromissões arbitrárias na sua vida privada, na sua família, no seu domicílio ou na sua correspondência, nem ataques à sua honra e reputação. Contra tais intromissões ou ataques toda a pessoa tem direito a protecção da lei." (United Nations Human Rights, 2018).

Esse artigo tem relevância primordial no tratamento do regime jurídico aplicável ao investigador particular, pois o limite entre o permitido e o proibido está, exatamente, na impossibilidade de o profissional invadir a esfera de intimidade alheia sem sofrer sanções jurídicas, tanto na seara civil quanto na penal.

Observe que o verdadeiro nó górdio, a grande questão a ser debatida na delimitação do que um detetive particular pode fazer sem que corra o risco de sofrer retaliações do direito, está no conhecimento profundo e verdadeiro do significado da privacidade (e intimidade), além da possibilidade de "ataques à sua honra e reputação".

Obviamente, conforme esse curso se desenvolve, aprimoram-se também a capacidade de produzir engenharia social, colher informações e desenvolver inteligência apta a orientar a conduta do cliente.

Hodiernamente, as redes sociais, os *sites* de relacionamento e o próprio desenvolvimento tecnológico produzem novas ferramentas e estratégias de investigação. Sob essa ótica, Edward Snowden (Greenwald, 2015) demonstrou que os *smartphones* estão sujeitos a toda espécie de vigilância, além de ser possível, a todos, saber a localização imediata de qualquer indivíduo – basta ativar algumas configurações de compartilhamento do GPS do investigado.

Nesse sentido, a privacidade e a intimidade estão em constante ameaça, principalmente pelas grandes corporações, que possuem dezenas de técnicos, analistas, *hackers* e outros profissionais especializados, bem como pelo próprio Estado, pelo governo ou demais agências, que têm a capacidade de invadir e controlar quaisquer equipamentos eletrônicos de uma pessoa.

Mas um detetive particular, normalmente, não teria toda a proteção do aparato estatal para conseguir realizar suas investigações. E por não estar resguardado pelo anonimato ou por qualquer outro favorecimento público, necessita se defender contra os riscos inerentes à atividade investigativa.

Então, torna-se extremante relevante conhecer o significado e a aplicação dos conceitos de privacidade e intimidade, para que o detetive particular detenha conhecimento sobre esse aspecto da realidade e não se envolva nas tênues e agressivas teias de um emaranhado jurídico que possa turvar ou, até mesmo, impedir o pleno exercício de sua atividade profissional.

Esse será o assunto da próxima seção.

3.3 Direito à privacidade e à intimidade

Já se tornou senso comum teórico, conforme explicado na seção anterior, a compreensão de que a limitação da atividade investigativa torna-se extremamente rigorosa para a proteção da privacidade e da intimidade do indivíduo.

Mas, se fôssemos levar esse raciocínio às últimas consequências, nenhuma atividade investigativa privada (em âmbito civil, conforme debateremos) seria possível de ser realizada, pois, se a alegação de estar invadindo a privacidade ou a intimidade de uma pessoa fosse regra, em tese seria impossível até mesmo conhecer o paradeiro de um indivíduo.

Logo, é importante reconhecer melhor os elementos que efetivamente são protegidos perante o ordenamento jurídico para que se possa determinar a extensão da atuação do detetive particular.

Por isso, a relevância desta seção torna-se cardial, representando um paradigma fundamental na orientação da conduta de um detetive particular. Desconhecer os limites da proteção ao direito à privacidade e à intimidade poderá gerar danos fatais à permanência do profissional nesse mercado de trabalho.

Mesmo com o risco de parecer um exagero, se o detetive particular cometer o deslize de afrontar os direitos individuais de uma pessoa, poderá ser processado, julgado e condenado a pagar pesadas quantias a título de danos morais e até materiais, conforme o caso.

Então, com vistas a determinar os limites de atuação do investigador particular, é relevante compreendermos como a privacidade e a intimidade de uma pessoa constituem uma fronteira que não pode ser violada.

Para que seja possível conhecer os conceitos de privacidade e intimidade – como tudo que envolve o direito interno de um país –, devemos iniciar nossa análise pelo que está disposto na Constituição Federal e, a partir desse conhecimento, determinar como esse instituto jurídico (no caso, a privacidade e a intimidade) é compreendido pelos operadores do direito.

Isso significa, simplesmente, identificar as fontes jurídicas aplicáveis ao caso concreto.

A Constituição Federal especifica esse assunto no inciso X do seu art. 5º, nos seguintes termos: "são invioláveis a intimidade, a vida privada, a honra e a imagem das pessoas, assegurado o direito a indenização pelo dano material ou moral decorrente de sua violação" (Brasil, 1988).

O Código Civil (CC) – Lei n. 10.406, de 10 de janeiro de 2002 –, acompanhando a necessária proteção da intimidade individual, proclama a proteção desse direito no seu art. 21: "A vida privada da pessoa natural é inviolável, e o juiz, a requerimento do interessado, adotará as providências necessárias para impedir ou fazer cessar ato contrário a esta norma." (Brasil, 2002).

É importante destacar que, neste momento, buscamos compreender o conceito de privacidade por meio da Constituição e do CC, posto que a explicitação normativa contida na lei que regulamenta a atividade de detetive particular – Lei n. 13.432, de 11 de abril de 2017 (Brasil, 2017) – possui um espaço próprio nesta obra, localizada na primeira seção do Capítulo 4, onde será devidamente esmiuçada.

Nesse sentido, com vistas à compreensão constitucional desses conceitos, a primeira providência é realizar uma interpretação sistemática do texto, pois é necessário perceber o que significa *inviolável* e, depois, *intimidade, vida privada, honra* e *imagem* das pessoas.

Afinal, se partíssemos de um paradigma cegamente dogmático, a própria defesa da intimidade poderia servir de desculpa para acobertar, por exemplo, crimes sexuais.

Por mais pernóstico que isso possa parecer, esse assunto já chegou a ser deliberado pelo Supremo Tribunal Federal (STF), demonstrando a relevância de se entender corretamente o significado e a extensão de tais conceitos, sob pena de a falta de uma adequada interpretação gerar confusões e danos normativos (embaralhando o limite de realização de condutas, especialmente aquelas que gerem o dever de pagar compensações morais).

Sob essa ótica, acompanhe a hermenêutica do STF:

> Inexiste a alegada inconstitucionalidade do art. 235 do CPM por ofensa ao art. 5º, X, da Constituição, pois a inviolabilidade da intimidade não é direito absoluto a ser utilizado como garantia à permissão da prática de crimes sexuais [HC 79.285, rel. min. Moreira Alves, j. 31-8-1999, 1ª T, DJ de 12-11-1999.]. (STF, 1999)

Nesse sentido, é importante destacar a impossibilidade de existirem direitos absolutos, pois a teia normativa ocorre de forma sistêmica e equilibrada, tendedo à preservação máxima de todos os direitos previstos no ordenamento.

A jurisprudência é unânime em destacar esse quesito. Em nenhum momento é plausível compreendermos o direito fora de toda a dinâmica envolvida na tecitura da realidade social. Não podemos cometer a frivolidade de determinar que um direito, por maior que seja sua proteção constitucional, seja compreendido fora de todas as outras possibilidades normativas e de valores extensamente protegidos. A esse respeito, observe o franco entendimento jurisprudencial exposto em um Tribunal Estadual: "3. Os direitos fundamentais não são absolutos, encontrando limites nas diversas normas e princípios constitucionais." (Rio de Janeiro, 2014).

Essa citação jurisprudencial, representativa do hegemônico entendimento do Poder Judiciário e doutrinário, demonstra não ser possível compreender que algum direito possa se sobrepor, de forma inviolável, a todos os outros direitos constitucionalmente previstos.

> Em nenhum momento é plausível compreendermos o direito fora de toda a dinâmica envolvida na tecitura da realidade social.

Conforme o caso específico da decisão do STF, a existência da inviolabilidade da intimidade não pode ser motivo, desculpa, fundamento ou argumento para que um indivíduo realize a prática de crimes sexuais.

Isso significa que os direitos, especialmente os fundamentais, mormente previstos no art. 5º da Constituição Federal, não podem ser devidamente compreendidos fora de todo o sistema jurídico, o qual promove uma interpretação sistêmica e orgânica de toda a esfera de proteção dos indivíduos, da atividade estatal e, no caso em tela, da atividade profissional do detetive particular.

É importante destacar a necessidade de uma compreensão orgânica da esfera da privacidade e da intimidade, para que o detetive particular saiba o momento em que não deve interferir.

Por exemplo, é possível alegar o direito à privacidade para impedir que uma pessoa seja seguida por um investigador particular? A escuta (ambiental) de uma conversa entre dois indivíduos fere o direito à privacidade?

Essas questões poderão ser respondidas apenas se houver um real entendimento dos pressupostos envolvidos na determinação do conceito de privacidade e, principalmente, na compreensão do direcionamento da jurisprudência em relação ao caso concreto.

A **privacidade** envolve, principalmente, o núcleo fundamental da própria dignidade do indivíduo. Fundada no direito romano, a privacidade decorria do direito de propriedade, por meio do qual a inviolabilidade da propriedade (especialmente, de um bem imóvel) demonstraria que, dentro desse espaço, haveria a privacidade do indivíduo.

Tércio Sampaio Ferraz Júnior (1993, p. 440-442, grifo do original), em texto paradigmático sobre o assunto, leciona:

> A privacidade, como direito, tem por conteúdo a faculdade de constranger os outros ao respeito e de resistir à violação do que lhe é próprio, isto é, das situações vitais que, por dizerem a ele só respeito, deseja manter para si, ao abrigo de sua única e discricionária decisão. O **objeto** é o bem protegido, que pode ser uma *res* (uma coisa, não necessariamente física, no caso de direitos reais) ou um interesse (no caso dos direitos pessoais). No direito à privacidade, o objeto é, sinteticamente, a integridade moral do sujeito. [...] Aquilo que é exclusivo é o que passa pelas opções pessoais, afetadas pela subjetividade do indivíduo e que não é dominada nem por normas nem por padrões objetivos. O princípio da exclusividade comporta três atributos principais: a solidão (donde o desejo de estar só), o segredo (donde a exigência de sigilo) e a autonomia (donde a liberdade decidir sobre si mesmo como centro emanador de informações).

Conforme depreendemos do texto, o objeto fundamental é a integridade moral do sujeito, a qual comporta três atributos principais: a solidão, o segredo e a autonomia.

O **princípio da autonomia** (a liberdade de "decidir sobre si mesmo como centro emanador de informações") é o aspecto mais importante para o futuro detetive particular, posto que compõe a questão essencial do seu trabalho: a coleta de informações sobre o sujeito.

Não pretendendo avançar muito as conclusões, adiantamos que não haverá agressão à privacidade se houver justa causa na vigilância da pessoa e se as informações adquiridas forem originadas de fonte ambiental, como conversas em público ou fotos que não tenham sido tiradas quando a pessoa estava dentro de uma residência, por exemplo.

A privacidade representaria, então, aquela esfera do indivíduo que não pode ser violada, e sua compreensão mais profunda deve ser enfrentada pela própria noção da condição de ser humano.

Para resolvermos esse problema da intransponível limitação da atuação profissional do detetive particular – pois a preservação da privacidade e da intimidade é elemento fundamental na atuação do profissional –, devemos notar que o escopo principal é a preservação da dignidade da pessoa humana, chamada de "integridade moral do sujeito" no texto citado.

Essa dignidade da pessoa humana envolve, principalmente, o seu aspecto moral, uma vez que determina o conteúdo fundamental do próprio significado da existência individual. Afinal, o conjunto de crenças, valores e afirmações subjetivas do indivíduo perante a realidade é o que determina a individualidade da pessoa humana.

A agressão a esse bem tão fundamental determina uma expoliação completamente inaceitável e indevida da esfera de individualidade humana, exterminando o próprio motivo para a formação de um sistema jurídico, precipuamente destinado a proteger a dignidade da pessoa, conforme extensivamente minuciado na seção anterior.

Nesse sentido, começa-se a delinear uma franca resposta hermenêutica ao indigitado inciso X, do art. 5º da Constituição Federal, já citado anteriormente: "são invioláveis a intimidade, a vida privada, a honra e a imagem das pessoas, assegurado o direito a indenização pelo dano material ou moral decorrente de sua violação" (Brasil, 1988).

Tornar *inviolável* a intimidade do indivíduo significa não expor os seus momentos mais íntimos, essencialmente pessoais. Se a privacidade (lavrada "vida privada", no inciso) significa aquela esfera de relações restritas ao interesse particular do indivíduo, seja com a família, com os amigos ou com quem mais a pessoa se permita relacionar, a intimidade envolve um caráter ainda mais privado, sendo composta de elementos que pertencem, exclusivamente, ao aspecto mais particular do indivíduo.

Se a vida privada é aquilo que não interessa ao universo público, a vida íntima não interessa a ninguém exceto ao próprio indivíduo. Novamente, citamos Ferraz Júnior (1993, p. 442, grifo do original):

> No recôndito da privacidade se esconde, pois, em primeiro lugar, a intimidade. A intimidade não exige publicidade, porque não envolve direitos de terceiros. No âmbito da privacidade, a intimidade é o mais exclusivo dos seus direitos. Há, porém, uma certa gradação nos direitos da privacidade. Também o direito ao nome, à imagem, à reputação compõem o campo da privacidade. A imagem, a reputação, o nome, à diferença da intimidade, são exclusivos (**próprios**), mas **perante** os outros. Como direito à privacidade, demarcam a individualidade **em face** dos outros. Ninguém tem um nome, uma imagem, uma reputação só para si mesmo, mas como condição de comunicação. Contudo, embora sejam de **conhecimento** dos outros, que deles estão **informados**, não podem transformar-se em objeto de troca do mercado, salvo se houver consentimento. Segue-se daí que o princípio da exclusividade, que rege o direito à privacidade, aplica-se diferentemente aos seus objetos específicos. Assim, o inciso X do art. 5º da Constituição, ao tornar invioláveis a **intimidade**, a **vida privada**, a **honra** e a **imagem das pessoas**, assegura-lhes o domínio exclusivo em vários sentidos.

A imagem do indivíduo compõe não apenas a sua imagem física, pictórica, mas também psíquica, mental. Esse é o sentido que o autor coloca no termo "aos seus objetos específicos".

Agredir a imagem de uma pessoa é expor fotos que não tenham sido autorizadas (imagem física) ou ofender a honra subjetiva, isto é, a compreensão interna de atributos axiológicos que o indivíduo entende possuir (imagem psíquica).

Quaisquer exposições indevidas geram direito à indenização. Então, torna-se claro que a indevida exposição da vida privada ou íntima de uma pessoa é uma agressão contra seus direitos mais fundamentais, manchando a honra e a imagem do indivíduo e gerando o dever de indenizar o dano, conforme reza o art. 927 do CC: "Aquele que, por ato ilícito (arts. 186 e 187), causar dano a outrem, fica obrigado a repará-lo" (Brasil, 2002).

Com isso, compreendemos a limitação da possibilidade de atuação profissional do detetive particular: não é possível realizar atos que tornem públicas as condutas que correspondam à esfera íntima ou privada do indivíduo.

É importante destacar que os direitos à privacidade e à intimidade são disponíveis. Ou seja: se a pessoa permitir, poderá haver essa intromissão à privacidade alheia sem riscos – um exemplo concreto: quando o cônjuge tem acesso às senhas da companheira, especialmente de celular, *laptop*, redes sociais, aplicativos de comunicação etc. Assim, haverá inexistência de danos à esfera da privacidade e da intimidade, se a pessoa permitir acesso a esses sistemas, conforme afirmou Ferraz Júnior (1993) no texto citado.

Obviamente, a tentação de disponibilizar o serviço de hackeamento é muito grande, mas recomendamos abster-se dessa atividade, pois há pessoas especializadas nesse serviço – muitas vezes, feito ilegalmente –, que não precisa ser realizado pelo detetive particular.

Observe que, apesar de ainda vigente, o decreto que regulamentava a atividade do detetive particular – objeto do próximo capítulo – já tratava desse assunto nos seguintes termos:

> Art. 3º É vedada às empresas de que trata o presente regulamento a prática de quaisquer atos ou serviços estranhos à sua finalidade e os que são privativos das autoridades policiais, e deverão exercer sua atividade abstendo-se de atentar contra a inviolabilidade ou recato dos lares, a vida privada ou a boa fama das pessoas.
> (Brasil, 1961)

A restrição imposta à atividade profissional significa que a capacidade de recolhimento de provas e evidências, de quaisquer tipos, com os objetivos descritos no primeiro capítulo deste livro, somente poderá ser realizada sem interferência na vida íntima ou privada do objeto de investigação.

Nos termos explicitados pelo Decreto n. 50.532/1961, contidos no art. 11, inciso II, da atual lei que regulamenta a investigação particular (Lei n. 13.432/2017), a inviolabilidade ou o recato dos lares (privacidade) e a vida privada ou a boa fama das pessoas (intimidade) são exatamente os quesitos apresentados neste capítulo, decorrentes dos direitos humanos, para a preservação da intimidade e da privacidade, os quais disciplinarão a forma da disposição e utilidade das informações e provas colhidas.

Observe que o CC disciplina, no seu art. 21 (já citado anteriormente), o direito à intimidade: "A vida privada da pessoa natural é inviolável, e o juiz, a requerimento do interessado, adotará as providências necessárias para impedir ou fazer cessar ato contrário a esta norma." (Brasil, 2002).

Entretanto, quaisquer escutas ambientais (as quais não signifiquem invasão de propriedade particular) são permitidas, pois a própria pessoa se dispôs a conversar em local com acesso público. Logo, não é plausível pretender o direito à privacidade ou à intimidade nesse caso. Também, por óbvio, são permitidos quaisquer registros fotográficos ou fílmicos que tenham sido realizados nesses mesmos locais de acesso público – que, no entanto, não importem em publicação desse material.

A jurisprudência (ainda que estivesse tratando sobre prova em processo eleitoral, também confirmado pela jurisdição trabalhista da 3ª seção) corrobora esse entendimento:

> 5. É lícita a gravação ambiental de eventos em espaços públicos e abertos, em que não há restrição de acesso (REspe n° 637-61, rel. Mm. Henrique Neves, DJE de 21.5.2015; REspe n° 1660-34, rel. Mm.

Henrique Neves, DJE de 14.5.2015; REspe nº 197-70, redator para o acórdão Mm. João Otávio de Noronha, DJE de 20.5.2015). (Brasil, 2015b)

Os materiais ou, mais propriamente, as informações colhidas deverão ser sigilosas e apresentadas somente ao cliente, com várias restrições a serem impostas, conforme verificaremos na próxima seção.

Mas o importante é ter certeza jurídica (no limite da possibilidade de certeza perante as flutuações jurisprudenciais) sobre a licitude das gravações realizadas em ambientes públicos ou de acesso ao público:

> EMENTA – APELAÇÃO CRIMINAL DEFENSIVA – [...] 1.3. PROVA ILÍCITA – INEXISTÊNCIA – GRAVAÇÕES FEITAS EM LOCAL PÚBLICO – [...] 1.3. A prova ilícita a que se refere a defesa são Os registros de imagem feitos por detetive particular contratado pela vítima. Contudo, de uma simples observação do exame pericial a que foram submetidas as fotografias, é possível concluir que foram tiradas quando os réus estavam em via pública, não ocorrendo assim nenhuma invasão a sua privacidade ou intimidade. (TJ-MS – APL: 00016712920078120026 MS 0001671-29.2007.8.12.0026, Relator: Des. Francisco Gerardo de Sousa, Data de Julgamento: 04/11/2013, 1ª Câmara Criminal, Data de Publicação: 04/12/2013). (Mato Grosso do Sul, 2013)

> RESPONSABILIDADE CIVIL – Dano Moral – Captação de imagem em restaurante – Cenário público – Licença compulsória – Ainda que não se cuide de pessoa pública, quem está em local público ou aberto ao público, como no caso de restaurantes e via pública, desde que não haja uso comercial das fotografias, não pode se opor a sua livre captação – Atuação de detetives particulares – Não comprovação de excessos – Atividade profissional regular. (TJ-SP – APL: 10324078220138260100 SP 1032407-82.2013.8.26.0100, Relator: Alcides Leopoldo e Silva Júnior, Data

de Julgamento: 23/02/2016, 1ª Câmara de Direito Privado, Data de Publicação: 23/02/2016). (São Paulo, 2016)

É importante destacar que essas decisões foram exaradas por tribunais locais (estaduais), mas coadunam com o entendimento do STF em relação à gravação realizada por um dos interlocutores, especialmente nos Recursos Extraordinários RE 583.937 e RE 402.717:

RE 402717 / PR – PARANÁ
RECURSO EXTRAORDINÁRIO
Relator(a): Min. CEZAR PELUSO
Julgamento: 02/12/2008 Órgão Julgador: Segunda Turma
Publicação
DJe-030 DIVULG 12-02-2009 PUBLIC 13-02-2009
[...]
Parte(s)
RECTE.(S): MINISTÉRIO PÚBLICO FEDERAL
[...]
ADV.(A/S): LUIZ EDUARDO DA SILVA
Ementa
EMENTA: PROVA. Criminal. Conversa telefônica. Gravação clandestina, feita por um dos interlocutores, sem conhecimento do outro. Juntada da transcrição em inquérito policial, onde o interlocutor requerente era investigado ou tido por suspeito. Admissibilidade. Fonte lícita de prova. Inexistência de interceptação, objeto de vedação constitucional. Ausência de causa legal de sigilo ou de reserva da conversação. Meio, ademais, de prova da alegada inocência de quem a gravou. Improvimento ao recurso. Inexistência de ofensa ao art. 5º, incs. X, XII e LVI, da CF. Precedentes. Como gravação meramente clandestina, que se não confunde com interceptação, objeto de vedação constitucional, é lícita a prova consistente no teor de gravação de conversa telefônica realizada por um dos interlocutores, sem conhecimento do

outro, se não há causa legal específica de sigilo nem de reserva da conversação, sobretudo quando se predestine a fazer prova, em juízo ou inquérito, a favor de quem a gravou.

Decisão

A Turma, por votação unânime, conheceu do recurso extraordinário, mas lhe negou provimento, nos termos do voto do Relator. Ausente, licenciado, o Senhor Ministro Joaquim Barbosa. 2ª Turma, 02.12.2008. (Brasil, 2009, grifo do original)

Assim, nesta seção, mediante os dados gerados e a informação percebida, é possível verificar a seguinte inteligência: não vale a pena arriscar uma carreira profissional em nome de apenas um trabalho, de uma mera investigação.

Não apenas os benefícios financeiros imediatos não suprirão a perda da profissão, como, além da própria agressão ética ao trabalho, poderá o detetive particular sofrer graves repercussões na seara jurídica, envolvendo desde danos morais, difamação, injúria (pois pretenderá dizer que as suas fotos eram prova de infidelidade), até uma eventual prisão, caso tenha realizado algum crime para colher alguns dados ou informações.

O detetive particular busca a verdade por meio da sagacidade, da inteligência e da astúcia, nunca através do cometimento de um crime para satisfazer um mero interesse contratual.

3.4 Sigilo das informações obtidas e validade das provas

A questão da utilidade das informações é fundamental na realização da atividade do detetive particular.

Conforme reiterado no primeiro capítulo, a especificidade da atividade laboral do investigador privado está na capacidade de colher, organizar, compreender e repassar informações ao cliente, definindo um conjunto de dados que podem ser utilizados para determinar decisões ou orientar condutas, por meio da chamada *atividade de inteligência privada*.

Obviamente, a definição de *atividade de inteligência* ocorre de forma *lato sensu*, posto não servir, exatamente, para orientar as ações de um país, de uma nação ou de um bloco institucionalizado, mas apenas para apoiar decisões de particulares em relação a temas privados.

Perceba que a relação com interesses privados é fundamental, uma vez que é impossível, inclusive ao detetive particular, conseguir investigar um crime sem autorização do respectivo delegado de polícia, conforme será esmiuçado no próximo capítulo.

Nesse momento, é fundamental compreendermos a questão da sigilosidade das informações, pois o conjunto probatório colhido sempre tem o potencial de infração da privacidade ou intimidade do objeto de investigação, conforme verificado na seção anterior.

> É importante destacar que, conforme ocorre a evolução conceitual exposta neste livro, necessariamente migramos para um modelo discursivo sistêmico. Isto é, todas as partes desta obra estão interligadas, posto abordarem um mesmo objeto (regime jurídico do detetive particular, sob o título "Fundamentos legais da investigação particular") e servirem a um propósito específico: orientar a conduta desse profissional, para que consiga realizar o seu trabalho de forma segura, adimplindo com as obrigações contratualmente assumidas e, principalmente, conseguindo prosperar na profissão sem percalços externos e sem se submeter a processos ou dramas jurídicos que possam minorar, quando não impedir, sua própria capacidade produtiva.

Enfim, reconhecida a discursiva determinação sistêmica imposta ao livro, é necessário mencionar que as constantes remissões a diversas partes da obra significam, exatamente, a completa disposição orgânica dos conceitos, que meramente abordam várias faces, ou paradigmas, de um mesmo objeto.

Compreendida essa questão, devem ser consideradas as idiossincracias do cliente (Capítulo 5), bem como a especificação contratual do destino e a utilidade das provas colhidas (Capítulo 6), além da obediência ao regime jurídico destinado à validade e à utilidade das provas, para que seja possível delinear os meios e as formas de adimplemento, isto é, de cumprimento das obrigações necessariamente assumidas no exercício profissional (de acordo com o que foi descrito no segundo capítulo, em que especificamos a atividade profissional do detetive particular).

As informações obtidas pelo investigador privado servirão para orientar a conduta do cliente, que não precisará utilizar, necessariamente, os dados recebidos como meio de prova para uso judicial, posto que a função primordial desse profissional é informar, e não exclusivamente provar um determinado fato.

Agora que entendemos que não existe, necessariamente, uma utilidade jurídica para os fatos e as informações colhidos pelo detetive particular – pois sua função pode servir, meramente, para que o cliente compreenda uma determinada realidade ou realize alguma decisão –, é importante reconhecermos as restricões jurídicas para que possamos determinar a validade de uma informação colhida pelo detetive particular e, também, a necessária discrição envolvida na disposição dessas informações ao cliente.

Novamente, para abordar quaisquer questões jurídicas, torna-se necessário iniciarmos com a observação do regime jurídico aplicável, conforme determina a Constituição Federal, pois a Carta Constitucional detém a primazia normativa perante a ordem jurídica nacional.

A questão da prova, para fins processuais (é importante relembrar que nem sempre as informações colhidas pelo detetive particular serão utilizadas em processos jurídicos), é mencionada no art. 5º da

Constituição Federal, nos seguintes termos: "LVI – são inadmissíveis, no processo, as provas obtidas por meios ilícitos" (Brasil, 1988).

Citar meramente a inadmissibilidade de provas obtidas por meios ilícitos não é suficiente. Afinal, é necessário reconhecer melhores parâmetros, que determinem os limites entre uma prova lícita e uma ilícita.

Não bastando esse fato, se uma prova for ilícita, mas servir para provar a inocência de um acusado perante um processo criminal, poderá ser usada em juízo.

Porém, a problematicidade da questão probatória no uso processual é muito complexa e exigiria um livro inteiro para abordarmos exclusivamente esse assunto – e ainda não esgotaríamos o tema. Mas essa não é a nossa intenção.

Enfim, basta saber que, além da licitude, as provas serão reconhecidas somente se forem lícitas, tanto na seara cível quanto na criminal.

Para além dessas diferenciações, também é preciso considerar que uma prova ilícita nunca poderá ser usada em um processo judicial – caso isso seja possível, é necessário levar em conta de que forma e com qual finalidade ela será utilizada.

Na seara cível, a normatização é principalmente expressa pelo CC (Lei n. 10.406/2002), no seu art. 212, que lavra: "Salvo o negócio a que se impõe forma especial, o fato jurídico pode ser provado mediante: I – confissão; II – documento; III – testemunha; IV – presunção; V – perícia." (Brasil, 2002).

Fato jurídico significa qualquer acontecimento, realidade, existência ou evento que apresente relevância ao direito: a realização de um contrato, um casamento, um acidente de trânsito etc.

Em suma, um fato jurídico é qualquer evento submetido à regra de gerar um comportamento que seja proibido, permitido ou obrigatório.

Em relação aos conceitos de conhecimento geral, a confissão representa um testemunho sobre ato cometido pelo próprio confessor, que se diferencia da testemunha, a qual atesta a existência ou inexistência de um fato ocorrido na esfera de terceiros.

Por sua vez, os **documentos** são mídias, versões impressas, fotografias ou quaisquer outros meios idôneos de comprovação de um determinado fato. Maiores detalhes serão apresentados nos próximos parágrafos, quando discutirmos os meios de prova de um determinado fato.

A doutrina explica o art. 212 do CC do seguinte modo:

> Enumeração exemplificativa dos meios probatórios: O Art. 212 arrola de modo exemplificativo e não taxativo os meios de prova dos atos negociais a que não se impõe a forma especial, que permitirão ao litigante demonstrar em juízo a sua existência, convencendo o órgão judicante dos fatos sobre os quais se referem. (Fiuza; Silva, 2013, p. 129)

A **presunção** significa uma suposição que se tenha por verdadeira. Um exemplo de conhecimento notório: presume-se que um indivíduo seja sempre inocente, cabendo ao acusador comprovar a existência de alguma culpa.

Por fim, a **perícia** representa a utilização de um técnico ou especialista em alguma matéria para comprovar um determinado fato. Para melhor compreender o tema, basta perceber que o juiz é considerado o perito dos peritos – o *peritus peritorum* – pois é quem detém o conhecimento específico, técnico, da norma a ser interpretada e aplicada corretamente, gerando as sanções cabíveis ao caso concreto.

AGRAVO EM RECURSO ESPECIAL N° 1.192.367 – RJ (2017/0274466-4)

RELATOR: MINISTRO RICARDO VILLAS BÔAS CUEVA
AGRAVANTE: INSTITUTO NACIONAL DA PROPRIEDADE INDUSTRIAL
AGRAVANTE: MK ELETRODOMESTICOS MONDIAL S.A
[...]

DECISÃO

[...]

No presente caso, o tribunal regional, à luz da prova dos autos, concluiu pela existência dos requisitos necessários à validade do registro de desenho industrial, conforme se extrai da leitura do voto condutor, merecendo destaque os seguintes trechos:

"(...)

De conseguinte, o preenchimento do requisito da originalidade relativa no desenho industrial pode se dar mediante a disposição de elementos conhecidos que imprimam uma configuração visual distintiva, nos termos da interpretação conjunta do caput e do parágrafo único do artigo 97 da Lei n° 9.279- 96.

[...]

[...] Demais disso, como também já registrado, as novidades e originalidade exigidas para o registro de desenho industrial tem natureza relativa, razão por que podem ser utilizados elementos já conhecidos do estado da técnica, desde que imprimam resultado ornamental distinto, como é o caso dos autos.

Outrossim, é oportuno destacar que, muito embora a presente causa verse sobre questão eminentemente técnica, a ensejar o pronunciamento do auxiliar especialista do juízo sobre o assunto, o artigo 436 do Código de Processo Civil dispõe expressamente que 'o juiz não está adstrito ao laudo pericial, podendo formar a sua convicção com outros elementos ou fatos provados nos autos'. Ou seja, muito embora o magistrado de primeiro grau tenha pautado sua decisão nas conclusões do laudo pericial, nada impede que este Tribunal, ao apreciar o recurso de apelação, firme convicção em sentido ao contrário, pois, dentro da autorização prevista no artigo 436 do Código de Processo Civil, **não se cogita a aplicação, no direito processual brasileiro, do sistema de prova tarifada. Além disso, não se pode olvidar que o juiz é o perito dos peritos (peritus peritorum).**

[...]

> Brasília (DF), 30 de julho de 2018.
>
> Ministro RICARDO VILLAS BÔAS CUEVA
> Relator

(BRASIL, 2018c, grifo nosso)

Já em relação aos meios de prova, estão previstos no modo como que podem ser apresentados para determinar a existência ou ausência de um determinado fato.

Em melhores termos, os meios de prova correspondem à forma processual de demonstrar alguma realidade. Previsto no Código de Processo Civil (CPC) – Lei n. 13.105, de 16 de março de 2015 –, inicia-se a sua regulamentação conforme expressa disposição apresentada no seu art. 369:

> As partes têm o direito de empregar todos os meios legais, bem como os moralmente legítimos, ainda que não especificados neste Código, para provar a verdade dos fatos em que se funda o pedido ou a defesa e influir eficazmente na convicção do juiz. (Brasil, 2015a)

Isso significa que, para a seara cível, basta não realizar nenhum crime (ou ato imoral) na obtenção da prova para que ela seja considerada válida. Perante o direito penal, a condição é a mesma, conforme o art. 157 do Código de Processo Penal (CPP) – Decreto-Lei n. 3.689, de 3 de outubro de 1941: "São inadmissíveis, devendo ser desentranhadas do processo, as provas ilícitas, assim entendidas as obtidas em violação a normas constitucionais ou legais." (Brasil, 1941).

Por isso, a seção anterior foi tão importante, afinal, se houver violação dos direitos humanos, com a infração da privacidade ou da intimidade da pessoa, a prova provavelmente não será considerada válida dentro do sistema jurídico brasileiro. Dizemos *provavelmente* porque sempre há espaço para a interpretação da norma ou para a sua teleologia, havendo valores fundamentais a serem preservados quanto à avaliação probatória que não perpassam, necessariamente, à sua mera forma de obtenção.

Mas, distanciando-se dos filigranas jurídicos que envolvem as possibilidades de utilização das provas, a infração aos direitos humanos e/ou a invasão da privacidade ou da intimidade da pessoa investigada gerarão efeitos práticos imediatos, impedindo a utilização de provas obtidas por esses meios ilegais ou imorais.

Além disso, a prova colhida ilegalmente não terá validade perante o direito (ainda que possa ser útil à formação da inteligência privada), e, ainda, se o objeto de investigação tiver notícia dessa prova, poderá utilizá-la para processar o seu cliente ou você, o detetive particular.

Em suma, documentos são meros meios de provas de fatos, dados e informações que trazem a notícia de uma determinada realidade. Sendo as provas elementos substanciais de dados e informações, conforme a expressa disposição legal prevista no art. 2º da Lei n. 13.432/2017, que rege a atividade do detetive particular, toda a questão probatória é elemento relevante à atividade do investigador privado.

Também, e principalmente, essa seção é dedicada à questão do sigilo das provas coletadas e à sua validade. Logo, não é adequado inferir sobre detalhes de ônus probatório (quem alega um fato deve prová-lo, presunções etc.), mas exclusivamente compreender que a colheita probatória deve servir para provar a existência ou inexistência de fatos que possam ser utilizados na seara jurídica.

É muito importante perceber que o sigilo das provas colhidas poderá determinar a existência de invasão da privacidade. Sobre isso, acompanhe este exemplo: tirar fotos das pessoas na rua é perfeitamente permitido, mas publicar essas fotos poderá configurar invasão de privacidade. Ainda, não apenas invasão de privacidade, mas também alguma espécie de dano moral, se a pessoa for fotografada em alguma situação vexaminosa, por exemplo.

Aclarando o assunto em pauta: tirar a foto de um marido que está com a amante, em público, não gera dano moral. Mas tornar essa foto pública, possivelmente sim.

Ter esse cuidado é fundamental para exercer o trabalho de investigação com segurança e tranquilidade. Afinal, o exercício da profissão, atendendo aos seus requisitos, é livre, mas indispor-se com o sistema jurídico poderá causar traumas civis ou penais.

Conforme será abordado no próximo capítulo, o detetive particular tem o dever jurídico de exercer sua atividade com conhecimento técnico, honestidade, discrição, zelo e veracidade.

A esse respeito, é importante notar que o dever de sigilo das informações obtidas permanece, ainda que a pessoa tenha disponibilizado a sua imagem em redes sociais, como Instagram e Facebook, por exemplo.

Isso significa que o fato de o objeto de investigação publicar uma foto, principalmente se não tiver sido feito por dolo, não confere ao investigador particular o direito de, automaticamente, poder utilizar essa foto para qualquer fim.

No valioso *site* do Observatório do Marco Civil da Internet[*] há jurisprudência que afirma a necessidade de prudência quando da utilização de fotos de terceiros, ainda que seja para uso em atividade jornalística.

A decisão ocorreu nos seguintes termos:

> **Tribunal ou Vara**: Tribunal de Justiça do Distrito Federal - TJDFT
> **Tipo de recurso/Ação**: Recurso Inominado
> **Número do Processo (Original/CNJ)**: 0004036-73.2015.8.07.0007
> **Nome do relator ou Juiz (caso sentença)**: Des. Fernando Antonio Tavernard Lima

---

[*] Disponível em: <http://www.omci.org.br/>. Acesso em: 28 ago. 2018.

Câmara/Turma: 3ª Turma Recursal
Artigos do MCI mencionados: Artigo 7º, I
Ementa:
CIVIL. DIREITO PROTETIVO À IMAGEM. DIVULGAÇÃO DE "SELFIE" A CONSTITUIR APARENTE RENÚNCIA A ESSE DIREITO. LIBERDADE DE IMPRENSA NA DIVULGAÇÃO DA MÍDIA, QUE FUNDAMENTA MATÉRIA JORNALÍSTICA ATINENTE A UMA OPERAÇÃO POLICIAL. NÃO OBSERVADA VIOLAÇÃO À INTIMIDADE DA PESSOA. PONDERAÇÃO DOS VALORES CONSTITUCIONAIS AO CASO CONCRETO. I. Nos tempos atuais, quanto maior o desenvolvimento tecnológico da computação, maior risco experimenta a proteção dos direitos individuais, especialmente o de imagem, objeto de constante divulgação (e exploração) na "internet". Nessa interface, ganha projeção o que a doutrina alemã denomina de "direito de determinação sobre os próprios dados pessoais" ("die informationelle Selbstbestimmung"). Ou seja, compete ao indivíduo o direito de dispor sobre os dados (informes ou mídias) referentes à sua própria pessoa. Aqui, os dados pessoais são compreendidos não apenas os cadastrais, senão também aqueles no curso da telecomunicação-telemática. Com isso, estende-se a proteção à vida privada, à privacidade, à intimidade, à honra e à própria imagem do indivíduo. Logo, a limitação desses aspectos ao desenvolvimento da personalidade só podem estar presentes em determinadas situações legais (v.g., persecução penal), sobretudo após o marco civil regulador da "internet" (Lei n. 12.965, de 23.4.2014, art. 7º, I), com exceção da própria renúncia (tácita ou expressa) exercida pela pessoa titular desse direito. II. No caso concreto, o próprio agente (ora recorrido), aparentemente no curso de operação policial, teria tirado uma "selfie". Isolada alegação do recorrido de voluntária transmissão da respectiva imagem a um grupo formado por policiais. Não elucidada a circunstância de disposição

dessa mídia na "internet". Renúncia ao citado "direito de determinação sobre os próprios dados pessoais". Respectiva imagem, que não expõe aspectos centrais da vida privada (intimidade) do recorrente, objeto de reportagem no sítio "radar on line da veja.com.", sob o título "Registro da ocorrência". No ponto, não se extrai qualquer responsabilidade da recorrente na captação da mídia, livremente disposta na "internet", e a utilizar para fins jornalísticos [...] V. Em síntese, não se observa, pois, violação à vida privada, à intimidade e aos atributos da personalidade, especialmente o direito à honra e à imagem do recorrido, tendo a recorrente atuado dentro dos padrões da razoabilidade em cumprir seu mister de informar à época dos fatos (CF, art. 5º, IV, IX, XIV e art. 220, caput, §§ 1º e 2º). VI. [...] Nesse contexto, o recorrido faz jus ao esquecimento (direito comparado: Acórdão C-131/12, Tribunal de Justiça da União Europeia). Cristalino, pois, o direito do recorrido ao esquecimento de tal reportagem, uma vez que estão ausentes razões especiais como o papel desempenhado pela recorrida na vida pública a justificar um interesse preponderante do público em ter acesso a tal matéria (precedente: TJDFT, Acórdão n. 908629, 1ª T. Cível, em 19.11.2015). (Distrito Federal, 2016)

Dessa decisão, alguns fatores são fundamentais ao detetive particular. O primeiro deles é entender que o fato de uma pessoa publicar algo na internet não significa que o uso dessa informação seja absolutamente livre.

O uso de qualquer informação deve atender a um fim lícito (no caso, para fins jornalísticos) e não pode ofender os direitos humanos da pessoa, conforme previsto no art. 5º da Constituição Federal: direito à vida privada, à intimidade e aos atributos da personalidade, especialmente o direito à honra e à imagem (Brasil, 1988).

Lembre-se de que o Brasil já aceita a doutrina do direito de determinação sobre os próprios dados pessoais (*die informationelle*

Selbstbestimmung), que é amplamente utilizada pela jurisprudência no direito europeu, ainda que não seja explicitamente formulada na legislação:

> A autodeterminação informacional foi reconhecida na Suíça pelo Tribunal Federal, bem como na Alemanha pelo Tribunal Constitucional Federal em casos individuais; mas falta um reconhecimento sistemático ao nível da Constituição, com consequências correspondentes na Lei de Proteção de Dados. Uma codificação indireta da autodeterminação informacional só é encontrada no artigo 8º da Carta dos Direitos Fundamentais da UE: "Toda pessoa tem direito à proteção de dados pessoais a respeito deles". (INFORMATIONS PLATTFORM HUMAN RIGHTS. CH, 2017, tradução livre)*

Isso significa que a orientação jurisdicional (dizer o direito), que necessariamente é consequência da interpretação jurisprudencial (decisões dos juízes), está voltada à proteção do direito de determinação dos próprios dados pessoais.

Então, esse quesito é fundamental: o detetive particular deve ter a ciência de que uma informação que exponha aspectos centrais da vida privada (intimidade) de uma pessoa tem de ser tratada com muita parcimônia e cuidado, sob pena de esse profissional se arriscar a sofrer sanções jurídicas ao expor tal informação.

Obviamente, é imprescindível ter certeza de que, se uma pessoa disponibilizou uma informação voluntariamente na internet, em

---

* Do texto original: *"Die informationelle Selbstbestimmung wurde zwar in der Schweiz vom Bundesgericht wie auch in Deutschland vom Bundesverfassungsgericht in Einzelfällen bereits anerkannt; doch es fehlt dessen systematische Anerkennung auf der Ebene der Verfassung, mit entsprechenden Konsequenzen im Datenschutzgesetz. Eine indirekte Kodifizierung der informationellen Selbstbestimmung findet sich bisher nur im Artikel 8 der Grundrechte-Charta der EU: 'Jede Person hat das Recht auf Schutz der sie betreffenden personenbezogenen Daten'.*

quaisquer redes sociais, *sites* ou *blogs*, essa informação poderá ser totalmente aproveitada pelo detetive particular.

Inclusive, a maior parte do trabalho de um ótimo detetive particular é conseguir juntar, organizar e entender as informações que já estão ostensivamente disponíveis, ainda mais com o advento da internet.

Síntese

Neste capítulo, ponderamos sobre os detalhes, as exceções, os limites e os problemas envolvidos na busca de dados e informações. Nesse sentido, compreendemos que os dados já disponibilizados, de acesso público ou que necessitem apenas de alguma engenharia social (como possuir perfis alternativos em redes sociais como Facebook, Instagram, Twitter, Snapchat etc.), representarão, grosso modo, um sistema *delivery* para a coleta de dados e informações pelo detetive particular.

No quinto e sexto capítulos, abordaremos as questões fundamentais sobre a disposição das provas colhidas. Por ora, é importante ter em mente que a aquisição dessas provas deve obedecer a critérios de licitude (conforme extensivamente tratado na primeira e segunda seções deste capítulo); e mesmo que a aquisição seja lícita, é importante fazer uso apropridado de tais informações, para não gerar riscos desnecessários à atividade profissional do detetive particular.

Para saber mais

Artigo

UNIDOS PELOS DIREITOS HUMANOS. **Uma breve história dos direitos humanos**. Disponível em: <http://www.unidosparaosdireitoshumanos.com.pt/what-are-human-rights/brief-history/>. Acesso em: 12 ago. 2018. Conhecendo a história dos direitos humanos, o profissional poderá melhor entender o motivo de proteger tão relevantes direitos.

Filmes

A REDE. Direção: Irwin Winkler. EUA, 1995. 115 min.

INVASÃO de privacidade. Direção: John Moore. EUA, 2016. 95 min.

Ambos os filmes mostram que os limites de interferência na vida e na intimidade das pessoas por meio da internet é muito mais amplo e perigoso do que meramente roubar algumas senhas, arquivos ou fotos.

Livro

MELLO, C. de M.; MOREIRA, T. **Direitos fundamentais e dignidade da pessoa humana**. São Paulo: F. Bastos, 2015.

Livro necessário para verticalizar o conhecimento sobre os direitos fundamentais e a dignidade da pessoa humana.

Questões para revisão

1. De acordo com o que estudamos neste capítulo, responda: se os direitos humanos não existissem no mundo, quais seriam os piores problemas?

2. Explique a relação entre a integridade moral da pessoa e a solidão, o segredo e a autonomia.

3. Analise as assertivas a seguir e, na sequência, assinale a alternativa correta:

    Os direitos humanos da idade contemporânea foram criados.

    PORQUE

A Primeira Guerra Mundial obrigou a formação da ONU.

a) A primeira assertiva é verdadeira, mas a segunda assertiva é falsa.
b) A primeira assertiva é falsa, mas a segunda assertiva é verdadeira.
c) As duas assertivas são verdadeiras, sendo a segunda uma consequência lógica da primeira.
d) As duas assertivas são verdadeiras, mas a segunda não é uma consequência lógica da primeira.
e) As duas assertivas são falsas.

4. Por que os direitos à privacidade e à intimidade existem?
   a) Para impedir investigações criminais contra traficantes.
   b) Para aumentar o poder do Estado perante o indivíduo.
   c) Para possibilitar uma convivência civilizada entre as pessoas.
   d) Para restringir os laços afetivos entre os indivíduos.
   e) Para mostrar que todo interesse público é superior ao interesse privado.

5. Analise as seguintes assertivas:
   I) A esfera da intimidade é fundamental à vida humana.
   II) Todo resultado da investigação deve ser publicado.
   III) Todo material publicado na internet pode servir de informação.

   A seguir, indique a alternativa que apresenta apenas a(s) assertiva(s) correta(s):

   a) I.
   b) II.
   c) III.
   d) I e III.
   e) II e III.

Questões para reflexão

1. Imagine um mundo em que não houvesse nenhuma forma de direitos humanos. Como seria a convivência entre as pessoas?

2. Na sua própria vida, o quão importante é a preservação da sua intimidade e privacidade? Quais limites você considera intransponíveis?

LIMITES NORMATIVOS INTRÍNSECOS À INVESTIGAÇÃO PARTICULAR

Conteúdos do capítulo:
- A regulamentação do detetive particular.
- Espécies empresariais e pessoais de trabalhos investigativos.

Após o estudo deste capítulo, você será capaz de:
1. identificar os detalhes das principais regras aplicáveis aos detetives particulares;
2. ter ciência das diversas oportunidades de trabalho, bem como das eventuais restrições, para o detetive particular.

4.1 Introdução

Prosseguindo com o paradigma expresso no capítulo anterior, em que verticalizamos o conhecimento jurídico necessário ao exercício regular da profissão de detetive particular, neste capítulo abordaremos as informações específicas para o exercício dessa profissão.

Ou seja, já tratamos do regime jurídico geral, mostrando quais comportamentos são obrigatórios, permitidos ou proibidos (ou seja, normatizados) a todos os indivíduos. Explicamos, também, os direitos humanos, perpassando pelo direito à privacidade e pelos cuidados necessários com a disposição das informações colhidas (assunto relevante para todas as pessoas, não somente para os detetives particulares).

A partir de agora, debateremos exclusivamente a respeito do regime jurídico (leis, normas, regras e princípios, além da jurisprudência) aplicável ao detetive particular e à sua atuação profissional. Afinal, conhecer a normativa geral aplicável a todas as pessoas, por meio da qual elas podem coexistir em sociedade, é pressuposto lógico e formal para compreender o regime jurídico aplicável especificamente ao detetive particular e, mais importante, a normativa que determina a conduta lícita desse profissional.

Nesse sentido, iniciaremos com a própria lei que regulamentou o exercício dessa profissão, posto que simboliza um marco legal fundamental na determinação específica do comportamento permitido, proibido e obrigatório imposto ao detetive particular.

Na sequência, mostraremos como está disposta a legislação que abarca as relações que compõem as principais áreas de atuação do detetive particular: a seara empresarial e o lócus pessoal, com suas particularidades mais específicas.

4.2 Legislacão específica: leis n. 13.432/2017, n. 3.099/1957 e Decreto n. 50.532/1961

A Lei n. 13.432, publicada em 11 de abril de 2017 (Brasil, 2017), dispõe sobre o exercício da profissão de detetive particular. Conhecer essa lei é fundamental, pois ela determina o núcleo essencial da normativa referente a esse profissional.

As maiores questões sobre o exercício profissional do detetive particular estão regulamentadas por essa lei, promulgada recentemente.

Obviamente, é uma presunção, derivada da inocência, prepotência ou soberba, imaginar que uma lei poderá resolver todos os problemas concernentes a uma atividade profissional. As fontes jurídicas são dinâmicas, mudam com o tempo, e o entendimento doutrinário ajuda a compreender o significado primordialmente imposto pela interpretação jurisdicional, a chamada *jurisprudência*.

Além dessa legislação, também caberá ao investigador particular conhecer a Lei n. 3.099, de 24 de fevereiro de 1957 (Brasil, 1957), e o Decreto n. 50.532, de 3 de maio de 1961 (Brasil, 1961), que determinam alguns comportamentos obrigatórios a esse profissional, especificamente em relação à obrigatoriedade de registro de empresa de investigação particular na delegacia local, para que a normativa legal intrínseca à ocupação de detetive particular seja corretamente abordada e sedimentada.

A indigitada Lei n. 13.432/2017 busca pormenorizar os principais eventos previsíveis no exercício dessa profissão. Para realizar tal intento, faremos uma interpretação sistêmica de seus artigos nos capítulos a seguir.

A definição de detetive particular, constante no art. 2º, com especificidades do art. 6º, é a seguinte:

Para os fins desta Lei, considera-se detetive particular o profissional que, habitualmente, por conta própria ou na forma de sociedade civil ou empresarial, planeje e execute coleta de dados e informações de natureza não criminal, com conhecimento técnico e utilizando recursos e meios tecnológicos permitidos, visando ao esclarecimento de assuntos de interesse privado do contratante. [...]

Art. 6º Em razão da natureza reservada de suas atividades, o detetive particular, no desempenho da profissão, deve agir com técnica, legalidade, honestidade, discrição, zelo e apreço pela verdade. (Brasil, 2017)

Nesses artigos encontramos o cerne da nossa atividade profissional: coleta de informações qualificadas (por isso a questão da atividade de inteligência exposta no Capítulo 1), com conhecimento técnico, "legalidade, honestidade, discrição, zelo e apreço pela verdade" (capítulos 2, 3 e 4 desta obra), visando ao esclarecimento de assuntos de interesse privado do contratante (Capítulo 5).

Os arts. 7º ao 12º serão esmiuçados no quinto e sexto capítulos, já que tratam especificamente do instrumento contratual vinculante entre o detetive particular e o cliente.

Repare que, dos artigos existentes (pois, dos 13 artigos, três foram vetados), é necessário apenas referir-se à possibilidade de constituição de sociedade civil ou empresarial (*caput* do art. 2º) e à espinhosa questão da participação do detetive particular na colaboração com a investigação policial em curso (art. 5º e seu parágrafo).

Assim, reconhecido o cerne dessa atividade (coleta de informações) e sua realização por meio de uma inerente ética profissional (conhecimento, honestidade, discrição, zelo e veracidade), cuja prestação de serviço prescreve a necessidade de um instrumento particular de contrato (até porque instrumento público não é recomendado, pois, apesar de não ser proibido, é menos discreto), devemos ainda abarcar a questão da formação da sociedade civil e, então, concluir os estudos com a análise da possibilidade de colaboração do detetive particular em uma investigação policial em curso.

Para formar uma sociedade civil, instrumento jurídico comercial destinado a instituir uma personalidade jurídica que assuma os direitos e as obrigações decorrentes do contrato a ser realizado entre prestador de serviço e cliente, é necessário se ater às condições impostas pelo Código Civil (CC) – Lei n. 10.406, de 10 de janeiro de 2002 (Brasil, 2002) –, pois a regulação dessa forma institucional em que a atividade profissional se desenvolverá é, por excelência, um ato da vida civil.

O CC aborda essa questão na parte especial, Livro II: "Do Direito de empresa". Num primeiro momento, ela define o empresário como aquele que "exerce profissionalmente atividade econômica organizada para a produção ou a circulação de bens ou de serviços." (Brasil, 2002).

Nesse sentido, fica evidente que basta ao profissional liberal pretender realizar a atividade de detetive particular, conforme art. 2º da Lei n. 13.432/2017, na forma de sociedade civil ou empresarial. É importante destacar que a utilidade desse formato se dá, principalmente, em função do regime tributário aplicável àquele que não exerce sua profissão por conta própria, mas sim por meio de outros formatos – por exemplo, microempresa ou sociedade limitada –, conforme confrontaremos nessa seção.

Se o primeiro artigo do CC sobre esse assunto (art. 966) aborda a questão da definição do empresário, o artigo seguinte, 967, imprime ser "obrigatória a inscrição do empresário no Registro Público de Empresas Mercantis da respectiva sede, antes do início de sua atividade." (Brasil, 2002). Essa obrigatoriedade da inscrição coaduna com a antiga (e ainda vigente) legislação sobre a atividade do detetive particular.

É necessário comentar que já havia legislação para determinar "as condições para o funcionamento de estabelecimento de informações reservadas ou confidenciais, comerciais ou particulares" (Brasil, 1957), sob a rubrica da Lei n. 3.099/1957.

Nessa legislação, art. 1º, tornou-se obrigatório que:

> Art. 1º. Os estabelecimentos de informações reservadas ou confidenciais, comerciais ou particulares, só poderão funcionar depois de registrados nas Juntas Comerciais dos seus Estados ou Territórios, com observância de todas as formalidades legais. (Brasil, 1957)

Obviamente, a obrigatoriedade de registro nas juntas comerciais era apenas um dos requisitos formais. Mais importante era regular a relevância estratégica da informação produzida pelo detetive particular. Por isso, o quinto artigo da mesma lei determinava:

> Art. 5º. Os estabelecimentos autorizados a funcionar fornecerão à Polícia (à Superintendência da Ordem Política e Social e à Chefia do Departamento de Investigações, onde existirem), tôdas as informações que lhes forem solicitadas. (Brasil, 1957)

Considerada, à época, a sensibilidade das informações produzidas pela atividade de investigação particular, a regulamentação dessa lei, prevista no Decreto n. 50.532/1961, obrigava o registro no Departamento de Segurança Pública do respectivo Estado, acompanhado da certidão do registro comercial e de "folha corrida e atestado de bons antecedentes dos dirigentes da empresa e dos seus auxiliares, a qualquer título, que trabalhem nas investigações", conforme art. 2º, alínea b, do citado Decreto (Brasil, 1961).

É necessário mencionar que, atualmente, esse registro pode ser realizado diretamente em uma delegacia de polícia civil.

Apenas deve ficar claro que a legislação (Decreto n. 50.532/1961) não foi revogada. Logo, permanece a obrigação quanto ao registro da empresa de investigação particular, com detalhes de seus membros, ainda que as delegacias de polícia não causem embaraços para o exercício dessa atividade.

Para que exista uma correta interpretação dessa legislação ou de qualquer outra normativa, é fundamental compreender o contexto histórico em que ela foi criada. Logo, não é possível atinar a determinação de um comportamento obrigatório, permitido ou proibido, sem considerar as questões mais prementes da sociedade à época da criação de uma lei, sobretudo as necessidades mais urgentes que visem preservar a paz, a ordem, a justiça e a segurança de uma nação.

Nos anos de 1950, mesmo recém-saídos da Segunda Guerra Mundial, embarcamos na divisão mundial imposta pela Cortina de Ferro, a chamada *Guerra Fria*, liderada, por um lado, pelos Estados Unidos da América, e por outro, pela União das Repúblicas Socialistas Soviéticas (URSS).

A dicotomia, naquele período, revelava-se intransponível. As tensões entre esses blocos foram exacerbadas com a realização do Tratado de Varsóvia, em 1955, contrapondo-se à Organização do Tratado do Atlântico Norte (Otan), de 1949 (Maluly, 2015).

Essa pequena contextualização é necessária para compreendermos a obrigatoriedade prevista no art. 5º do Decreto n. 50.532/1961: "Cumpre às empresas fornecer às autoridades policiais cópias das informações fornecidas aos seus clientes e que lhes forem requisitadas, prestando, também as informações por elas solicitadas." (Brasil, 1961).

Por óbvio, exceto se for decorrente de investigação criminal e por meio de mandado judicial, após as garantias constitucionais previstas na Constituição Federal de 1988 (Brasil, 1988), não poderá a autoridade policial exigir qualquer informação colhida pelo detetive particular, sob nenhum aspecto.

Mas essa lei (*rectius*: decreto) não foi expressamente revogada pela atual normativa (Lei n. 13.432/2017), cabendo ao detetive particular compreender as razões que determinaram a existência de uma normativa que despossui, por completo, a exigibilidade hodierna.

É importante perceber que, mesmo havendo expressa disposição legal, sua inaplicabilidade é evidente, posto comportar infração direta da liberdade de exercício profissional e fragilizar a relação de confiança entre o cliente e o profissional.

Dessa forma, a Constituição Federal apregoa, no seu art. 5º: "XIV – é assegurado a todos o acesso à informação e resguardado o sigilo da fonte, quando necessário ao exercício profissional" (Brasil, 1988).

Além disso, quaisquer informações colhidas por um indivíduo, independentemente de ser um profissional, detetive particular ou não, são constitucionalmentes protegidas.

De qualquer maneira, a obrigatoriedade de Registro Público de Empresa Mercantil já existia antes mesmo da nova disciplina normativa prevista no atual CC.

Observe que a escolha pela sociedade civil ou empresarial – em vez de trabalhar por conta própria – fará o detetive particular se submeter às disciplinas diversas de regime fiscal e tributário. No entanto, a análise sobre as vantagens dessa escolha supera, em muito, as possibilidades pedagógicas previstas nesta obra

Entretanto, os aspectos fundamentais devem ser abordados, sob pena de uma eventual lacuna causar danos ao amplo entendimento das possibilidades abertas pela legislação ao exercício profissional do detetive particular.

O quesito a ser observado pelo profissional na escolha da forma de trabalho é, primeiramente, saber se trabalhará sozinho ou com sócios; depois, perceber qual é o faturamento médio que atinge em um ano, para, aí sim, saber qual a melhor opção disponível.

Se for iniciante na atividade investigativa e optar por trabalhar sozinho, a probabilidade de trabalhar sob o regime conhecido como *microempreendedor individual* (MEI) – previsto no art. 18-A. da Lei Complementar n. 123, de 14 de dezembro de 2006 (Brasil, 2006a), alterado pela Lei Complementar n. 128/2008 –, será alta.

É importante destacar que as atividades admitidas para um MEI estão previstas no Anexo XIII da Resolução do Comitê Gestor do Simples Nacional de n. 94/2011. Todas as informações estão detalhadas no *site* oficial* mantido pelo governo para orientar o microempreendedor.

Apesar de a atividade de detetive particular ainda não estar prevista (ao menos, até a conclusão desta obra) no indigitado Anexo XIII da resolução citada, será apenas questão de tempo (e de organização do governo) para que essa concessão ao detetive particular seja realizada. Afinal, não há restrições jurídicas, nem mesmo lógicas (sobretudo pela autorização da atividade investigativa não ser apenas para a sociedade civil, mas também para a sociedade empresarial), que impeçam o detetive particular de ususfruir das prerrogativas concernentes ao MEI.

Se ainda não houver previsão, é possível ingressar com ações judiciais para que seja concedido esse direito ao detetive particular, dependendo sempre da interpretação jurisdicional, posto que inexiste um direito líquido e certo à inscrição como MEI. Evidentemente, essa questão dependerá de consulta com advogado ou com órgãos representativos da classe.

É relevante mencionar que existe um limite de faturamento bruto anual para ser incluído nessa categoria**, permitindo ao investigador privado ser um optante do regime jurídico do Simples Nacional (conforme normativa determinada pelo Comitê Gestor do Simples Nacional – CGSN), tendo apenas a obrigação de pagar mensalmente um único documento que abarca a miríade de tributos a que a classe trabalhadora e produtiva do Brasil está severamente submetida.

---

* Disponível em: <http://www.portaldoempreendedor.gov.br/>. Acesso em: 29 ago. 2018.

** Em 2018, apenas para referência, o valor era de R$ 81.000 anuais. Os valores anuais podem ser conhecidos pelos seguintes *sites*: PORTAL MEI. Disponível em: <https://www.portalmei.org/>. Acesso em: 12 ago. 2018; SEBRAE – Serviço Brasileiro de Apoio às Micro e Pequenas Empresas. Disponível em: <http://www.sebrae.com.br/sites/PortalSebrae>. Acesso em: 12 ago. 2018; BRASIL. Sistema Normas. Gestão da Informação. Disponível em: <http://normas.receita.fazenda.gov.br/sijut2consulta/consulta.action>. Acesso em: 12 ago. 2018.

Se a receita bruta anual for superior ao permitido pelo MEI, o detetive particular poderá optar pela conformação de empresa individual de responsabilidade limitada (Eireli), conforme previsto no artigo 980-A do CC (Brasil, 2002) – com redação pela Lei n. 12.441, de 11 de julho de 2011 (Brasil, 2011a).

Ser uma Eireli, conforme prescreve a Lei n. 12.441/2011, significa ter destacado um patrimônio no valor mínimo de cem salários-mínimos, que será destinado ao cumprimento de quaisquer obrigações financeiras decorrentes da atividade profissional.

A vantagem da Eireli é, justamente, limitar a responsabilidade do patrimônio individual (pessoal) do detetive particular. Conforme extensivamente tratado no capítulo anterior, se houver alguma falha na prestação do serviço (avaliado por culpa), o dever de indenização ao cliente ou a qualquer pessoa investigada (no caso de ofensa à intimidade, coação etc.) poderá levar o profissional à falência. Portanto, esse formato empresarial poderá reduzir substancialmente os danos sofridos no tocante à eventual indenização.

Se o profissional preferir trabalhar com sócios – "pessoas que reciprocamente se obrigam a contribuir, com bens ou serviços, para o exercício de atividade econômica e a partilha, entre si, dos resultados", conforme art. 981 do CC (Brasil, 2002) –, poderá escolher entre os seguintes modelos de sociedade: Simples (arts. 997ss.); em Nome Coletivo (art. 1.039); em Comandita Simples (art. 1.045); e Limitada (art. 1.052) (Brasil, 2002).

Conforme expressa disposição legal da Lei n. 8.906, de 4 de julho de 1994, Estatuto da Advocacia e da Ordem dos Advogados do Brasil, no art. 1º, parágrafo 2º: "Os atos e contratos constitutivos de pessoas jurídicas, sob pena de nulidade, só podem ser admitidos a registro, nos órgãos competentes, quando visados por advogados." (Brasil, 1994).

Nesse sentido, quaisquer formações institucionais (pessoa jurídica, sociedade civil ou empresarial) necessitarão de um advogado participante – despiciendo, assim, maiores detalhes sobre cada uma das espécies de sociedades.

Mas é relevante observarmos a disposição do art. 9º, segundo parágrafo, da já mencionada Lei Complementar n. 123/2006: "Não se aplica às microempresas e às empresas de pequeno porte o disposto no § 2º do art. 1º da Lei nº 8.906, de 4 de julho de 1994." (Brasil, 2006a). Ou seja: para essas empresas, não é imprescindível a participação de um advogado à formação dos atos constitutivos da empresa.

O regime tributário do Simples Nacional, aplicável para MEI, microempresa e empresa de pequeno porte, é efetivamente destinado à melhora, à simplificação e à diminuição dos encargos tributários incidentes na atividade produtiva.

Conhecer essas vantagens fiscais será útil para o exercício profissional, especialmente na luta pelo reconhecimento do detetive particular como MEI, na vantagem da limitação de responsabilidade patrimonial na constituição de uma Eireli e nos meios de elisão (não é evasão!) fiscal. Afinal, não é novidade o exagero da carga tributária nacional.

Quanto à espinhosa relação do detetive particular com o poder público, cabe destacar que o art. 5º da indigitada Lei n. 13.432/2017 é absolutamente lídimo:

> Art. 5º. O detetive particular pode colaborar com investigação policial em curso, desde que expressamente autorizado pelo contratante.
>
> Parágrafo único. O aceite da colaboração ficará a critério do delegado de polícia, que poderá admiti-la ou rejeitá-la a qualquer tempo. (Brasil, 2017)

Ou seja, não caberá ao detetive particular ter quaisquer espécies de dúvidas em relação a esse quesito: havendo expressa disposição contratual do cliente autorizando o detetive particular a requerer a colaboração com a investigação policial em curso, trata-se de ato discricionário do delegado de polícia autorizá-lo.

> *Ato discricionário* é aquele em que o agente público tem maior liberdade na decisão de realização do ato, se comparado com o ato vinculado, o qual prescreve apenas que se cumpra uma determinação legal.

Nesse tipo de ato, há um componente de conveniência e oportunidade para que o delegado de polícia autorize o detetive particular a participar das investigações policiais.

Obviamente, não há liberdade no direito administrativo, apenas um grau maior de decisão cabível ao delegado. A esse respeito, a doutrina assim se manifesta:

> Entendemos que o móvel [intenção do agente público] é importante tanto para os atos discricionários como para os atos vinculados. Em primeiro lugar, porque a dicotomia "discricionariedade x vinculação" não é absoluta, existindo, em maior ou menor medida, alguma margem de avaliação por parte do agente, mesmo nas hipóteses classificadas tradicionalmente como vinculadas. Em segundo lugar, porque a atuação vinculada pode beneficiar ou prejudicar administrados por meio de sentimentos incompatíveis com a impessoalidade (ex.: na hipótese em que a lei não estipula prazo para edição do ato vinculado, a autoridade edita ato beneficiando particular que conta com a sua amizade e retarda, injustificadamente, a edição de ato similar requerido por desafeto). (Oliveira, 2017, p. 421)

Em suma, um ótimo detetive particular sabe manter ótimas relações com os delegados de polícia de sua circunscrição. Além disso, reconhecer que as mudanças de delegados são frequentes, manter ótimos contatos profissionais com os agentes de polícia, escrivães etc., poderão significar a diferença entre o sucesso ou o fracasso na atividade profissional do investigador privado.

Observe que conseguir indícios suficientes de autoria e prova da existência do crime, condições fundamentais para se iniciar um inquérito policial, é uma possível função do detetive particular, pois, se ainda não há inquérito, significa que o Estado entendeu ainda não haver crime. Por óbvio, o detetive particular não pode deixar de comunicar o conhecimento de um crime apenas para tentar investigar por conta própria. Afinal, conforme já reiterado, o art. 5º da Lei n. 13.432/2017 rege que o detetive particular só pode participar de uma investigação policial em curso se estiver autorizado pelo cliente e com o devido aceite do delegado de polícia.

Somente após anunciados esses elementos fundamentais (prova da existência do crime e indícios de autoria), com a respectiva formação do inquérito policial, torna-se possível cogitar a impossibilidade de o detetive particular imiscuir-se com quaisquer atividades policiais sem autorização, sob risco de interferir em uma investigação em andamento e, assim, não apenas se tornar *persona non grata* na delegacia de polícia responsável pela investigação, mas também correr o risco de ser preso.

Conforme já informado no início desta seção, os assuntos tratados nesta parte se resumiram aos arts. 2 a 6 da Lei n. 13.432/2017, pois os demais artigos compõem as questões contratuais, assuntos do quinto e sexto capítulos.

Também esmiuçamos a Lei n. 3.099/1957, que regia a matéria e ainda possui vigência, posto não ter sido revogada pela nova lei. Demonstramos também que a obrigação de registro de Empresa de Investigação Privada já foi resolvida pela nova legislação – especialmente o CC –, e que a regulamentação do Decreto n. 50.532/1961 não pode exigir que o detetive particular forneça informações obtidas em função de sua atividade profissional, conforme o inciso XIV do art. 5º da Constituição Federal.

A seguir, conheceremos algumas sugestões de campos de trabalho do detetive particular.

4.3 Relações empresariais: propriedade, *compliance*, auditoria e espionagem

Compreendida a complexidade normativa inerente à atividade profissional do detetive particular, desde a sua regulamentação específica até as formas e melhores práticas fiscais, com os respectivos benefícios patrimoniais, é chegado o momento de discutirmos sobre os objetos de investigação.

Os **objetos de investigação** se referem ao que será investigado. Até esse momento, abordamos o que significa *investigar* (Capítulo 1), como a investigação se tornou reconhecida enquanto atividade profissional (Capítulo 2), quais são as restrições jurídicas existentes para qualquer atividade profissional (Capítulo 3) e, também, quais são os elementos normativos inerentes ao detetive particular, com o respectivo regime jurídico aplicável (primeira seção deste Capítulo 4).

A partir de agora, analisaremos os objetos de investigação, tanto no plano das relações empresariais quanto no das relações pessoais.

Assim, esta seção torna-se o espaço para a apresentação dos principais objetos de investigação nas relações empresariais.

Em suma, podemos dizer que, quanto às **relações empresariais**, o objeto fundamental do detetive particular é a descoberta de eventuais funcionários ou colaboradores que vazem informações estratégicas ou segredos industriais para outras empresas.

A investigação privada de possíveis vazamentos de informações estratégicas ou segredos industriais é a área por excelência do detetive particular. Combater a espionagem industrial é uma das nobres atividades desse profissional na seara empresarial.

Segredos industriais devem ser protegidos, e isso pode ser feito tanto por meio da promoção de *compliance*, conforme veremos, como pela realização de auditorias, para identificar falhas organizacionais ou potenciais locais de vazamentos de informações.

Para isso, é fundamental ao detetive particular conhecer os meios legais de proteção da propriedade industrial. Um meio primordial desta proteção é a obtenção de patentes, conforme descrito nos arts. 6º e seguintes da Lei n. 9.279, de 14 de maio de 1996 (Brasil, 1996a), que regula os direitos e as obrigações relativas à propriedade industrial.

Afinal, é pressuposto lógico, para uma empresa, defender o que a ela pertence. Então, é preciso entender o que pode ser patenteado, pois é isso que, de fato, poderá ser protegido.

Reafirmando: a espionagem industrial é um problema grave nas empresas, especialmente nas que lidam com tecnologia de ponta e buscam a excelência por meio da pesquisa e da inovação de produtos. Mas os produtos que são inventados devem ser patenteados, senão o limite de proteção jurídica decai drasticamente.

> É fundamental ao detetive particular conhecer os meios legais de proteção da propriedade industrial.

Não há muitos especialistas em investigação que prestem a devida atenção nesse quesito: as patentes são certificados de propriedade que permitem a proteção jurídica contra o usufruto de espionagem industrial.

Se o detetive particular souber que apenas à invenção ou ao modelo de utilidade será assegurado o direito de obter a patente que garanta a propriedade, terá uma enorme vantagem competitiva em relação à concorrência, pois poucos investigadores privados percebem a importância de blindar uma empresa para além de seus computadores, *e-mails*, grades ou portões.

Afinal, convenhamos: investigar para descobrir quem está vazando informações sensíveis é extremamente importante. Mas, se descobrirem o espião e o produto não tiver sido patenteado, o cliente pouco poderá fazer contra a empresa espiã. Ter de provar perdas e danos será muito mais complexo se o produto não foi patenteado. Reflita: Como será possível provar que determinado produto ou pesquisa foi roubado? A outra empresa poderá alegar que também estava realizando o mesmo tipo de pesquisa, por exemplo.

Agora, se estivermos falando de um produto patenteado, a empresa que recebeu as informações terá responsabilidade civil e penal – pois a garantia de propriedade do produto já é reconhecida pelo direito – e poderá ser condenada a pagar vultuosas quantias em dinheiro ao seu cliente.

> Esta habilidade é um quesito fundamental para o detetive particular: reconhecer o que pode ser patenteável e, por isso, protegido perante o direito contra quaisquer vazamentos de informações.

Observe as condições de patenteabilidade, de acordo com a legislação pertinente (Lei n. 9.279/1996):

> Art. 6º Ao autor de invenção ou modelo de utilidade será assegurado o direito de obter a patente que lhe garanta a propriedade, nas condições estabelecidas nesta Lei. [...]
> § 3º Quando se tratar de invenção ou de modelo de utilidade realizado conjuntamente por duas ou mais pessoas, a patente poderá ser requerida por todas ou qualquer delas, mediante nomeação e qualificação das demais, para ressalva dos respectivos direitos. [...]
> Art. 8º É patenteável a invenção que atenda aos requisitos de novidade, atividade inventiva e aplicação industrial.
> Art. 9º É patenteável como modelo de utilidade o objeto de uso prático, ou parte deste, suscetível de aplicação industrial, que apresente nova forma ou disposição, envolvendo ato inventivo, que resulte em melhoria funcional no seu uso ou em sua fabricação. (Brasil, 1996a)

Um bom detetive particular terá protocolos, técnicas e meios para saber quem pode ter vazado um segredo industrial. Perceba que, na área de desenvolvimento de produtos, essa segurança é absolutamente fundamental.

Mas, além disso, um ótimo detetive particular terá, junto da capacidade de descoberta de espiões industriais, a sagacidade de perceber, dentro da empresa para a qual trabalha, a existência de produtos passíveis de serem patenteados.

Isso permitirá que uma empresa concorrente, ao roubar informação referente a um produto da empresa que é cliente desse profissional, seja imediatamente processada, e não apenas pela espionagem, mas por violação de propriedade industrial, posto tal produto ter sido patenteado.

Assim, além de conseguir descobrir quem pode estar vendendo informações e de planejar meios de diminuição de focos de vazamento (por meio de sindicância, *compliance* ou auditoria, conforme debateremos), caberá ao detetive particular perceber a invenção (que atenda aos requisitos de novidade, atividade inventiva e aplicação industrial) ou modelo de utilidade cujo "objeto de uso prático, ou parte deste, seja suscetível de aplicação industrial e apresente nova forma ou disposição, envolvendo ato inventivo, que resulte em melhoria funcional no seu uso ou em sua fabricação", nos termos do art. 9º da Lei n. 9.279/1996 (Brasil, 1996a).

Assim, conforme extensivamente demonstrado neste livro, as funções do detetive particular estão descritas no art. 2º da Lei n. 13.432/2017:

> Art. 2º Para os fins desta Lei, considera-se detetive particular o profissional que, habitualmente, por conta própria ou na forma de sociedade civil ou empresarial, planeje e execute coleta de dados e informações de natureza não criminal, com conhecimento técnico e utilizando recursos e meios tecnológicos permitidos, visando ao esclarecimento de assuntos de interesse privado do contratante.

Nesse sentido, é fundamental relembrar que o leque de opções de um excelente detetive particular permite o desenvolvimento criativo de sua liberdade profissional.

Além disso, a limitação legal que impede a investigação privada sobre crimes é um problema, pois nem sempre será possível determinar que uma informação, ou uma investigação, pode não tratar de um assunto de natureza criminal. Por isso, é importante considerar que, sendo de natureza criminal, deverá haver a respectiva *notitia criminis* ao Estado, isto é, a realização de um Boletim de Ocorrência e o requerimento das devidas providências, impedindo a atuação do detetive particular até que seja autorizado pelo delegado de polícia.

Então, se cabe ao detetive particular planejar e executar coleta de dados e informações, evidentemente não será de sua competência apenas o plano executório, mas também o plano estratégico do planejamento.

Esta é a expectativa desta seção: abrir os olhos para uma nova gama de possibilidades de atuação profissional, pois o planejamento intelectual referente à coleta de dados e informações para a produção de inteligência deveria superar a expectativa normal de um detetive particular.

Por exemplo, é função do detetive particular elaborar sistemas de proteção à empresa. Observe, atentamente, que o investigador privado não precisa, necessariamente, ser *expert* em tecnologias etc., muito menos ser um *hacker*. Basta saber que terá a possibilidade de planejar os meios para conhecer onde há vulnerabilidades na empresa, a fim de reconhecer por quais caminhos as informações sensíveis poderão vazar.

Essa noção é fundamental, pois um detetive particular poderá ser uma espécie de agente de segurança estratégica, desenvolvendo modelos de pesquisa em relação à possibilidade de vazamento de informações e até campos de aferição de produtividade, na seara de segurança intelectual.

Para que não fiquemos apenas na mera abstração, vamos apresentar exemplos concretos: um detetive particular poderá recomendar à direção da empresa que utilize apenas *e-mails* criptografados, que contenham as respectivas informações de vedação de vazamento de informações no rodapé dos *e-mails* institucionais; e também, orientar a organização quanto à segurança dos próprios computadores, bem como em relação às limitações de acessos às redes sociais ou aos envios de outras informações a terceiros, entre outras medidas. Inclusive, ainda será possível a esse profissional recomendar mudanças no *layout* interno da própria empresa, para que as ilhas de trabalho tenham uma melhor comunicação e, além disso, não permitam tão facilmente o vazamento de informações sensíveis.

Além do uso de computadores, da sua disposição física e, até, de películas que permitam apenas ao usuário visualizar as informações em seu monitor, há centenas de outras possibilidade de realização da *expertise* de um detetive particular, já que ele está autorizado a planejar a coleta de dados e de informações de interesse particular do seu cliente.

No entanto, é fundamental destacar que, em nenhum momento, cogitamos eliminar diversos postos de trabalhos de outras funções trabalhistas. Também, é importante deixar claro que essa interpretação decorre das possibilidades apresentadas pela própria legislação específica (Lei n. 13.432/2017) e não exclui, de forma alguma, quaisquer outras expectativas de exercício profissional na seara do detetive particular.

Essa advertência é fundamental para a compreensão das competências do detetive particular em relação a atividades privativas de outras profissões, como as auditorias contábeis, por exemplo. Já destacamos, de antemão, que nem toda auditoria é contábil.

O Conselho Federal de Contabilidade (CFC), por meio da Resolução CFC n. 560/83, em seu art. 3º, itens 33 e 34, determinou[*] que é atribuição privativa dos profissionais de contabilidade a

---

[*] Conforme expressa disposição legal contida no art. 25, c, do Decreto-Lei n. 9.295, de 27 de maio de 1946 (Brasil, 1946).

auditoria interna e operacional e a auditoria externa independente (CCF, 2003).

É importante saber que, em nenhum momento, estamos propugnando que o detetive particular se imiscua na atividade de auditoria contábil, interna ou externa. Apenas destacamos que a auditoria não se limita ao controle de posição patrimonial ou financeira, pois esta é atividade exclusiva do contador. Uma auditoria não precisa, nem deve, restringir-se a isso.

Da mesma forma, o art. 2º da Lei n. 4.769, de 9 de setembro de 1965 (Brasil, 1965), e o art. 3º do Decreto n. 61.934, de 22 de dezembro de 1967 (Brasil, 1967), estabelecem as atividades privativas do administrador, impondo restrições ao que denominam *atividade de organização*. A questão é saber que o conceito de organização é extremamente amplo e, se fosse levado de modo imperativo, não existiria empresário individual, por exemplo, pois ele teria de contratar um administrador para organizar a sua própria atividade empresarial.

O que estamos sugerindo é o conhecimento da possibilidade de vários tipos de auditoria, como a auditoria de segurança de informação, em que se permite o planejamento e a execução da coleta de dados e informações à inteligência para a orientação de condutas.

Contador e administrador podem ser condições necessárias a uma auditoria, ou *compliance*, mas *necessária* não significa *suficiente*.

Um detetive particular pode, perfeitamente, contribuir com o aprimoramento dos resultados de uma auditoria ou *compliance*, e essa é a orientação conceitual que pretendemos apresentar.

Perceba que o detetive particular poderá participar de uma auditoria contábil se o contador lhe atribuir a função de verificação da veracidade de algumas contas, notas fiscais ou compras que a princípio foram realizadas, para citar um exemplo.

Também, em uma auditoria administrativa no setor privado, bastará que o administrador requeira, a título exemplificativo, a participação do detetive particular na obtenção de dados sobre a taxa de sucesso na implementação de algum novo sistema de gestão.

> Estas seriam, por excelência, ações de um detetive particular: colher dados que não sejam ostensivos, compreender informações e criar inteligência, conforme reiteradamente explicado no primeiro capítulo.

O aspecto fundamental é destacar a capacidade cooperativa do detetive particular, reconhecendo meios, modos e sistemas de coleta de dados e informações que atendam aos interesses do cliente.

Por exemplo: se houver fragilidades na segurança do uso de computadores, um pessoal técnico especializado deverá ser chamado. Em relação ao *layout* da empresa, um engenheiro ou um arquiteto poderá ser designado. Até mesmo um *designer* de interiores poderá ter a competência para realizar as atividades que foram recomendadas pelo profissional da coleta de dados e informações (que pode ser o detetive particular).

É relevante que o investigador privado tenha a consciência exata do seu papel no plano profissional: gerir informações, isto é, saber onde adquirir e determinar o significado dessas informações.

Apesar da altíssima relevância da contabilidade na atividade de auditoria (muitos empresários não compreendem que os números, quando tratados por um profissional gabaritado, podem revelar muito mais sobre a saúde, o destino e as possibilidades da empresa), é importante notar que auditoria não significa, exclusivamente, contadoria.

A atividade de contabilidade é exclusiva do contador, mas o exercício do *compliance* e da auditoria não se resume à questão matemático-contábil. Há uma miríade de dados e informações esperando para serem devidamente tratados.

Assim, é necessário entender que a auditoria não é apenas assunto exclusivo do contador, pois ela poderá abarcar desde comportamentos indesejados até levar à necessidade de se realizar uma investigação na própria empresa.

Dito isso, repetimos: a auditoria não pode ser confundida, exclusivamente, com a atividade de contadoria ou administração.

Obviamente, a romântica visão de um detetive 007 não precisa ser descartada. Apesar de um detetive particular não poder trabalhar, sem expressa autorização do delegado de polícia, em investigações criminais em curso (conforme abordado na seção anterior), é importante considerar que esse profissional realiza uma atividade reconhecida no Brasil, a qual possui uma função ética fundamental (planejar e executar, gerir, coletar dados e informações) que pode servir, e muito, para melhorar as relações profissionais e pessoais da sociedade, posto a prevalência da verdade sempre favorecer o mundo, além de ser um elemento que permite a digna subsistência do profissional liberal.

Mas, nas relações profissionais empresariais, é necessário verificar a utilidade do detetive particular nos institutos de *compliance*, auditoria e espionagem.

Repetindo: sendo o investigador privado competente para gerir a coleta de dados e informações, não há limites normativos objetivos que o impeçam de trabalhar, em regime colaborativo, em atividades extremamente sensíveis e rentáveis de uma empresa.

Para a realização de *compliance*, é necessário fazer um grande investimento na área de planejamento (no qual a coleta de informações é absolutamente essencial) e, também, no acompanhamento do plano escolhido.

> *Compliance* é uma expressão que se volta para as ferramentas de concretização da missão, da visão e dos valores de uma empresa. Não se pode confundir o *Compliance* com o mero cumprimento de regras formais e informais, sendo o seu alcance bem mais amplo, ou seja, "é um conjunto de regras, padrões, procedimentos éticos e legais, que, uma vez definido e implantado, será a linha mestra que orientará o comportamento da instituição no mercado em que atua, bem como a atitude dos seus funcionários" (CANDELORO; RIZZO; PINHO, 2012, p. 30). Será instrumento responsável pelo controle dos riscos legais ou regulatórios e de reputação, devendo tal função ser exercida por um *Compliance Officer*,

o qual deve ser independente e ter acesso direto ao Conselho de Administração. (Ribeiro; Diniz, 2015, p. 88)

Compliance deve ser entendido como uma determinação normativa fundamental no direcionamento da conduta de uma empresa, gerando controle dos riscos legais ou regulatórios e gerenciado por um diretor independente. A *International Organization for Standardization* – ISO (em português, Organização Internacional de Normalização) apresenta opiniões muito semelhantes:

> *Compliance* é o resultado de uma organização que cumpre com os seu deveres e permanece sustentável por incorporar a cultura organizacional e comportamental à postura e conduta de seu colaboradores. Enquanto mantiver a sua autonomia, é aconselhável que o gerente de *compliance* seja integrado com os processos de gerência de finanças, riscos, meio ambiente, saúde e segurança, conhecendo os seus requisitos operacionais e procedimentais.
>
> Um efetivo gerenciamento integral de *compliance* no sistema organizacional permite a uma organização demonstrar o seu comprometimento no cumprimento da legislação pertinente, inclusive dos requerimentos normativos, modos de produção e padrões de organização, como também obedece a uma boa governança corporativa, melhores práticas, ética e atendimento das expectivas da comunidade.* (ISO, 2014, tradução nossa)

---

* Do original: "*Compliance is an outcome of an organization meeting its obligations, and is made sustainable by embedding it in the culture of the organization and in the behaviour and attitude of people working for it. While maintaining its independence, it is preferable if compliance management is integrated with the organization's financial, risk, quality, environmental and health and safety management processes and its operational requirements and procedures. An effective, organization-wide compliance management system enables an organization to demonstrate its commitment to compliance with relevant laws, including legislative requirements, industry codes and organizational standards, as well as standards of good corporate governance, best practices, ethics and community expectations.*"

Então, a atividade do detetive particular é fundamental para orientar os profissionais (inclusive das searas jurídica, contábil e administrativa) que determinarão o plano de ações e, também, para retroalimentar o sistema, posto que a eficácia desse planejamento depende de um acompanhamento das informações geradas pelo próprio trabalho na empresa. Assim, um detetive particular estará completamente qualificado, inclusive pelas condições juridicamente formais, conforme expressa disposição legal, para planejar e acompanhar as atividades relativas ao *compliance*, bem como para participar delas.

Além do *compliance*, todos os sistemas de auditoria são compostos, exatamente, pelo gerenciamento, pela própria gestão de informações de uma empresa. A principal diferença é que o *compliance* é preventivo; já a auditoria é repressiva. Isto é, o *compliance* age antes e durante os fatos; a auditoria, durante e depois deles.

Mas os termos de ação são essencialmente os mesmos: coleta de dados e informações para planejamento estratégico.

A investigação, em uma empresa, normalmente ocorre mediante uma decisão gerencial e se realiza por meio de procedimento investigatório, normalmente reconhecido pelo termo *sindicância*. **Sindicância** se refere a uma averiguação mais aprofundada, para que determinados dados sejam colhidos e informações sejam produzidas, ou seja, trata-se da atividade por excelência de um detetive particular.

O direito administrativo brasileiro entende a sindicância, dentro de uma organização estatal, da seguinte maneira:

> A sindicância é um meio mais célere de apurar irregularidades praticadas pelos servidores. Da conclusão de uma sindicância pode resultar uma das seguintes hipóteses (art. 145):
> a) arquivamento do processo;
> b) aplicação das penalidades de advertência ou de suspensão por até trinta dias; ou
> c) instauração de PAD, se for verificado tratar-se de caso que enseje aplicação de penalidade mais grave.

> Na hipótese de a sindicância concluir pela necessidade de instauração de PAD, os autos da sindicância integrarão o processo disciplinar, como peça informativa da instrução (art. 154).
>
> O prazo para conclusão da sindicância não excederá **trinta dias**, podendo ser prorrogado por igual período, a critério da autoridade superior (art. 145, parágrafo único).
>
> Em alguns casos, a sindicância, pelo menos até determinado momento, constitui um procedimento meramente investigatório, sem a formalização de acusação a qualquer servidor. Nessa situação, não se cogita observância de contraditório e ampla defesa. Por outras palavras, enquanto a sindicância tem caráter meramente investigativo (inquisitório), sem que exista acusação formal a um servidor, ou alguma imputação que possa ser contraditada, não cabe exigir contraditório e ampla defesa no procedimento. (Alexandrino; Paulo, 2017, p. 494, grifo do original)

O direito administrativo é matéria de direito público, absolutamente controlada em sua rigidez de meios e fins. Por isso a escolha de autores dessa seara para demonstrar que o entendimento da sindicância é "apurar irregularidades", apresentando um "caráter meramente investigativo".

Essa noção deriva do exposto no art. 143 da Lei n. 8.112, de 11 de dezembro de 1990:

> Art. 143. A autoridade que tiver ciência de irregularidade no serviço público é obrigada a promover a sua apuração imediata, mediante sindicância ou processo administrativo disciplinar, assegurada ao acusado ampla defesa. (Brasil, 1990b)

Nesse sentido, é absolutamente indubitável que a sindicância é uma atividade especificamente destinada a um detetive particular, posto exigir, com exatidão, as competências e habilidades que são esperadas e exigidas desse profissional.

Inclusive, no mercado segurador, há a figura do sindicante de seguros, que realiza exatamente a tarefa de um detetive particular em relação a algum sinistro, verificando se ocorreu algum ilícito ou fato não abrangido pela cobertura do seguro.

Ainda não está regulamentada a profissão de sindicante de seguros. Mas, assim que houver um Conselho Nacional de Detetives Particulares, será possível ocorrer, aos detetives, a atribuição exclusiva das funções ocupadas pelo sindicantes.

Também, há ofertas de empresas de investigação particular que fazem colheita de dados e informações sobre empresas que poderiam, em tese, realizar negociações com seus clientes.

Isso significa que a sindicância é uma atividade preventiva, em que o levantamento da reputação de uma empresa poderá ser a diferença entre fazer um excelente negócio ou fracassar a ponto de nem receber os devidos pagamentos de uma empresa inadimplente.

Todas as atividades aqui citadas são passíveis de serem realizadas por um detetive particular.

É fundamental considerar que um detetive particular será, primariamente, um profissional liberal – isso significa trabalhar com a liberdade de fazer o seu próprio horário, não ter um chefe ou expediente rígido a cumprir, além dos benefícios de uma maior liberdade de ação. Mas nada disso pode motivo para ignorar ou, pior, desconhecer as possibilidades de exercer essa profissão dentro de uma empresa.

Nunca é demais lembrar: é vedada ao detetive particular a investigação de crimes, seja furto, roubo etc. Nesse sentido, um detetive particular somente pode participar de uma investigação até o momento em que souber se, efetivamente, houve algum crime.

Caso haja prova de exitência do crime e indícios de autoria (atividade plenamente possível a um detetive particular), é feita a *notitia criminis* ao Estado – especificamente, à delegacia de polícia. Somente então o detetive particular pode requerer, com a devida autorização do cliente, a possibilidade de participação e colaboração na investigação policial.

Obviamente, havendo autorização do delegado de polícia, o limite de capacidade investigativa torna-se indiscernível, em virtude do amplo leque de possibilidades de atuação.

Por fim, cabe destacar a possibilidade de o detetive particular realizar as atividades aqui mencionadas como um consultor externo, ocupação em que terá muitas chances de desenvolver um trabalho relevante, que poderá significar o reconhecimento da saúde ou das mazelas de uma empresa e, fundamentalmente, ajudar a proteger dezenas, senão centenas ou milhares, de empregos.

Enfim, a seara empresarial oferece inúmeras possibilidades de crescimento profissional ao detetive particular. Mas a seara pessoal, familiar, também apresenta desafios e, principalmente, vantagens profissionais, conforme verificaremos na próxima seção.

4.4 Relações pessoais: *status* patrimonial, investigação e localização de pessoas, casamentos, filhos e empregados/contratados domésticos

Verificadas as oportunidades de atuação do detetive particular na área empresarial, conforme exposto na seção anterior, agora reconheceremos as possibiidades e vantagens do trabalho na seara das relações pessoais, posto a fragilidade e a delicadeza desse âmbito privado.

Ao tratarmos de relações pessoais, não abordaremos apenas as relações familiares (por mais que esse seja o foco maior desta seção), visto que também será necessário conhecermos, especialmente, várias questões contratuais que envolvem as relações pessoais.

Por exemplo: Ao comprar uma casa, você teria a certeza de quais documentos precisaria coletar para que a compra fosse segura e válida?

Com essa pergunta, trazemos outra visão pouco comentada sobre o detetive particular, afinal, documentos são apenas meios de prova – são, em essência, dados, informações. Assim, conhecer quais são os dados exigidos e as informações necessárias para a realização de um contrato de compra e venda seguro também pode ser competência de um detetive particular.

Longe de se imiscuir com a atividade de um despachante, o detetive particular terá as incumbências de verificar a validade dos documentos apresentados, acessar os tabelionatos para buscar as informações de que precisa e, então, apresentá-las ao cliente.

Aliás, é fundamental conhecer a competência e a diferença entre *cartórios judiciais* e *extrajudiciais* (nos termos do Conselho Nacional de Justiça), tabelionato de notas e ofício de registro de imóveis, uma vez que essa noção permitirá saber onde buscar a notícia de alguma execução judicial, ou o registro de um bem imóvel, ou um contrato ou uma procuração realizada por instrumento público. Mas o que é um instrumento público e qual é sua relevância para a segurança das negociações?

> *Instrumento público* é qualquer ato que tenha sido realizado por meio de um ofício ou um tabelionato, normalmente chamado de *cartório*.

Afinal, quem nunca teve de reconhecer firma em cartório ou, mesmo, enfrentar a burocracia para conseguir uma fotocópia autenticada? Deter o domínio dos meandros da burocracia é dever primário de um bom detetive particular.

Assim, é importante saber que, para haver maior garantia da validade da compra de um bem imóvel, deve-se buscar o registro vintenário do bem. Com essa certidão, a posse contínua estará provada e o risco da perda do bem será menor.

Mas a investigação não precisa envolver melhores garantias apenas em relação aos bens, mas também à própria idoneidade da pessoa com a qual o cliente está tratando, por meio da busca (colhendo dados e informações) de antecedentes criminais e civis nos fóruns (varas) criminais e cíveis, respectivamente.

Nesse sentido, o detetive particular poderá trabalhar, inclusive, para advogados da seara do direito real, realizando a busca da documentação necessária à comprovação de propriedade de algum bem, móvel ou imóvel.

Não bastando essa oportunidade, na área do direito possessório a utilidade do detetive particular poderá ser ainda mais ampla, já que a discussão sobre posseiros é uma questão problemática no país, especialmente considerando a questão fundiária nacional.

Enfim, no quesito *status* patrimonial, há diversas oportunidades de atuação lícita do detetive particular. Basta que ele esteja atento às oportunidades disponíveis na sociedade.

Além da investigação das coisas, a investigação das pessoas representa um grande filão de atividade do investigador privado, constituindo-se, inclusive, sua área de excelência.

A preocupação de um pai de família com a vizinhança da casa ou do prédio em que mora é motivo suficiente para que ele pretenda contratar um detetive particular. Um colega de trabalho que aparenta um comportamento irregular também pode ser objeto de investigação. Um empregado nessa mesma condição também pode – e deve – ser investigado.

A questão é perceber que o potencial de clientela na investigação de pessoas é virtualmente infinito, pois inexiste qualquer limitação, legal ou moral, sobre quem poderá ser objeto de investigação.

Por favor, releia: inexiste qualquer limitação legal ou moral sobre quem poderá ser objeto de investigação. Qualquer um, por qualquer motivo, por mais fútil que possa ser, pode, em tese, ser investigado.

A grande questão é ter a certeza de que o modo como a pessoa será investigada determinará os limites legais ao detetive particular. Mas esse quesito foi extensivamente abordado no capítulo anterior, quando abordamos a necessidade de compreender e respeitar os direitos humanos, a privacidade e a intimidade dos indivíduos.

Em tempos de internet e redes sociais, há uma verdadeira cornucópia de possibilidades e meios para colher dados e informações sobre as pessoas. Hodiernamente, qualquer indivíduo com acesso à internet pode pesquisar no Google, ou em qualquer outro buscador, e angariar muitas informações sobre os indivíduos.

> Inexiste qualquer limitação legal ou moral sobre quem poderá ser objeto de investigação. Qualquer um, por qualquer motivo, por mais fútil que possa ser, pode, em tese, ser investigado.

A localização de pessoas é outra questão premente na atividade do detetive particular – irmãos que se separaram na infância, pais ou mães biológicos, um amigo que nunca mais foi visto etc. Enfim, há uma miríade de possibilidades investigativas na seara de localização de pessoas desaparecidas, podendo, inclusive, compor-se de especialidade do detetive particular.

Aliás, dependendo das condições do mercado de trabalho, se um investigador privado se colocar na posição de especialista em determinada área, poderá favorecer a quantidade de clientes que virá a ter. Inclusive, se você escolher se especializar em um área, será possível até mesmo ser contratado por outros detetives quando obtiver reconhecimento e excelência nesse assunto.

Nada impede que um detetive particular terceirize uma parte de sua atividade investigatória, bastando, para tanto, haver previsão contratual. Uma associação, uma guilda de detetives particulares, poderá beneficiar todos os seus participantes. Mas esse tema será mais aprofundado no próximo capítulo

Na internet, há uma página* especializada em reunir informações que possibilitem encontrar pessoas desaparecidas. Além disso, há órgãos estatais que contribuem para a diminuição de pessoas desparecidas no país, por intermédio do Sistema Cadê (Cadastro Biométrico de Desaparecidos). Inclusive, a AbraPol (Associação Brasileira dos Papiloscopistas Policiais Federais) inaugurou um *site*** dedicado a futuramente hostear um banco nacional de biometria de pessoas desaparecidas, tamanho o problema que se enfrenta no país.

Pessoas deixadas em hospitais, nas ruas ou, até mesmo, desmemoriados... Há um grande número de pessoas aguardando para serem resgatadas. O detetive particular também pode fazer parte dessa força-tarefa destinada a reunir famílias, amigos, parentes.

Por se tratar de uma atividade profissional e não haver restrições legais, o detetive particular poderá oferecer seus serviços aos parentes que buscam seus entes queridos. Com muita delicadeza e sabedoria no contato para a oferta, o investigador privado poderá angariar muitos clientes que precisam desse tipo de serviço.

Em relação a esse objeto de investigação, inexistem novas questões jurídicas a serem observadas. O único problema será se a pessoa que se pretende encontrar, caso não tenha cometido nenhum crime, não quiser ser encontrada.

Pois, se alguém quiser se isolar de determinada situação ou de um grupo social e não está fugindo de alguma obrigação jurídica ou de qualquer crime, ela tem o direito de ser esquecida por alguma comunidade ou pessoa com que tenha se relacionado anteriormente.

---

* A página Desaparecidos do Brasil pode ser acessada pelo seguinte *link*: <http://desaparecidosdobrasil.org.br>. Acesso em: 30 ago. 2018.

** A notícia do *site* a ser criado pela AbraPol pode ser acessada pelo seguinte *link*: <http://www.abrapol.org.br/noticias/item/133-banco-nacional-de-biometria-de-pessoas-desaparecidas>. Acesso em: 30 ago. 2018.

Caso uma pessoa não queira ser encontrada e o detetive particular souber disso, ele poderá sofrer processo se causar danos na esfera moral do sujeito investigado, nos termos dos arts. 186, 187 e 927 do CC. A solução será prever, contratualmente, a responsabilidade do cliente em relação a quaisquer reclamações advindas do objeto de investigação. Obviamente, isso não eliminará a responsabilidade, mas permitirá ao detetive particular cobrar, em ação de regresso, quaisquer indenizações a que seja submetido.

Quanto às questões personalíssimas do casamento (ou quaisquer outras formas juridicamente reconhecidas de formação conjugal e familiar), encontramos a maior fonte de problemas em relação à privacidade e ao direito à intimidade do indivíduo. Se um cônjuge estiver traindo o companheiro, além da dificuldade de formação de provas, há uma larga questão jurídica que envolve desde a legitimidade da coleta de dados até a relevência da certeza, de demonstração apodítica, indubitável, de existência de traição.

Afinal, exceto se houver contrato pré-nupcial, a prova concreta e definitiva de traição não chega a ser absolutamente relevante nos dias atuais. O entendimento jurisprudencial está majoritariamente voltado à noção da irrelevância da culpa na traição conjugal, pois o próprio casamento estaria, em tese, já falido.

Até a promulgação da Constituição Federal, em 1988, a questão da culpa no casamento era fundamental. Após a Carta Magna, foi perdendo o seu vigor normativo.

No CC de 2002, obviamente o adultério continuou sendo causa de dissolução do casamento, mas os deveres de pensão alimentícia, guarda dos filhos etc. – que em tempos mais antigos eram determinados por quem tivesse cometido a infidelidade – atualmente não têm a mesma relevância. Explicamos: a pensão alimentícia é determinada pelo binômio necessidade-possibilidade, não por uma classificação inocente-culpado, fiel-adúltero. A doutrina se manifesta nos seguintes termos:

Os cônjuges e os ex-cônjuges têm o dever recíproco de prestarem-se alimentos; dever estendido aos companheiros e ex-companheiros. Na verdade, com a emancipação da mulher, a tendência atual é a de que se tornem cada vez mais raros os casos de prestação de alimentos a ex-cônjuge ou ex-companheiro.

9.3 Prestação de alimentos

Os alimentos deverão ser prestados, em caso de necessidade.

Ninguém será obrigado a alimentar pessoa saudável, em condições de trabalhar e prover o próprio sustento.

Outro ponto importante é que não há idade limite para a prestação de alimentos.

A pensão alimentícia será paga, sempre que necessário.

A recusa injustificada de pagar pensão alimentícia é punível com prisão civil de um a três meses, conforme o art. 733, § 1º do Código de Processo Civil.

O dever de alimentar somente cessa nas seguintes hipóteses: a) quando o alimentante não tiver condições econômicas, por estar desempregado, por exemplo; b) quando o alimentado falecer; c) quando desaparecer a necessidade do alimentado, seja pelo trabalho ou pelo casamento etc. (Fiuza, 2009, p. 368)

Nesse sentido, a obrigação da prova cabal de traição não se encontra, nos dias atuais, tão plenamente desenvolvida. Não é mais fundamental a necessidade de fidelidade conjugal como elemento mediador para a determinação da atribuição de pensão alimentícia.

Obviamente, tratamos apenas da questão probatória para a continuidade do casamento, pois os danos morais são claramente configuráveis quando há prova de infidelidade. Mas o que estamos destacando é que o detetive particular não poderá garantir resultados, especialmente na seara da pensão alimentícia, simplesmente porque um dos cônjuges resolveu não cumprir seu dever de fidelidade.

Apesar de a infidelidade não ser mais ponto cardial na questão dos alimentos, a traição sempre será o fundamento para a imposição de danos morais e para o seu respectivo ressarcimento, quando tiver havido casamento ou qualquer formação familiar monogâmica ou com compromisso de fidelidade.

O problema se torna ainda mais grave com as novas formas de conformação de famílias, como as famílias multiparentais, o casamento aberto etc. Reconhecer o modo de estruturação da família e, principalmente, compreender que a existência de infidelidade não é um problema tão grave no conjunto moral da sociedade atual é dever do detetive particular, pois, conforme estudaremos no próximo capítulo, as idiossincrasias do cliente poderão levar o contratado (o investigador privado) a prometer resultados – e, talvez, as consequências advindas desses resultados não subsistam na realidade hodierna.

Por óbvio, todas as restrições envolvendo o direito à privacidade e à intimidade se aplicam no caso concreto, conforme tratado no capítulo anterior. Somente a escuta ambiental e fotos em locais públicos (no limite, quando o objeto de investigação estiver entrando em locais privados, como apartamentos ou motéis) poderão ser entregues ao cliente.

Para maior segurança jurídica, recomenda-se entregar somente as fotos que claramente denotem terem sido tiradas em locais de acesso público e, no limite (conforme cláusula contratual expressa, de acordo com o conteúdo a ser apresentado no próximo capítulo), com os rostos esfumaçados.

> Não custa relembrar que, em tempos de internet, redes sociais (Facebook, Instagram, Snapchat, Zoosk, Ourtime, Parperfeito, B2, Match.com, Tinder, Happn), *blogs* e afins, é praticamente infinita a disponibilidade de informação, ostensiva ou discreta, que pode ser utilizada pelo detetive particular. As restrições de privacidade e intimidade foram levantadas, pois o próprio objeto de investigação publicou o material. O único detalhe é requisitar, por escrito, que o cliente não publique tais informações, mesmo porque os perfis alternativos, as engenharias sociais e

> outras técnicas investigativas ficariam prejudicadas, obrigando o detetive particular a refazer todo o material de uso profissional.

Para a questão da Lei Maria da Penha, com os seus consectários legais, é fundamental compreender que, sendo a pessoa vítima de violência doméstica (ou, pior, acusada de causar violência doméstica), a questão torna-se, juridicamente, um pouco mais complexa.

Se o cliente for vítima de violência doméstica, tratar-se-á de um fato criminoso, sendo dever do investigador privado noticiar o ocorrido na delegacia de polícia.

O detetive particular deverá sugerir ao cliente a utilização de gravadores de áudio e vídeo dentro de casa, no carro etc. Cabe a esse profissional orientar a compra ou o aluguel dos melhores equipamentos, ensinar a usá-los e a escolher as melhores posições, para fins de registro.

Sendo essa violência um ato que causa ojeriza social, além dessas provas da violência doméstica, bastará ao cliente fazer a denúncia na delegacia de polícia e, evidentemente, realizar exame de corpo de delito.

Ao se tratar da investigação de defesa, ou seja, da coleta de provas para assegurar que o cliente não está cometendo crime algum, a jurisprudência e a doutrina são pacíficas na concessão da utilização de quaisquer meios possíveis, até mesmo ilícitos, para provar a inocência de uma pessoa na seara criminal:

> O Código Penal brasileiro prevê (art. 23) determinadas situações em que a ilicitude **geral** (e abstrata) da conduta seria afastada pelo que a doutrina denomina também de **causas de justificação**. Que sejam de **justificação** (da conduta) não temos dúvidas, mas que configurem **causas** não estamos convencidos, já que dizem respeito a determinadas e específicas **motivações** para a prática da ação típica. O que importa, todavia, é que, nessas situações (o estado de necessidade, a legítima defesa, o estrito cumprimento

do dever legal e o exercício regular do direito), a ação típica realizada estará justificada aos olhos do direito, não havendo de se falar em crime.

Assim, quando o agente, atuando movido por algumas das motivações anteriormente mencionadas (causas de justificação), atinge determinada inviolabilidade alheia para o fim de obter prova da inocência, sua ou de terceiros, estará afastada a ilicitude da ação.

Em consequência, estará também afastada a ilicitude da **obtenção** da prova, podendo ela ser regularmente introduzida e valorada no processo penal. (Pacelli, 2017, p. 194, grifo do original)

Obviamente, é importante destacar que, se algum crime for cometido na colheita de uma prova destinada a inocentar um indivíduo, tal prova será válida, mas, ao mesmo tempo, a pessoa terá de responder pelo crime que cometeu para conseguir essa prova. Entretanto, essas são questões jurídicas que perpassam, e muito, o escopo deste trabalho.

Quanto à vigilância dos filhos do cliente, é fato notório que, se o vigiado é menor de idade, os limites de sua personalidade são regulados pelos interesses (quando legítimos) dos pais. Assim, não poderá um filho exigir total privacidade em quaisquer dos seus atos, tanto dentro quanto fora de casa.

Os deveres de guia, educação e cuidado com os próprios filhos geram o direito dos pais em interferir nas esferas mais pessoais, privadas e íntimas da sua prole. Basta que tenham respaldo em um legítimo interesse de cuidado e controle da conduta infanto-juvenil.

Essas certezas estão plenamente conformes ao art. 1.634 do CC:

Art. 1.634. Compete a ambos os pais, qualquer que seja a sua situação conjugal, o pleno exercício do poder familiar, que consiste em, quanto aos filhos:

I – dirigir-lhes a criação e a educação;

II – exercer a guarda unilateral ou compartilhada nos termos do art. 1.584;

III – conceder-lhes ou negar-lhes consentimento para casarem;

IV – conceder-lhes ou negar-lhes consentimento para viajarem ao exterior;

V – conceder-lhes ou negar-lhes consentimento para mudarem sua residência permanente para outro Município;

VI – nomear-lhes tutor por testamento ou documento autêntico, se o outro dos pais não lhe sobreviver, ou o sobrevivo não puder exercer o poder familiar;

VII – representá-los judicial e extrajudicialmente até os 16 (dezesseis) anos, nos atos da vida civil, e assisti-los, após essa idade, nos atos em que forem partes, suprindo-lhes o consentimento;

VIII – reclamá-los de quem ilegalmente os detenha;

IX – exigir que lhes prestem obediência, respeito e os serviços próprios de sua idade e condição. (Brasil, 2002)

Nesse sentido, o detetive particular poderá exercer quaisquer atos investigatórios, contanto que seja autorizado pelos pais ou por aqueles que os representem, para colher dados e informações sobre crianças e adolescentes.

As restrições de privacidade e intimidade não se aplicam de forma integral, posto inexistir liberdade da criança e do adolescente. Repare que um jovem não pode casar, viajar ou mesmo ser responsável pela própria educação, quanto mais pela liberdade de conduta, sem a autorização dos pais.

Obviamente, terceiros que estejam se relacionando com os filhos, se maiores, têm garantidas a sua privacidade e intimidade de forma integral.

Em relação a drogas e demais comportamentos criminosos, é indiscutível o dever de vigilância da sua prole.

Por derradeiro, os pais são responsabilizados pelos atos que os seus filhos cometem, conforme o art. 932 do CC: "São também responsáveis pela reparação civil: I – os pais, pelos filhos menores que estiverem sob sua autoridade e em sua companhia" (Brasil, 2002).

A discussão existiria apenas se o filho tivesse entre 16 e 18 anos. Mas, mesmo assim, quaisquer expectativas de liberdade do menor devem ser acompanhadas de um pedido de emancipação judicial. Afinal, se um filho não quiser estar submetido à autoridade dos pais, deverá demonstrar ao juiz sua capacidade de autonomia e independência, requerendo a devida emancipação ao demonstrar ter atendido os requisitos do parágrafo único do art. 5º do CC.

Já um filho maior de idade tem todas as garantias inerentes a quaisquer indivíduos. Sob essa ótica, é importante frisar: quaisquer liberalidades dos pais em permitir que os filhos continuem morando com eles, ou que não exerçam profissão alguma e sejam mantidos por eles, de forma alguma modificam o direito de esses filhos terem sua privacidade e intimidade preservadas.

Em suma: em relação a filhos menores, não há limitações de ordem jurídica na vigilância da prole – obviamente, sem agressões ou violências. Sendo os filhos maiores, as limitações são exatamente as mesmas que envolvem um cônjuge ou qualquer outra pessoa, sempre respeitando-se os direitos de privacidade e intimidade.

Quanto aos empregados domésticos, eles têm os mesmos direitos dos empregados em quaisquer empresas, inclusive no quesito de possibilidade de revista e quaisquer outros atos disciplinares. A jurisprudência confirma a larga amplitude de ação, sempre motivada e proporcional. A privacidade do indivíduo deve ser preservada, mas, em função da sua posição de empregado, é submetida ao poder disciplinador:

AG.REG. NO RECURSO EXTRAORDINÁRIO COM AGRAVO 689.593 SÃO PAULO [...]
EMENTA
Agravo regimental no recurso extraordinário com agravo. Direito do Trabalho. Fiscalização do empregador. Revista. Abusividade da medida não caracterizada. Dever de indenizar. Reexame de fatos e provas. Impossibilidade. Precedentes.
1. O Tribunal Superior do Trabalho, com base nos fatos e nas provas dos autos, concluiu que, a despeito de os empregados terem direito à intimidade e à privacidade no ambiente de trabalho, a revista das bolsas na saída do expediente, no caso, não se caracterizaria como medida abusiva, haja vista a possibilidade de ela ser evitada em razão do fornecimento de armários pelo empregador aos empregados e, também, pela necessidade de sigilo que envolve a atividade desenvolvida pela empresa – produção de equipamentos aeronáuticos para os setores civil e militar.
2. Para divergir desse entendimento e acolher a tese do agravante de que a medida adotada pela empresa agravada seria desproporcional e violaria o respeito à dignidade humana, seria necessário reexaminar o conjunto fático-probatório da causa, o que é inviável em recurso extraordinário. Incidência da Súmula nº 279/STF.
3. Agravo regimental não provido. (Brasil, 2013, grifo do original)

Quanto às relações domésticas, cabe lembrar que pode ser utilizada a Lei Maria da Penha. Assim, na vigilância dos empregados domésticos, é preciso ter moderação, bem como cuidado na linguagem e nos atos, para que não se configure nenhuma espécie de assédio moral, momento mais delicado dessas relações.

Obviamente, o controle e a vigilância podem ser realizados, inclusive com a possibilidade de se fazer flagrante vigiado (deixar uma filmadora direcionada a uma pilha de dinheiro, por exemplo, aguardando que o empregado furte algumas notas), nos mesmos termos que ocorrem com os empregados nas empresas.

Síntese

Neste capítulo, abordamos os limites normativos intrínsecos à atividade investigativa particular. Nesse sentido, deliberamos sobre as leis que abordam, diretamente, a atividade do detetive particular, além de alguns serviços possíveis.

Reconhecendo a legislação aplicável, mormente as Leis n. 13.432/2017, n. 3.099/1957 e o Decreto n. 50.532/1961, percebemos que a atividade do detetive particular permite uma atuação extensa em ações relevantes para a venda de serviços.

Esses mesmos serviços podem ser prestados tanto à atividade empresarial – citamos exemplos sobre propriedade, *compliance*, auditoria e espionagem – quanto às atividades mais reconhecidamente típicas do detetive particular, na seara privada – em relação a *status* patrimonial, investigação e localização de pessoas, casamentos, filhos e empregados/contratados domésticos

Um ponto fundamental é percebermos que, somente após uma atividade de inteligência perante sua própria profissão, o detetive particular terá ciência de que a extensão de seus serviços pode ser muito mais ampla do que inicialmente poderia imaginar.

Desde a possibilidade de formação de empresa para o exercício da profissão, a questão envolvendo a possibilidade de ser microempreendedor, a necessidade de registro em delegacia de polícia, até a percepção de serviços como regulagem de sinistros, análise de posse de bens imóveis e proteção da segurança de informação de empresas – todas essas são funções que, mesmo não sendo reconhecidas pela tradição, podem ser exercidas pelo detetive particular, nos limites apresentados neste capítulo.

Assim, compreendido o conteúdo do que signfica investigar (Capítulo 1), o reconhecimento estatal da profissão (Capítulo 2), os limites extrínsecos existentes a qualquer atividade humana (Capítulo 3) e os limites intrínsecos destinados especialmente ao detetive particular (Capítulo 4), cabe, a partir de agora, abordarmos a questão jurídico-instrumental da relação entre o profissional e o cliente, o que será realizado, necessariamente, por meio de contrato (Capítulo 5), para que possamos concluir os estudos com uma demonstração prática e pragmática de relação contratual (Capítulo 6).

Para saber mais

Filmes

AMNESIA. Direção: Christopher Nolan. EUA, 2001. 113 min.
CAÇADORES de mentes. Direção: Renny Harlin. Finlândia, 2004. 106 min.
CONEXÃO perigosa. Direção: Robert Luketic. EUA, 2013. 115 min.

As obras cinematográficas apresentadas são filmes dramáticos sobre a atividade investigativa, mostrando a necessidade de uma compreensão holística da realidade com vistas a produzir resultados eficazes.

Livros

BLOK, M. **Compliance e governança corporativa**. Rio de Janeiro: F. Bastos, 2017.
PESTANA, M. **Lei anticorrupção**. Barueri: Manole, 2016.

Ambos os livros informam sobre opções possíveis de trabalho na atividade investigativa particular. Desde o *compliance*, mencionado neste capítulo, até a corrupção, tais obras podem ampliar o conhecimento do futuro detetive particular na busca de oportunidades de trabalho.

Sites

BRASIL. **Portal do empreendedor-MEI**. Disponível em: <http://www.portaldoempreendedor.gov.br/>. Acesso em: 12 ago. 2018.

DESAPARECIDOS DO BRASIL. Disponível em: <http://desaparecidosdobrasil.org.br/>. Acesso em: 12 ago. 2018.

É é interessante estar ciente das vantagens do MEI para buscar motivação à oportunidade, ainda inexistente, do ingresso da atividade do detetive particular nesse regime jurídico. Além disso, conhecer um dos principais *sites* sobre pessoas desaparecidas é pressuposto básico para um detetive particular.

Questões para revisão

1. É justo o detetive particular nao poder ser microempreendedor (MEI)? O que fazer para a atividade ser incluída na Resolução do comitê gestor do Simples Nacional n. 94/2011?

2. Por que a atividade de sindicância pode ser classificada como o principal exemplo de serviço a ser prestado por um detetive particular?

3. Analise as assertivas a seguir e, na sequência, assinale a alternativa correta:

   O detetive particular colhe dados e informações.

   PORQUE

   São as fontes para a produção de inteligência.

   a) A primeira assertiva é verdadeira, mas a segunda assertiva é falsa.
   b) A primeira assertiva é falsa, mas a segunda assertiva é verdadeira.
   c) As duas assertivas são verdadeiras, sendo a segunda uma consequência lógica da primeira.

d) As duas assertivas são verdadeiras, mas a segunda não é uma consequência lógica da primeira.
e) As duas assertivas são falsas.

4. Assinale a alternativa correta:
   a) O detetive particular não deve abrir uma empresa de investigação.
   b) Os tributos não se modificam se houver a escolha para MEI.
   c) A sociedade unipessoal limita a responsabilidade patrimonial da empresa.
   d) O Código Tributário proíbe a formação de empresas de investigação.
   e) O detetive particular deve abrir uma empresa de investigação.

5. Analise as seguintes assertivas:
   I) É proibido ao detetive particular averiguar a reputação de empresas.
   II) É obrigatória a permissão do cliente para requerer colaboração em investigação criminal.
   III) As investigações em âmbito pessoal normalmente são mais sensíveis.

   A seguir, indique a alternativa que apresenta apenas a(s) assertiva(s) correta(s):

   a) I.
   b) II.
   c) III.
   d) I e II.
   e) II e III.

Questões para reflexão

1. Quais seriam as vantagens e as devantagens ao detetive particular que pretende criar uma empresa? Como proceder a essa avaliação sob o enfoque do empreendedorismo na profissão?

2. Conhecendo a natureza jurídica da atividade profissional do detetive particular, que busca gerar inteligência por meio da investigação, quais outros trabalhos que poderiam ser desenvolvidos por esse profissional você consegue imaginar, além dos sugeridos neste capítulo?

A RELAÇÃO CONTRATUAL DO DETETIVE PARTICULAR

Conteúdos do capítulo:
- Peculiaridades na relação entre o cliente e o profissional.
- O instrumento contratual para exercer a profissão.
- Cláusulas e demais detalhes contratuais.
- Técnicas negociais.

Após o estudo deste capítulo, você será capaz de:
1. estabelecer melhor quem será o seu cliente e como deve ser a atuação do detetive particular profissionalmente;
2. determinar o conteúdo necessário para a existência de um contrato;
3. indicar alguns detalhes em técnicas de negociação.

5.1 Introdução

Conforme esta obra se encaminha para o desfecho, mais claro se torna o estreito delineamento que a circundou, desde o elemento geral (a própria atividade de coleta de dados e informações), passando pela condição de profissão e pelos limites normativos dessa atividade, até culminar no conhecimento das condições de realização de um contrato, posto a necessidade de se identificar o elemento volitivo fundamental para a existência dessa espécie de trabalho: a relação contratual.

Nesse sentido, este capítulo servirá para identificarmos os elementos fundamentais do contrato, pois se o contratado – o detetive particular – já foi esmiuçado nos capítulos anteriores, caberá agora conhecermos o contratante, o cliente responsável pela oportunidade de se prestar um serviço a título oneroso.

Após reconhecermos as especificidades da relação entre o cliente e o detetive particular, conteúdo da primeira seção, abordaremos o instrumento de vinculação normativa entre o detetive e o cliente: o Contrato de Prestação de Serviço.

Por fim, concluiremos este capítulo fazendo um primeiro contato com as cláusulas, condições e aditamentos possíveis a essa relação contratual, com vistas a compreender as principais orientações teóricas que permitem ao detetive particular conhecer suficientemente a matéria e poder melhor utilizar os conteúdos que discutiremos no último capítulo, destinado a oferecer modelos de contratos e seus modos de adimplemento integral.

5.2 Idiossincrasias da relação entre cliente e detetive particular

Nesse primeiro momento, é relevante ao detetive particular conhecer o seu cliente, afinal, ele será o "patrão" para alguma atividade específica. Logo, quanto mais bem informado o detetive estiver sobre a pessoa, melhor controle terá sobre a relação contratual.

Ao afirmarmos a possibilidade de ter melhor controle, de maneira alguma isso deve ser entendido como manipulação de cliente. Pelo contrário, é importante perceber quais são as necessidades que precisam ser satisfeitas e, principalmente, se você, o detetive particular, tem a competência (no sentido jurídico de autorização para o exercício da função) e as habilidades (no sentido comum de destreza, perícia, *know-how*) para completar o serviço requisitado.

Em primeiro lugar, é necessário conhecer as regras legais que se estabelecem entre o detetive particular e o cliente, nos termos previstos nos arts. 9º a 12 da Lei n. 13.432, de 11 de abril de 2017:

> Art. 10. É vedado ao detetive particular:
> I – aceitar ou captar serviço que configure ou contribua para a prática de infração penal ou tenha caráter discriminatório;
> II – aceitar contrato de quem já tenha detetive particular constituído, salvo:
> a) com autorização prévia daquele com o qual irá colaborar ou a quem substituirá;
> b) na hipótese de dissídio entre o contratante e o profissional precedente ou de omissão deste que possa causar dano ao contratante;
> III – divulgar os meios e os resultados da coleta de dados e informações a que tiver acesso no exercício da profissão, salvo em defesa própria;
> IV – participar diretamente de diligências policiais;
> V – utilizar, em demanda contra o contratante, os dados, documentos e informações coletados na execução do contrato.
> Art. 11. São deveres do detetive particular:
> I – preservar o sigilo das fontes de informação;
> II – respeitar o direito à intimidade, à privacidade, à honra e à imagem das pessoas;
> III – exercer a profissão com zelo e probidade;
> IV – defender, com isenção, os direitos e as prerrogativas profissionais, zelando pela própria reputação e a da classe;

> V – zelar pela conservação e proteção de documentos, objetos, dados ou informações que lhe forem confiados pelo cliente;
> VI – restituir, íntegro, ao cliente, findo o contrato ou a pedido, documento ou objeto que lhe tenha sido confiado;
> VII – prestar contas ao cliente.
> Art. 12. São direitos do detetive particular:
> I – exercer a profissão em todo o território nacional na defesa dos direitos ou interesses que lhe forem confiados, na forma desta Lei;
> II – recusar serviço que considere imoral, discriminatório ou ilícito;
> III – renunciar ao serviço contratado, caso gere risco à sua integridade física ou moral;
> IV – compensar o montante dos honorários recebidos ou recebê-lo proporcionalmente, de acordo com o período trabalhado, conforme pactuado; [...]
> VI – reclamar, verbalmente ou por escrito, perante qualquer autoridade, contra a inobservância de preceito de lei, regulamento ou regimento;
> VII – ser publicamente desagravado, quando injustamente ofendido no exercício da profissão. (Brasil, 2017)

Em suma, um detetive particular não pode contribuir com atos criminosos ou discriminatórios, tampouco ser contratado para investigar um assunto que já seja parte de contrato com outro detetive, exceto na hipótese de dissídio (desavença). Também é vedado a esse profissional expor os meios e os dados resultantes de sua investigação ou participar diretamente de diligências policiais.

Mas um aspecto extremamente importante é a questão do sigilo dos dados colhidos. O detetive particular não pode usar ou fornecer informações sensíveis do seu cliente, especialmente se for processá-lo por algum motivo. Também, o sigilo das fontes de informação é inatacável.

A um detetive particular subsiste o dever de sigilo sobre as fontes, o que significa o direito de permanecer calado, inclusive em juízo, e não ser obrigado a informar como conseguiu determinada informação.

Além disso, todos os deveres já expostos na primeira seção do quarto capítulo subsistem. Inclusive, a questão específica da guarda e devolução de documentos será apresentada numa próxima seção.

Ademais, o direito de recusar um serviço que considere imoral, discriminatório ou ilícito, ou de desistir de alguma investigação por considerá-la perigosa, é permitido ao detetive particular. Obviamente, qualquer desistência incorrerá em revisão proporcional do montante de honorários acordado.

> A um detetive particular subsiste o dever de sigilo sobre as fontes, o que significa o direito de permanecer calado, inclusive em juízo, e não ser obrigado a informar como conseguiu determinada informação.

O direito ao desagravo somente se aplica ao investigador privado se ele não tiver cometido nenhuma irregularidade e estiver agindo com integridade e probidade, conforme foram concedidas as suas prerrogativas profissionais.

Conhecidas essas restrições e condições à formação contratual, torna-se fundamental compreender o cliente.

A primeira questão é saber se o cliente está requisitando os serviços para a seara empresarial ou para a esfera pessoal. Conforme cada espécie de serviço requisitado, há formas completamente diferentes de negociação.

Para um cliente da área empresarial, normalmente o requisito mais relevante será a apresentação de competência e idoneidade para a prestação do serviço.

Já para um contratante da seara pessoal, a exigência mais comum, ainda que não explícita, é a confiança subjetiva (tautologicamente, pessoal) formada entre o detetive particular e o cliente.

Os elementos que trazem a disposição volitiva para a contratação de um detetive particular (ou de qualquer outro profissional) transitam entre a necessidade do cliente, a acessibilidade do profissional, a vantajosidade dos custos (que devem ser reconhecidos como investimento) e, por óbvio, o produto final, normalmente representado pela carteira de clientes que o detetive particular possui, além dos seus resultados demonstrados na investigação.

Despiciendo lembrar, mas é importante deixar claro que o absoluto sigilo relacionado à identidade dos clientes, além das fontes, conforme já comentamos, é fundamental para manter a profissão. Entretanto, a demonstração de dados numéricos é recomendável, expondo quais espécies de atividades investigativas foram realizadas e, especialmente, quais resultados efetivamente já se conseguiu atingir.

Nesse sentido, o procedimento adequado é reconhecer as necessidades do cliente, tendo o conhecimento de qual é a seara de serviços que se pretende contratar e, então, obter uma espécie de consentimento esclarecido.

O termo *consentimento esclarecido* tem utilidade na seara médica e significa que o paciente informa que conhece e assume os riscos inerentes ao procedimento a que está sendo submetido. A doutrina explica da seguinte forma:

> O termo de consentimento livre e esclarecido (TCLE) é documento que visa proteger a autonomia dos pacientes, no qual atestam estar cientes de suas condições, como sujeitos de pesquisa ou submetendo-se a procedimentos médicos considerados invasivos. [...] Nesse contexto surge o TCLE, documento de valor inestimável para a proteção dos médicos no tocante às ações judiciais. O paciente, ao assiná-lo, concorda com a realização do procedimento – mesmo que lhe possa causar efeitos não desejados, mas previstos e previamente explicitados pelo médico – e dá uma declaração escrita da boa-fé do profissional, assumindo a responsabilidade conjunta da escolha do tratamento. [...] Além

de proteger os médicos, o documento igualmente protege os pacientes. Estes, na condição de leigos, muitas vezes não são devidamente informados a respeito do tratamento, principalmente em relação às possibilidades de insucesso – mesmo que executado de forma perfeita. É certo que a medicina não pode ser juridicamente considerada obrigação de resultado, mas sim de meio; porém, ao ocultar essa variável ao paciente o médico erra por não revelar as devidas informações. (Oliveira; Pimentel; Vieira, 2010, p. 705-707)

Perceba a analogia com o Termo de Consentimento Livre e Esclarecido: o cliente deve saber, em primeiro lugar, quais serão as vantagens em obter determinados dados ou informações, sendo completamente responsável pelo gerenciamento do produto da investigação, pois, se torná-lo público, poderá ferir direitos de terceiros e deverá ser absolutamente responsável por quaisquer vazamentos.

Além disso, se a informação for sensível, independente de pertencer à seara pessoal ou à empresarial, caso atinja pessoalmente o cliente, este deverá ser informado de que as consequências advindas do conhecimento da informação são de sua exclusiva responsabilidade. Por exemplo: se um detetive particular descobrir que um funcionário causou graves danos patrimoniais a uma empresa, a ponto de gerar demissão em massa, será perfeitamente plausível que um dos então desempregados queira ir à forra.

Também, conforme a lista de direitos e obrigações juntadas nesta seção (os arts. 10 a 12 da Lei n. 13.432/2017), o cliente deve saber que o detetive particular poderá recusar a proposta ou a continuidade contratual, caso exista alguma produção criminosa ou discriminatória que gere risco à vida ou ao anonimato das fontes desse investigador privado.

Para um contratante da seara empresarial, conforme visto na segunda seção do Capítulo 4, as possibilidades transitam, obviamente como mera sugestão, entre patenteamento, *compliance*, auditoria e espionagem.

Em relação à formação de propriedade industrial, a questão de investigar quais invenções ou modelos de utilidade são passíveis de patente formam um filão ainda pouco explorado para o detetive particular, uma vez que a busca de novas formas de fortalecer a segurança de uma empresa sempre é bem recompensada pelos diretores da organização.

Para o *compliance* e a auditoria (cujas especificidades já foram abordadas no capítulo anterior), é fundamental compreender que o cliente estará exigindo um profundo conhecimento das regras determinantes dessa espécie de atuação, quais sejam: perceber que, nas duas hipóteses, há uma grade, um conceito, um sistema, um paradigma, uma determinação do significado de uma conduta ou de um processo ótimo para a empresa.

Assimilar o significado de *trabalho por processos* é um pressuposto básico para que o detetive particular possa atuar nessa seara. Se esse profissional não puder citar as normas ISO (International Organization for Standardization) e as normas da ABNT (Associação Brasileira de Normas Técnicas) que tratam desse assunto – nas quais o cliente pode se basear para implementar e vigiar o cumprimento da conduta (*compliance*) ou as quais ele pode utilizar enquanto parâmetros para verificar quais gargalos produtivos ocorrem na sua empresa –, dificilmente o cliente ficará impressionado com alguma demonstração. E se o cliente não está feliz, o contrato está fadado ao fracasso.

Ainda em relação ao *compliance* e à auditoria, é fundamental o detetive particular demonstrar capacidade de trabalhar em conjunto, já que tais atividades são muito mais bem desenvolvidas – por vezes, obrigatoriamente – em conjunto com um contador ou um administrador.

Assim, além de reconhecer esses modelos de conduta a serem aplicados pela empresa, o detetive particular também deverá mostrar conhecimento em relação à capacidade de descobrir e registrar invenções ou modelos de utilidade (patente), bem como de acompanhar da implementação (*compliance*) ou a verificação (auditoria e sindicância) das condutas realizadas na atividade produtiva dessa organização.

A sindicância é, por excelência, um ato de investigação. Nesse modelo, a liberdade de atuação é muito mais ampla. Havendo quaisquer problemas trabalhistas ou sindicais, posto a sindicância poder ser considerada competência do bacharel em Administração – conforme o art. 2º da Lei n. 4.769, de 9 de setembro de 1965 (Brasil, 1965), e o art. 3º do Decreto n. 61.934, de 22 de dezembro de 1967 (Brasil, 1967) –, basta o detetive particular informar que está realizando uma sindicância com um objeto de investigação mais amplo.

Sempre é importante relembrar que tais atividades estão albergadas pelo art. 2º da Lei n. 13.432/2017, as quais podem ser extensivamente interpretadas e trazem oportunidades inéditas para a prestação de serviços de detetive particular. Além da romântica visão de agente 007, superando apenas a possibilidade de confronto de vazamento de informações ou infidelidade, o investigador privado poderá abrir, quiçá inaugurar, um novo e muito maior leque de opções de prestação de serviços.

> Afinal, esta é a essência deste trabalho: oferecer serviços considerados úteis aos clientes, cujos gastos sejam interpretados como investimento, pois o resultado final superará, e muito, o valor despendido pelo cliente.

Por último, para a atividade empresarial, a mais notória função está na investigação da possibilidade de vazamento de segredos industriais, na qual caberá ao detetive particular reconhecer a origem do problema e colher provas suficientes para a abertura de um inquérito policial.

Mas, além de realizar uma investigação sobre vazamento de informações, também há a possibilidade de oferecer serviços de segurança da informação, demonstrando planejamento da coleta de informações nos moldes apresentados pelo *compliance*, descrito parágrafos atrás e já destacado no capítulo anterior.

Nesse sentido, é lícito ao detetive particular se imiscuir nas atividades preventivas ao vazamento da informação. Sua atuação não se inicia após a ocorrência do problema, mas, sim, já na coleta de dados e de informações, "visando ao esclarecimento de assuntos de interesse privado do contratante" (Brasil, 2017), conforme reza o *caput* do art. 2º da Lei n. 13.432/2017, reiteradamente citado neste livro.

Já na seara pessoal, o conjunto de exigibilidades encontra uma mudança fundamental, já que o principal interesse do cliente não está focalizado em algum elemento externo à sua vida privada – podendo se tratar do cônjuge, dos filhos, dos empregados domésticos, de um familiar ou mesmo de um amigo que tenha desaparecido.

Nesse momento, o cliente não se interessa pelos possíveis controles empresariais que possam ser desenvolvidos na coleta de dados e informações ou mesmo pelo estabelecimento de protocolos que visem assegurar melhores controle, proteção e registro dos produtos, da produtividade ou da segurança.

Nas relações pessoais, a afinidade do detetive particular com o cliente é pressuposto da realização contratual. Imagine, por exemplo, que, na investigação de infidelidade, o objeto de investigação ofereça propina para o investigador particular.

Evidentemente, isso (o suborno) pode ocorrer também na seara empresarial, mas a objetividade dos dados, das avaliações e dos resultados (sempre concretos e mensuráveis) não encontra a mesma guarita na seara pessoal. Observe: se o detetive particular disser que não existe infidelidade, como confiar no resultado? E caso ele afirme que um filho não está se drogando ou realizando quaisquer atos desabonadores de conduta?

Quanto aos empregados domésticos, conforme afirmado anteriormente, aplicam-se todas as disposições relacionadas aos funcionários de empresas, inclusive a possibilidade de revista.

Mas, nas relações pessoais, é importante estabelecer algumas condições fundamentais para o exercício apropriado dos serviços prestados. Por exemplo, na questão da infidelidade, conforme já exposto, já está claro que não há mais uma punição específica para esse ato, pois o argumento posto é o de que a falência do casamento é sempre causada pelas duas pessoas, sendo a traição uma mera consequência da crise conjugal, e não a causa.

Esses esclarecimentos são necessários para orientar o cliente, uma vez que a tendência normal é de este se sentir extremamente ofendido na sua dignidade, na sua honra. Não são poucos os exemplos de crime passional decorrentes desse fato.

Por isso, entre o cliente e o detetive particular sempre deve existir uma espécie de consentimento esclarecido, conforme já explicado. Se o cliente for muito bem orientado quanto à sua decisão de contratar um detetive particular e tiver uma boa noção dos limites, dos impedimentos e das condições atrelados a esse serviço, melhores serão os resultados.

Também, é sempre útil obter tanto a permissão para contratar outros detetives particulares quanto a autorização para continuar com os serviços investigatórios perante a seara penal.

Ter a permissão para requerer colaboração nas investigações policiais perante o delegado de polícia, caso já tenha se tornado inquérito polícial, é sempre um maior fator de segurança na continuidade da atividade investigativa.

Afinal, conforme expressa disposição legal, constante no art. 5º, parágrafo único, da Lei n. 13.432/2017, há necessidade de prévia autorização do contratante para o detetive particular requisitar a colaboração com uma investigação policial em curso.

Conforme já explicado na primeira seção do quarto capítulo, essa autorização é ato discricionário do delegado de polícia, que poderá, inclusive, rejeitá-la a qualquer tempo, bastando, para tanto, apresentar um fundamento, posto inexistir qualquer direito adquirido ao detetive particular ao colaborar com a investigação policial.

Assim, esta seção serviu para demonstrar que a primeira investigação a ser feita é perante seu próprio cliente.

Após conhecer os limites da atividade investigatória, conforme amplamente demonstrado neste livro, e perceber as peculiaridades tanto do cliente quanto do objeto de investigação, os resultados se tornarão muito mais auspiciosos.

5.3 O Contrato de Prestação de Serviço

Para compreendermos o Contrato de Prestação de Serviço, é necessário, antes, visitarmos alguns detalhes conceituais, mormente jurídicos, que determinam a realização de um contrato válido perante o ordenamento brasileiro.

Tendo em vista o claro objetivo didático desta obra, não seria possível abordarmos a realidade contratual sem, antes, apresentarmos alguns pressupostos lógicos para sua conformação.

O primeiro aspecto é compreender que um contrato é, meramente, um instrumento para determinar direitos e obrigações recíprocos, entre duas ou mais pessoas, no qual existem vantagens para ambas as partes.

Um prosaico exemplo é a compra do pãozinho fresco de manhã. Tecnicamente, trata-se da realização de um contrato de compra e venda. Realiza-se uma oferta (o pão, por um determinado valor). Depois, há a sua aceitação e, então, o pagamento, o recebimento do produto e o exaurimento da relação contratual.

> um contrato é, meramente, um instrumento para determinar direitos e obrigações recíprocos, entre duas ou mais pessoas, no qual existem vantagens para ambas as partes.

Por óbvio, há dezenas de peculiaridades na realização de um contrato, pois este pode ser: aleatório (como em um bilhete de loteria, no qual o valor do prêmio é muitas vezes maior que o custo do bilhete); sinalagmático (em que há uma equivalência entre as contraprestações avençadas); gratuito (doação); oneroso (compra e venda); típico (como na locação de imóvel, posto estar previsto em lei); atípico (um complexo contrato de prestação de serviços, com várias cláusulas, condições e aditamentos).

Enfim, o ponto fundamental não é verticalizar a problematização da teoria contratual hodierna, mas sim compreender, fundamentalmente, o significado de um contrato, de seus princípios fundamentais e, principalmente, conseguir realizar um contrato que seja justo e vantajoso para ambas as partes.

Afinal, o detetive particular caracteriza-se como um profissional liberal, e se o profissional pretende cobrar desarrazoadamente o seu cliente, a probabilidade de não conseguir mais novas indicações e ser considerado um mero explorador será grande.

Por isso, é necessário tomar conhecimento de parâmetros, de modos de pensar, de paradigmas que determinem a realização de um contrato de forma justa. Para tanto, basta imaginar a seguinte situação: você compra uma casa que, evidentemente, precisará de eletricidade. A companhia elétrica pode cobrar qualquer valor por essa energia? Pior, essa mesma empresa pode cobrar um valor de quilowatt num mês e, no outro, cobrar o dobro?

Obviamente, são exemplos caricatos que podem ser estendidos para alimentos, vestuário etc., mas mostram o objetivo dos parâmetros contratuais e a necessidade de se compreender que atualmente não é possível pensar-se em uma completa e irrestrita liberdade contratual.

Perceber a impossibilidade de uma irrestrita liberdade contratual é ter a noção, ainda que não declarada, da existência de princípios que informam e orientam o conteúdo contratado.

Princípios significam fontes de orientação, modelos de valores, de resultados a serem perseguidos pelas pessoas. No caso em tela, significa perceber que há, por assim dizer, ideais que devem ser buscados na realização de um contrato.

A doutrina informa o significado de *princípio* nos seguintes termos:

> os princípios são normas imediatamente finalísticas, primariamente prospectivas e com pretensão de complementariedade e parcialidade, para cuja aplicação demandam uma avaliação da correlação entre o estado de coisas a ser promovido e os efeitos decorrentes da conduta havida como necessária à sua promoção. [...] os princípios consistem em normas primariamente complementares e preliminarmente parciais, na medida em que, sobre abrangeram apenas parte dos seus aspectos relevantes para uma tomada de decisão, não têm a pretensão de gerar uma solução específica, mas de contribuir, ao lado de outras razões, para a tomada de decisão. (Ávila, 2005, p. 130)

Nesse sentido, os princípios orientam o modo como algum objeto deve ser conhecido, interpretado ou utilizado. Assim, conhecer os princípios jurídicos fundamentais do contrato é deter o conhecimento de como esse contrato deve ser criado, interpretado e executado.

Na teoria jurídica, quando estava dominada por ideais mais liberais, principalmente nos séculos XVII a XIX, havia a concepção do adágio *pacta sunt servanda* – ou seja, o contrato deve ser cumprido.

Essa noção significa que, independentemente da existência de exageros no contrato, de cobranças excessivas ou de quaisquer outras injustiças, se o contratante tinha capacidade mental e acordou (realizou o acordo) de livre e espontânea vontade, tal contrato deve ser cumprido.

Não é necessário muito raciocínio para perceber a impossibilidade de uma infinita ou indefinida liberdade contratual – basta citar mais alguns exemplos: realizar um contrato de compra e venda de um bebê; ou, para não incluir terceiros, um contrato por meio do qual você se tornaria escravo de uma determinada pessoa por certa quantia em dinheiro dada à sua família.

Com esses exemplos, fica óbvio perceber que há, necessariamente, limitações ao direito de contratar. Não podemos contratar (estabelecer relações de direitos e obrigações) qualquer coisa, nem de qualquer maneira.

Os requisitos fundamentais para a validade de um contrato, isto é, para a realização de um negócio jurídico, são: haver uma pessoa capaz, um objeto lícito e uma forma não proibida pela lei, conforme explicitamente vaticina o art. 104 do Código Civil (CC) – Lei n. 10.406, de 10 de janeiro de 2002 (Brasil, 2002).

Conhecidos esses detalhes, basta compreender a orientação paradigmática trazida pela, então, nova Constituição Federal de 1988 (Brasil, 1988).

O novo ordenamento jurídico, pela chamada *doutrina neoconstitucional* (pela qual todo o fenômeno jurídico deveria ser interpretado conforme o regramento constitucional), orientou, inclusive, o CC.

Nesse novo paradigma constitucional, a justiça das relações econômicas passou a ser parâmetro de validade. Ou seja, o direito não pode mais ser concebido enquanto instrumento de exploração das pessoas, para mera satisfação da ganância, mas sim como instrumento de distribuição de justiça, de defesa da dignidade da pessoa humana.

No CC, percebemos as seguintes orientações fundamentais, expostas nos arts. 421 e 422:

> Art. 421. A liberdade de contratar será exercida em razão e nos limites da função social do contrato.

> Art. 422. Os contratantes são obrigados a guardar, assim na conclusão do contrato, como em sua execução, os princípios de probidade e boa-fé. (Brasil, 2002)

Conforme a extensa doutrina pode corroborar, o relevante é compreender que o direito impõe limites à liberdade contratual, mais especificamente determinado pela função social do contrato.

Em mera interpretação literal, é possível concluir que, em sua função social, o interesse a ser satisfeito na relação contratual é relevante não apenas para os contratantes, mas para toda a sociedade.

Nesse sentido, a questão sinalagmática torna-se premente, posto que os direitos e as obrigações previstos nos contratos têm o dever de proporcionalidade e finalidade, ou seja: não se pode exigir algo que não seja razoável nem o que não corresponda ao objeto compactuado.

> O postulado da razoabilidade aplica-se, primeiro, como diretriz que exige a relação das normas gerais com as individualidades do caso concreto, quer mostrando sob qual perspectiva a norma deve ser aplicada, quer indicando em quais hipóteses o caso individual, em virtude de suas especificidades, deixa de se enquadrar na norma geral. Segundo, como diretriz que exige uma vinculação das normas jurídicas com o mundo ao qual elas fazem referência, seja reclamando a existência de um suporte empírico e adequado a qualquer ato jurídico, seja demandando uma relação congruente entre a medida adotada e o fim que ela pretende atingir. Terceiro, como diretriz que exige a relação de equivalência entre duas grandezas. (Ávila, 2005, p. 131)

Além da função social do contrato, na sua conclusão e execução, devem ser resguardados "os princípios de probidade e boa-fé", conforme os termos do art. 422 do CC (Brasil, 2002).

A **probidade** significa integridade, honestidade, clareza de intenções e transparência. Já a **boa-fé** é a coerência entre a consciência individual e sua expressão social, na sua modalidade subjetiva, e a coerência entre a intenção contratualmente declarada e as ações efetivamente realizadas pelo indivíduo.

Assim, a probidade confunde-se com a boa-fé subjetiva, em que a intenção interna da consciência individual determina uma relação de verdade, de clareza, entre o pensado, o desejado e o dito. Sobre a boa-fé objetiva, a doutrina assim se manifesta:

> Denota-se, logo, que a boa-fé é tanto forma de conduta (**subjetiva** ou **psicológica**) como norma de comportamento (**objetiva**). Nesta última acepção, está fundada **na honestidade**, **na retidão**,

na lealdade e na consideração para com os interesses do outro contraente, especialmente no sentido de não lhe sonegar informações relevantes a respeito do objeto e conteúdo do negócio. (Gonçalves, 2012, p. 267, grifo do original)

Ainda conforme a doutrina, "A boa-fé objetiva constitui um **modelo jurídico**, na medida em que se reveste de variadas formas" (Gonçalves, 2012, p. 267, grifo do original). Essas formas são: proibição de *venire contra factum proprium* (uma pessoa agir de forma absolutamente contraditória à conduta anterior); *suppressio* (a permanente inexecução de um contrato o torna inexigível); *surrectio* (o surgimento de um direito pela conduta contínua de um contratante); e *tu quoque* (forma de *exceptio non adimpleti contractus*, isto é, não se pode exigir o que não se faz) (Gonçalves, 2012).

Na IV Jornada de Direito Civil, coordenada pelo Ministro Ruy Rosado de Aguiar, aprovou-se o enunciado 362, nos seguintes termos: "A vedação do comportamento contraditório (venire contra factum proprium) funda-se na proteção da confiança, tal como se extrai dos arts. 187 e 422 do Código Civil." (Aguiar, 2009).

O *tu quoque* (não se pode exigir o que não se faz) também pode ser entendido como uma manifestação análoga à exceção de contrato não cumprido: nas relações obrigacionais bilaterais, não pode uma parte exigir o adimplemento da outra sem que tenha cumprido com a sua obrigação.

Um exemplo claro, que será útil ao detetive particular, trata da impossibilidade de o cliente exigir que se faça uma determinada investigação, ou que se entregue alguma prova, fotografia ou documento, sem que tenha realizado o pagamento anteriormente pactuado.

Enfim, a ilimitada liberdade contratual é um defeito cognitivo, posto a necessidade da coerência, da finalidade, da razoabilidade e dos princípios mais elementares do direito necessariamente se aplicarem na relação contratual.

É relevante perceber que não basta apenas vontade para realizar um contrato; a consciência civilizatória será guia de seu conteúdo e de sua interpretação.

Já em relação à análise do contrato, é preciso conhecer, primeiramente, seus meios de formação. Em seguida à formação do contrato, deve-se compreender os modos de exigibilidade de seu adimplemento e, finalmente, de sua extinção, seja pelo seu adimplemento integral – objetivo normal de um contrato –, seja por distrato, resilição ou resolução por onerosidade excessiva.

A formação do contrato é realizada nos termos dos arts. 427 a 435 do CC, iniciando-se com a proposta de contrato realizada pelo proponente (aquele que propõe os termos do contrato) e a anuência do aceitante.

Por óbvio, a negociação contratual é uma arte, da qual os primeiros passos serão apresentados nesta seção, após o conhecimento dos demais institutos jurídico-contratuais.

As conclusões finais estarão expostas na próxima seção, para finalizarmos o conhecimento sobre os contratos, o que nos permitirá, então, concluir o livro com a realização prática do que até então apresentamos.

A extinção contratual pelo seu adimplemento integral será objeto específico do final deste livro, posto ser o destino ótimo da atividade profissional do detetive particular.

Dito isso, é necessário conhecer as formas de extinção do contrato por meio do distrato, da resilição e da resolução por onerosidade excessiva.

O **distrato** pode ser entendido como o caminho inverso do contrato; ou seja, em vez de haver um firme propósito de contrair direitos e obrigações recíprocos, há confluência, consensual, de extinção desses mesmos direitos e obrigações, conforme reconhecido no art. 472 do CC.

Já a **resilição**, prevista no art. 473 do CC, diz respeito ao o direito potestativo de se extinguir o contrato, independentemente da aquiescência da outra parte, sem gerar o dever de indenizar qualquer um dos contratantes.

A própria legislação, no parágrafo único do citado art. 473 do CC, apresenta uma exceção a essa irrestrita liberdade, com vistas a preservar a função social do contrato. Afinal, havendo esse metaprincípio fundamental (da função social do contrato), obviamente o direito à resilição, como qualquer direito, não poderá ser considerado absoluto.

É importante frisarmos novamente: dentro do sistema jurídico brasileiro (até mesmo do mundial), não se concebe a existência de um direito absoluto. Necessariamente, todos os direitos, sem exceção, precisam ser compreendidos dentro de uma perspectiva sistêmica, por meio da qual apenas se concebe um direito em função de complexas relações sociais. Um exemplo disso, presente neste próprio livro, é o direito à privacidade, que não será absoluto se uma pessoa quiser se utilizar dele para realizar um crime.

> dentro do sistema jurídico brasileiro (até mesmo do mundial), não se concebe a existência de um direito absoluto.

Mesmo o direito à vida, princípio fundante da própria existência do direito, não é absoluto. Para conceber essa noção, basta lembrar que, em caso de legítima defesa, se forem utilizados meios moderados, o próprio homicídio poderá ser justificado.

Já em relação à resolução por onerosidade excessiva, reza o art. 478 do CC:

> Nos contratos de execução continuada ou diferida, se a prestação de uma das partes se tornar excessivamente onerosa, com extrema vantagem para a outra, em virtude de acontecimentos extraordinários e imprevisíveis, poderá o devedor pedir a resolução do contrato. Os efeitos da sentença que a decretar retroagirão à data da citação. (Brasil, 2002)

Conforme pode ser verificado em uma análise literal do artigo, no caso de algum acontecimento extraordinário e imprevisível ocorrer, o contrato poderá ser extinto.

Obviamente, esse fato deve estar acobertado pela teoria da imprevisão, que determina a impossibilidade de se manter obrigações recíprocas em caso de acontecimentos extraordinários que onerem, em muito, as avenças acordadas, nos termos do indigitado art. 478 do CC. Por exemplo: se um detetive particular é contratado para vigiar uma pessoa e esta começa a viajar pelo Brasil inteiro ou mesmo para fora do país, o contrato poderá ter o valor e outras cláusulas renegociadas ou ser rescindido, pelos custos exagerados que causariam.

Despiciendo deixar ainda mais claro, mas o contrato entre o cliente e o detetive particular, que dentro das condições lícitas faz lei entre as partes, é elemento de garantia e segurança para ambos, pois, com o término das negociações e a lavratura dos termos, esclarecem-se as regras que ambos assumiram para a contratação da prestação de serviços.

Por isso, quanto mais claro, detalhado e coerente for um contrato, menores serão as chances de haver problemas entre as partes, promovendo maior satisfação do cliente e produtividade do profissional.

Quanto aos maiores detalhes das cláusulas existentes nos contratos, eles serão abordados na última seção deste capítulo.

5.4 Cláusulas, condições e aditamentos: como fechar o contrato

Compreendidos os aspectos fundamentais dos contratos, cabe agora abordarmos as características mais periféricas, no sentido de mostrar alguns detalhes das obrigações que podem ser incluídas na relação contratual e, principalmente, quais elementos são aceitáveis – diga-se, válidos – dentro de uma proposta contratual entre cliente e detetive particular.

Nesse sentido, é fundamental lembrarmos que o elemento mais importante, o próprio núcleo, o objeto da relação contratual entre cliente e detetive particular, é o planejamento e a execução da coleta de dados e informações de natureza não criminal, visando esclarecer assuntos de interesse do contratante, conforme reza o art. 2º da Lei n. 13.432/2017.

Sendo assim, as cláusulas contratuais devem visar aos meios, aos modos e às condições para efetuar essa espécie de serviço.

É importante recordar que ao detetive particular é permitido realizar investigações que possam levar ao conhecimento de um crime, eventualmente até de indícios de autoria. Porém, ocorre que, após a prova da existência do crime e de tais indícios, esses fatos serão responsabilidade do delegado de polícia, que poderá permitir, em ato administrativo discricionário, conforme explicado na primeira seção do Capítulo 4, a participação do detetive particular.

Em relação à cláusula contratual, trata-se de um elemento do contrato que explicita uma determinada obrigação a ser realizada. Por exemplo: uma cláusula que ordene que o pagamento parcial seja feito no quinto dia útil do mês.

Assim, para que o contrato tenha validade, é fundamental estabelecer que o seu objeto é o planejamento e/ou a execução da coleta de dados ou informações de interesse do cliente. Caso essa informação básica não conste no documento, o contrato poderá, de alguma forma, até mesmo ser anulado por desvio de finalidade, em função de o contratado ser um detetive particular.

Exemplos de minúcias contratuais serão apresentados no próximo capítulo. Serão exemplos práticos que, efetivamente, poderão ser utilizados nas atividades profissionais.

Nesse sentido, esta seção tem a função de explicar os conteúdos passíveis de serem contidos em cláusulas contratuais na relação entre cliente e detetive particular.

A primeira questão é deixar indubitável o **objeto fundamental da relação contratual**: o planejamento e/ou a execução da coleta de dados e informações de interesse do cliente. Afinal, a própria característica da validade dessa espécie de contrato é a existência de planejamento e de execução do colhimento de dados e informações.

Observe que a lei não tornou obrigatória a realização de planejamento e de execução. Para chegar a essa conclusão, há dois fundamentos: não há proibição de interpretação ampliativa nesse caso, pois não se está impondo nenhum direito novo ou restringindo qualquer direito antigo; se o aspecto hermenêutico não for suficiente, bastará analisar que o detetive particular foi contratado para realizar, exclusivamente, uma parte de sua competência (somente o planejamento, ou apenas a execução, conforme seja o caso). Sendo relações de direito privado e não infringindo nenhuma regra jurídica, não há possibilidade de impedir que essa interpretação seja considerada impossível e inválida perante o ordenamento júrídico.

Em suma, o primeiro aspecto é determinar se haverá ou planejamento ou execução do colhimento de dados e informações.

Num segundo momento, basta explicitar qual planejamento será realizado (a função exclusiva de planejamento está mais estritamente vinculada às questões de *compliance* e auditoria) e/ou a forma de execução da coleta de dados e informações.

Conforme já explicado, poderá haver uma contratação, por exemplo, para que um detetive particular execute apenas o planejamento da coleta de informações, a ser realizada por terceiros.

Ainda sobre a definição do objeto específico do contrato, é preciso ter em mente o que será planejado/executado – isto é, quais dados ou informações devem ser coletados.

> Como já mencionamos, o destino da atenção às informações a serem buscadas deve, primeiro, restringir-se ao âmbito empresarial ou pessoal. Em seguida, deve-se determinar se se trata de patentes, *compliance*, auditoria ou espionagem industrial (no plano empresarial), ou *status* patrimonial, localização de pessoas, casamento, filhos ou empregados/contratados domésticos (no plano pessoal).

Obviamente, o contrato poderá ser composto de um misto dessas possibilidades, bem como tratar de outro assunto que não tenha sido abordado, posto a questão fundamental ser a capacidade profissional (Capítulo 1) devidamente reconhecida pelo Estado (Capítulo 2) de o detetive particular, agindo de forma lícita (Capítulo 3) e buscando informações sobre determinados assuntos (Capítulo 4), satisfazer, por meio de contrato (Capítulo 5), um interesse do cliente mediante uma prestação de serviço que cumpra plenamente os termos contratados (conforme abordaremos no Capítulo 6).

No próximo capítulo, apresentaremos exemplos de cláusulas para cada uma dessas questões, além de orientações para a confecção de outras possibilidades. Mas o momento exige o reconhecimento de algumas espécies de cláusulas gerais (ainda que não apresentem essa denominação, conseguem impor direitos e obrigações aos contratantes e contratados), reconhecidas pelo ordenamento jurídico, que poderão auxiliar nos contratos particulares.

Entre elas, destacamos: a cláusula de arrependimento, a cláusula penal, a cláusula resolutiva, a estipulação em favor de terceiro, a promessa de fato de terceiro e o contrato com pessoa a declarar.

A cláusula de arrependimento, especialmente prevista no art. 420 do CC, dá-se nos seguintes termos:

> Art. 420. Se no contrato for estipulado o direito de arrependimento para qualquer das partes, as arras ou sinal terão função unicamente indenizatória. Neste caso, quem as deu perdê-las-á em benefício da outra parte; e quem as recebeu devolvê-las-á, mais o equivalente. Em ambos os casos não haverá direito a indenização suplementar. (Brasil, 2002)

Conforme pode ser verificado, o direito de arrependimento refere-se à possibilidade de uma das partes desistir do negócio pactuado.

Ocorre que os prejuízos, especialmente com o gasto de tempo gerado para as negociações que determinam a conclusão do contrato, não precisam ser suportados somente pelo detetive particular, bastando o estabelecimento de arras.

> *Arras* são, meramente, um sinal, um adiantamento parcial do pagamento do contrato realizado entre as partes – inclusive no caso de o contrato ser apenas preliminar.

Assim, se houver previsão de cláusula de arrependimento, recomenda-se a contratação de arras, para que não haja perda total do principal investimento de um profissional: o gasto de seu próprio tempo.

Ao contrário das arras, que constituem um mero adiantamento, a cláusula penal, prevista nos arts. 408 a 416 do CC, diz respeito a uma verdadeira liquidação (no sentido de tornar líquido, mensurado) das perdas e dos danos decorrentes do inadimplemento contratual.

A determinação de uma cláusula penal sempre poderá ser muito útil, pois facilitará quaisquer problemas em relação à determinação do valor devido ao final da investigação, caso o cliente não efetue os pagamentos correspondentes.

Obviamente, conforme debatido na seção anterior, não é necessário o detetive particular ter de cumprir integralmente a sua parte do contrato caso o cliente não efetue os pagamentos. Esse problema se torna ainda mais emblemático quando envolve investigações que geram maiores custos ao detetive particular – mormente se a vigilância pessoal consumir muito do precioso tempo do profissional ou, até mesmo, houver custos com viagens, combustível, passagens, hotel, alimentação etc.

Conforme explicitaremos no próximo capítulo, a responsabilidade do pagamento dos custos de investigação deve ser minuciosamente exposta no contrato, especialmente para demonstrar a absoluta probidade do detetive particular e a oferta de segurança, pela previsibilidade de custos, ao cliente.

Por sua vez, a cláusula resolutiva está prevista nos arts. 474 e 475 do CC e representa o direito de o contratante (ou contratado) pedir a resolução (extinção) do contrato ou exigir judicialmente o cumprimento do contrato e as eventuais perdas e danos, se houver inadimplemento da outra parte.

É vantajoso para o detetive particular inserir essa cláusula resolutiva, pois, explicitando essa questão, poderá extinguir o contrato sem necessidade de interpelação judicial, impedindo que a ausência de qualquer continuidade investigativa (de sua responsabilidade contratual) possa gerar quaisquer danos que precisem ser indenizados. Em suma, a vantagem é garantir que, se o cliente não pagar, o profissional não precisa continuar trabalhando gratuitamente.

Já a estipulação em favor de terceiro, conforme afirmam os arts. 436 a 438 do CC, permite, por exemplo, no caso de pessoas que não tenham capacidade, vontade ou discernimento para contratar um detetive particular, que elas terceirizem toda a burocracia exigida para uma contratação cujos dados e informações possam beneficiá-las. Assim, o detetive particular terá o dever de realizar um relatório circunstanciado não para o contratante, mas para o terceirizado.

A estipulação em favor de terceiro significa que o cliente, na verdade, não é o responsável pela contratação e pelo pagamento do serviço, mas sim um beneficiário, um terceiro que apreciará os frutos da investigação sem ter assumido nenhuma obrigação com o detetive particular.

É interessante notar que o beneficiário, o terceiro externo ao contrato, poderá exigir do contratado o adimplemento contratual. Afinal, a estipulação em favor de terceiro significa, somente, que os benefícios auferidos pela investigação pertencerão à pessoa alheia ao contrato, e a responsabilidade pelo pagamento do detetive particular pertencerá exclusivamente ao contratante.

Já a promessa de fato de terceiro, lavrada nos arts. 439 e 440 do CC, refere-se ao fato de que o contratado (então promitente) terá a obrigação de conseguir a anuência de uma terceira pessoa, que então deverá cumprir o contrato.

Se na estipulação em favor de terceiro há uma pessoa externa a um contrato, válido e perfeito, que apenas auferirá os benefícios do trabalho do contratante, no caso da promessa de fato de terceiro, o contrato ainda é imperfeito, no sentido de que se faz necessária a anuência desse terceiro que fora prometida (por isso, *promitente*) para o cumprimento da obrigação avençada (assumida).

No caso da investigação privada, havendo um *pool* de detetives que compartilhem uma potencial carteira de clientes, mas mantenham sua autonomia, é possível a contratação de um detetive para que este consiga que outro profissional efetivamente assuma o dever de planejamento e execução da coleta de dados e informações.

Se o promitente não conseguir que o terceiro assuma as obrigações, tornar-se-á, então, obrigado a cumprir os deveres assumidos perante o contratante. No aspecto relevante do objeto deste livro, se um detetive particular prometer que outro investigador assumirá uma investigação e este não o fizer, o detetive que prometeu terá de realizar, por si mesmo, essa coleta de dados e informações. Isto é, caso não consiga outro detetive particular, tornar-se-á responsável, da mesma maneira que ocorre na promessa de fato de terceiro, por realizar a investigação.

É ponto fundamental destacar que as hipóteses apresentadas nesta seção, decorrentes de interpretação literal e teleológica do CC – que se trata de uma legislação muito recente (Lei n. 13.432/2017) –, ainda não foram testadas e confirmadas pelos tribunais pátrios.

Qualquer jurista poderá confirmar que a legislação e as decisões judiciais são extremamente fluidas no Brasil. Uma prova, e um exemplo concreto, é a existência das Súmulas Vinculantes pelo Supremo Tribunal Federal (STF).

Matéria sumulada, as chamadas **súmulas** tratam de decisões, interpretações remansosas, unânimes, pacíficas dos tribunais superiores, que deveriam ser seguidas pelos tribunais locais e pelos juízes singulares, mas a liberdade decisional impede essa certeza jurídica. Em suma: foi necessário criar a figura da súmula qualificada pelo "vinculante" para melhor obrigar os órgãos jurisdicionais a seguir um entendimento da corte mais alta do país, o STF.

Com isso, nota-se que a certeza jurídica é sempre abalada, primeiro, pela inerente indeterminação linguística, inevitável em qualquer sociedade humana. Além da questão interpretativa, hermenêutica, ainda devemos nos ater às questões teleológicas e, também, às ideológicas.

Por exemplo: a função social do contrato é um conceito indeterminado. Como, então, poderemos ter certeza de que algum contrato estará cumprindo sua função social? O que é, aliás, função social e a quem se dirige?

Esse mero exemplo consegue mostrar a problemática de um conceito indeterminado (que, pior, difere de uma cláusula aberta, outro grave problema hermenêutico da seara jurídica), pois significa que sua consequência (também denominada *sanção*) é conhecida, mas seu significado, não.

Essa explicação é necessária para informar sobre a possibilidade de a jurisdição nacional apresentar entendimento diferente do ora apresentado, especialmente nesse quesito específico de cláusulas contratuais. Mas, ao se considerar a própria finalidade do contrato – escolher um profissional habilitado a planejar e executar a "coleta de dados e informações [...] visando ao esclarecimento de assuntos de interesse privado do contratante" (Brasil, 2017), conforme art. 2º da Lei 13.432/2017 – e, principalmente, a existência da boa-fé objetiva, dificilmente haverá a possibilidade de anulação do contrato por quaisquer defeitos meramente formais.

Um aspecto fundamental relacionado às finalidades do contrato é o cumprimento de seu papel social (remunerar, de forma justa, um trabalho de colheita de informações), realizando a satisfação das partes contratantes e não contrariando a ordem jurídica e moral da sociedade, colaborando com o aprimoramento humano na produção de conhecimento que interesse o contratante.

Aditamentos ao contrato são, simplesmente, quaisquer alterações que se façam necessárias no decorrer do trabalho e que porventura não tenham sido anteriormente previstas.

Inclusive, o próximo e último capítulo abordará, de forma indicativa e nunca exaustiva, os elementos fundamentais que devem constar em um contrato.

Enfim, conhecidas as idiossincracias do cliente, o instrumento contratual para o trabalho e algumas das principais cláusulas e condições, é importante tecer alguns comentários sobre o aspecto da negociação desse contrato, para que o próximo capítulo não seja um mero modelo a se copiar, e sim, fundamentalmente, um protocolo, um procedimento, um meio para se atingir a confecção de um contrato que atenda aos interesses do cliente, do detetive particular e do direito.

O primeiro aspecto a ser ponderado em uma negociação envolvendo uma contratação de prestação de serviços é reconhecer que há uma necessidade, do cliente, a ser satisfeita. Essa necessidade consiste, exatamente, no planejamento e na execução da coleta de dados e informações, com vistas a formar inteligência (aclaramento).

Assim, há a necessidade de se conhecer profundamente os meios de busca da verdade para a produção de inteligência (no sentido amplo), a fim de que a mente humana compreenda os fatos com base na própria realidade e tenha meios de ação perante ela.

Nesse sentido, o detetive particular deve desenvolver os meios necessários para demonstrar ao seu cliente que compreendeu as necessidades a serem supridas pelo seu serviço. Muito mais do que fotos, gravações ou meras pesquisas, um investigador privado deverá saber reconhecer e demonstrar sua capacidade de conhecer a realidade e, até mesmo, de apresentar conjunturas, possibilidades e probabilidades.

Conforme já foi exposto, não há somente a possibilidade de trabalhar com casos comuns de infidelidade (nos quais também se faz necessária a sensibilidade para saber distinguir um amigo ou uma amiga de um amante hétero ou homossexual), mas também com patentes, *compliance*, auditoria e sindicâncias, entre muitas outras atividades que envolvem a capacidade de planejar e executar a coleta de dados e informações de interesse do cliente.

Nesse sentido, é fundamental ao detetive particular ter uma adequada preparação, um domínio técnico e lógico do seu aparato de serviços.

Por óbvio, o domínio da língua portuguesa, o asseio, a demonstração de confiança, a medida certa de amor e paixão pelo próprio trabalho e, fundamentalmente, a capacidade argumentativa são elementos importantes para a excelência no desempenho profissional.

> O detetive particular deve desenvolver os meios necessários para demonstrar ao seu cliente que compreendeu as necessidades a serem supridas pelo seu serviço.

Argumentar é apresentar proposições, assertivas, motivos e razões que justifiquem uma determinada opinião, ideia, conceito ou certeza. Um bom detetive particular deverá saber como desenvolver a sua capacidade persuasiva para mostrar ao cliente o amplo leque de vantagens que ele terá ao contratá-lo.

Posteriormente a essa preparação, é fundamental conhecer o seu potencial cliente, pois de nada adianta ter uma enorme gama de conhecimentos técnicos se não tiver a sensibilidade de reconhecer as necessidades mais prementes do seu futuro cliente.

Após conhecer as necessidades do provável contratante e demonstrar a capacidade de satisfazer a essas pretensões, é o momento de pensar em apresentar propostas, conforme descrito nos arts. 427 a 435 do CC, segundo os quais concessões recíprocas permitirão atingir um meio-termo satisfatório para ambas as partes.

É importante que o cliente e o detetive particular destaquem os pontos em comum (principalmente, a questão da utilidade da colheita de dados e informações) e, somente depois, negociem o valor ou o custo do serviço que será prestado.

Com as propostas apresentadas, deve-se perceber quais cláusulas, aspectos, ofertas e opções poderão ser consideradas.

Obviamente, as técnicas de negociação exigiriam, no mínimo, mais uma obra integralmente dedicada ao assunto. Mas algumas dicas são essenciais, principalmente aquelas formuladas pela Harvard University, especialmente descritas no livro *Getting to yes*[*], que poderão efetivamente auxiliar na formação do contrato.

Em uma negociação, no plano objetivo, os elementos fundamentais são: interesses, opções, legitimidade e alternativas. Já subjetivamente, são importantes: comunicação, relacionamento e compromissos.

Normalmente, uma negociação fica estancada na posição (o que a pessoa quer), mas uma boa negociação está fundada no **interesse** (por que a pessoa quer). Sob essa ótica, acompanhe a citação a seguir:

> Posições normalmente são concretas e explícitas, já os interesses subjacentes tendem a ser ocultos, intangíveis e até inconsistentes. De fato, na maior parte das vezes, negociamos sem sequer compreender direito o quê ou por que queremos o que queremos. O problema de negociar a partir de posições é que muitas vezes repetimos condutas, as vezes por anos, sem sequer analisar de forma sistemática o real porquê das nossas posturas. (Peixoto, 2017, p. 22)

No caso da negociação contratual da prestação de serviços de investigação privada, compreender os interesses do cliente poderá levar a um aprimoramento dos argumentos em relação aos custos.

Vamos usar como exemplo um cliente que deseja abrir uma sindicância sobre a possibilidade de desvio de materiais na empresa. Se o interesse do cliente é diminuir as despesas, basta demonstrar que o

---

[*] Acesse o seguinte texto para saber mais sobre o livro e o assunto em pauta: FERREIRA, M. L. T. **Negociação**: como funciona o Método de Harvard. 19 mar. 2009. Disponível em: <http://www.administradores.com.br/artigos/negocios/negociacao-o-metodo-de-harvard/28822/>. Acesso em: 13 ago. 2018.

prejuízo que já está sendo causado é menor que os honorários negociados. Assim, a probabilidade de realizar o contrato será muito maior.

Se a intenção é buscar um flagrante do funcionário corrupto, bastará mostrar que sua identificação poderá levar não apenas a indenizações, mas até ao desbaratamento de uma máfia criminosa.

É importante demonstrar que os interesses do cliente serão atendidos, para que ele deseje fechar o contrato rapidamente e com a certeza de estar fazendo uma boa negociação.

Em suma, negociar é agir como um bom detetive, percebendo os dados e as informações (interesses e necessidades) para gerar inteligência (motivos racionais para concretizar o contrato).

Já as **opções** fornecem um conjunto de alternativas legítimas. Ou seja, buscando atender a ambos os interesesse (do cliente e do detetive), tenta-se criar várias opções de realização do contrato, as quais devem ser justas e estar em acordo com a realidade do mercado e com as possibilidades de pagamento do cliente e de execução do detetives. Por fim, as **alternativas** representam a possibilidade de decisão de se e quando o contrato será concretizado.

> Objetivamente, é preciso descobrir por que o cliente quer algum serviço, saber os motivos que o levaram a buscar um contrato e demonstrar que tais razões serão atendidas. Então, com as opções justas, o cliente poderá escolher as melhores alternativas. Dica: as alternativas sempre deverão envolver duas formas de pagamento: à vista com desconto ou parcelado sem desconto.

Por derradeiro, a **capacidade comunicativa** já foi demonstrada, inclusive quando da necessidade de realizar engenharia social, pois se comunicar e se relacionar é, inclusive, pressuposto de excelência para o detetive profissional.

Já o **compromisso**, conforme reiteradamente destacado no primeiro capítulo, é sempre com a verdade, com a capacidade de buscar dados e informações e transformá-las em inteligência, em material que sirva para aclarar interesses do cliente. Mantendo-se sempre as oportunidades em aberto, caberá então a decisão final sobre o conteúdo a ser contratado.

Ao final, o contrato servirá não apenas de garantia para a cobrança de honorários ou para a certeza de quais serviços deverão ser prestados, mas, principalmente, funcionará como um controle da efetividade de adimplemento contratual, dando estabilidade e segurança às relações de trabalho entre um profissional autônomo e seu cliente.

Assim, vamos nos aproximando do capítulo final deste livro. Até esse momento, conhecemos o conteúdo fundamental de uma investigação: a busca de dados e informações para gerar inteligência. Já estudamos, também, como a profissão de detetive particular se tornou reconhecida: por ser uma atividade de prestação de serviços, ela é regrada pelo Código de Defesa do Consumidor (CDC). Além disso, percebemos as limitações impostas a todas as pessoas civilizadas, que devem conseguir seus objetivos com respeito aos demais indivíduos, sem afrontar a privacidade e intimidade alheias. Ainda, descobrimos o conteúdo do regulamento específico para o detetive particular, discutindo as principais cláusulas e limitações objetivas à investigação. Sob essa ótica, discutimos, com exemplos, várias possibilidades de atuação profissional, na intenção de mostrar que a carreira de investigador privado é promissora – a atuação com coragem, perícia e verdade protegerá os mais esforçados.

Enfim, após adquirirmos todos esses conhecimentos, agora é o momento de aplicarmos seus aspectos fundamentais em uma questão prática: a efetiva lavratura do contrato.

Com detalhamento das cláusulas essenciais (posto não ser possível enfrentar todas as possibilidades de negociação), no capítulo seguinte encerraremos a obra com modelos de contrato e de relatório circunstanciado, demonstrando, com os maiores detalhes possíveis, o modo jurídico de adimplemento (cumprimento) contratual.

Síntese

Neste capítulo, tratamos dos aspectos teóricos fundamentais relacionados à questão contratual, elemento por excelência da relação entre cliente e detetive.

Percebemos a necessidade de conhecer as idiossincracias, os detalhes, os modos e as características do cliente, para que seja possível realizar uma negociação contratual satisfatória tanto ao cliente quanto ao profissional.

Com o conhecimento dos sujeitos no contrato, analisamos o próprio instrumento contratual, a fim de reconhecermos como podemos traduzir em palavras os direitos e as obrigações negociados com o cliente.

Por fim, concluímos o capítulo verticalizando o tema, apresentando as condições, os termos e, principalmente, os aditamentos relativos à relação contratual, uma vez que ela revela uma dinâmica que pode ser modificada conforme novos fatos ou questões surjam a partir do cumprimento do contrato.

Para saber mais

Filmes

A FIRMA. Direção: Sydney Pollack. EUA, 1993. 154 min.
A NEGOCIAÇÃO. Direção: Nicholas Jarecki. EUA, 2012. 107 min.

> Esses dois filmes apresentam toda a dinâmica envolvida na arte de realizar contratos e se comprometer a cumpri-los. São *thrillers* dramáticos que, em atividade fílmica, envolvem a compreensão dos riscos de uma negociação.

Livros

GARBELINI, V. M. P. **Negociação e conflitos**. Curitiba: InterSaberes, 2016.

THOMPSON, L. L. **O negociador**. 3. ed. São Paulo: Pearson Prentice Hall, 2008.

Esses livros trazem dicas valiosas para que o detetve particular perceba vantagens e desvantagem a serem oferecidas na contratação de seus serviços.

Questões para revisão

1. Qual é a relevância do contrato de prestação de serviço para o detetive particular?
2. Descreva a diferença entre negociação por posições e negociação por interesses.
3. Analise as seguintes assertivas:
    I) É permitido ao detetive particular aceitar contrato com quem já tenha detetive constituído.
    II) É permitido ao detetive particular, por qualquer motivo, divulgar os meios e os resultados da coleta de dados e informações a que tiver acesso no exercício da profissão.
    III) É permitido ao detetive particular prestar contas ao cliente.

    A seguir, indique a alternativa que apresenta apenas a(s) assertiva(s) correta(s):

    a) I.
    b) II.
    c) III.
    d) I e II.
    e) II e III.

4. Assinale a alternativa correta:
   a) O Termo de Consentimento Livre e esclarecido, conforme descrito, foi meramente uma metáfora pedagógica.
   b) O Termo de Consentimento Livre e esclarecido nunca faz parte do contrato.
   c) O cliente é obrigado a autorizar o pedido de requisição de colaboração com o delegado de polícia.
   d) O detetive particular deve informar suas fontes de informação.
   e) O cliente sempre deve anuir com as propostas apresentadas pelo profissional.

5. Analise as assertivas a seguir e, na sequência, assinale a alternativa correta:

   Reconhecer as necessidades do seu cliente é importante.

   PORQUE

   As negociações contratuais se tornam mais eficazes.

   a) A primeira assertiva é verdadeira, mas a segunda assertiva é falsa.
   b) A primeira assertiva é falsa, mas a segunda assertiva é verdadeira.
   c) As duas assertivas são verdadeiras, sendo a segunda uma consequência lógica da primeira.
   d) As duas assertivas são verdadeiras, mas a segunda não é uma consequência lógica da primeira.
   e) As duas assertivas são falsas.

Questões para reflexão

1. Considerando que um contrato faz lei entre as partes, por meio do qual ambas se obrigam em direitos e deveres, quais elementos você considera serem mais importantes para estabelecer um início de contratação: o preço ou a atividade a ser desenvolvida?

2. A própria atividade investigativa já traduz a necessidade de compreensão da realidade. Realizar um bom contrato, ao conhecer o cliente e suas necessidades, não seria o primeiro trabalho de um ótimo detetive particular?

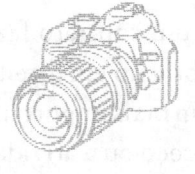

6

O ADIMPLE-MENTO INTEGRAL NA ATIVIDADE INVESTIGATIVA PARTICULAR

Conteúdos do capítulo:
- Modelos de cláusulas contratuais.
- Modelos de relatórios circunstanciados.
- A prova de adimplemento contratual.

Após o estudo deste capítulo, você será capaz de:
1. escrever o seu próprio contrato;
2. escrever o seu próprio relatório circunstanciado;
3. ter a certeza de que conheceu todos os atos necessários para trabalhar com dignidade, confiança, honestidade e lhaneza.

6.1 Introdução

Após termos passado pelo conhecimento do objeto de trabalho do detetive particular (a gestão de dados e informação, conforme exposto no Capítulo 1), seu reconhecimento estatal enquanto atividade profissional (Capítulo 2), as limitações extrínsecas (Capítulo 3) e intrínsecas (Capítulo 4) relativas a essa atividade, bem como o conhecimento teórico exigível do instrumento fundamental da relação entre investigador e cliente (o contrato, conforme Capítulo 5), chegamos ao momento de apresentar a atividade prática relativa ao regime jurídico aplicável ao detetive particular: um modelo de contrato.

Por haver diferentes sugestões de oferta de serviços (descritos no Capítulo 4), apresentaremos apenas algumas das mais relevantes opções contratuais.

Despiciendo relembrar que essas sugestões não excluem – pelo contrário, aumentam – as possibilidades de encontrar outros nichos de exercício de planejamento e execução de coleta de dados e informações de interesse do cliente, escopo fundamental da atividade do detetive particular, conforme descrito no art. 2º da Lei n. 13.432, de 11 de abril de 2017 (Brasil, 2017), que rege a profissão.

É importante destacar que as novas tecnologias permitem novas formas de realização de contrato, não sendo imprescindível a existência de um papel com uma assinatura para haver validade contratual.

Conforme reza a legislação pertinente, especialmente a Medida Provisória n. 2.200-2, de 24 de agosto de 2001 (Brasil, 2001), o Brasil já possui legislação que reconhece a autenticidade, integridade e validade jurídica de documentos em forma eletrônica, especialmente por meio do processo de certificação disponibilizado pela Infraestrutura de Chaves Públicas Brasileira (ICP-Brasil), conforme normatiza a indigitada medida provisória.

Mas não é apenas por meio de certificação pelo ICP-Brasil que se torna possível reconhecer um contrato realizado eletronicamente como verdadeiro. Há também a possibilidade de esse reconhecimento ocorrer por anuência de ambas as partes, conforme explica o segundo parágrafo do art. 10 dessa medida provisória:

> § 2º O disposto nesta Medida Provisória não obsta a utilização de outro meio de comprovação da autoria e integridade de documentos em forma eletrônica, inclusive os que utilizem certificados não emitidos pela ICP-Brasil, desde que admitido pelas partes como válido ou aceito pela pessoa a quem for oposto o documento. (Brasil, 2001)

Em suma, havendo anuência entre as partes, há a possibilidade de se utilizar certificados eletrônicos diversos. É importante lembrar da possibilidade de realizar contratos virtualmente, pois essa medida sempre agiliza os meios de angariar clientes.

Após conhecermos com mais detalhes esses possíveis modelos de contratos, apresentaremos exemplos de relatórios que correspondem à adequada resposta que permite garantir a certeza de adimplemento contratual e, consequentemente, uma realização completa de desempenho profissonal de um detetive particular.

6.2 Modelo de Contrato de Prestação de Serviço

Para estabelecer modelos contratuais, é necessário compreender a estrutura de um contrato.

Um contrato é composto de partes que se comprometem, reciprocamente, em direitos e obrigações. Isso significa que existe um instrumento, um meio – particular, realizado apenas entre as partes, com duas testemunhas ou público, por escritura pública, em cartório –, para que o contrato seja lavrado, escrito, firmado e positivado, expondo os comportamentos que podemos exigir e os que nos serão exigidos na relação negocial.

Para que haja validade desse contrato, devemos identificar quem são os seus componentes, doravante denominados *Contratante* e *Contratado*, e delimitar tanto o objeto desse contrato quanto a forma de remuneração, além de prever as várias possibilidades de exceções, condições ou previsões de determinação de comportamento caso algo aconteça de errado.

Contratante é aquele que requer, isto é, quem contrata os serviços a serem prestados pelo **Contratado**, que, por sua vez, é o responsável pela realização do serviço, pelo qual será remunerado.

Então, a primeira parte do contrato deverá ficar da seguinte maneira:

> INSTRUMENTO PARTICULAR DE CONTRATO DE PRESTAÇÃO DE SERVIÇOS DE DETETIVE PARTICULAR
> I) DAS PARTES
> Pelo presente instrumento particular, as partes infranomeadas e qualificadas comprometer-se-ão:
> Contratante: NOME DA PESSOA (ou da EMPRESA), estado civil, profissão, CPF (ou CNPJ), domicílio (ou SEDE), e-mail (Representante Legal da Empresa), doravante denominada CONTRATANTE;
> Contratado: NOME DO DETETIVE PARTICULAR (ou da EMPRESA), estado civil, CPF (ou CNPJ), domicílio (ou SEDE), e-mail (Representante Legal da Empresa, com CPF), doravante denominada CONTRATADO;
> Na melhor forma de direito, as partes estabelecem como válido e justo para si as seguintes obrigações recíprocas, mutuamente outorgadas e consideradas exigíveis inclusive perante seus sucessores, comprometendo-se a respeitar e a cumprir, com boa-fé, as seguintes cláusulas contratuais:
> II) DO OBJETO
> 1º O presente instrumento tem por objeto a prestação de serviços do CONTRATADO à CONTRATANTE, de

> planejamento e execução da coleta de dados e informações visando o esclarecimento de assuntos de interesse privado do CONTRATANTE.
>
> 2º A responsabilidade do CONTRATADO é de meios, utilizando o seu conhecimento técnico e os recursos tecnológicos permitidos, atuando com técnica, legalidade, honestidade, discrição, zelo e apreço pela verdade.
>
> Parágrafo Primeiro: não poderá ser o CONTRATADO considerado inadimplente se as informações obtidas forem inconclusivas.
>
> Parágrafo Segundo: o relatório circunstanciado demonstrará os meios buscados ao planejamento e à colheita de dados e informações, comprovando o adimplemento do CONTRATADO.

Observe que, até o momento, há apenas a identificação de quem vai contratar (o contratante) e de quem será contratado.

Então, na primeira cláusula, explica-se o objeto da contratação, os limites e modos de responsabilidade do Contratado.

É importante lembrar que o objeto da contratação sempre será o disposto no art. 2º da Lei n. 13.432/2017: planejamento e execução da coleta de dados e informações visando ao esclarecimento de assuntos de interesse privado. Tendo o contrato forma livre, conforme expressa disposição legal prevista no art. 107 do Código Civil (CC) – Lei n. 10.406, de 10 de janeiro de 2002 (Brasil, 2002), a redação do seu texto poderá ser lavrada com quaisquer termos que descrevam de forma adequada a atividade contratada.

Além disso, é necessário destacar que o detetive particular, profissional liberal, tem a obrigação de meios, pois não poderá ser exigível que ele consiga, necessariamente, atingir os objetivos do cliente, e sim que apenas se utilizará da melhor técnica e dos melhores meios possíveis para buscar os dados e as informações desejadas.

No caso da responsabilidade do detetive particular, sempre subjetiva, conforme já abordado no quarto capítulo deste livro, ela se prova apenas mediante existência de culpa *strictu sensu*, especialmente de imperícia, caso o profissional não tenha utilizado técnicas apropriadas ou de forma adequada para coletar dados e informações requisitados pelo cliente, ora Contratante.

A partir da próxima cláusula contratual, as especificidades contratuais começam a ser delineadas, informando o assunto sobre o qual serão realizados tanto o planejamento quanto a execução da coleta de dados.

É importante notar que, por haver diferentes possibilidades de assuntos a serem tratados, abrem-se leques de opções, expostas por meio de parênteses na redação desse modelo de contrato.

Um detalhe relevante é não apresentar as motivações que o cliente (Contratante) teve para requisitar o trabalho, pois qualquer mudança de intenção subjetiva poderia impedir a continuidade contratual.

A terceira cláusula, que informa o foco de atenção do objeto do contrato (denominado *natureza do serviço* no inciso III do art. 8º da Lei n. 13.432/2017), determina o conteúdo mínimo para a validade do contrato. Sugerimos a seguinte redação:

> III) DA NATUREZA DO SERVIÇO
>
> 3º Os dados e informações serão colhidos tendo em vista a (descoberta, aclaramento, demonstração) da possível existência de (infidelidade, espionagem, necessidade de planejamento) em relação à pessoa XXX (ao fato XXX, à situação XXX).
>
> Parágrafo Primeiro: a natureza e o limite obrigacional de colheita de dados e informações serão determinados pelo objetivo explicitado no *caput* dessa cláusula, com a delimitação do objetivo, do fato e das pessoas envolvidas.

> Parágrafo Segundo: os modos de pagamento de honorários e cobertura de despesas extras, com vistas à prestação de serviço descrita, serão abordados em cláusula específica. Parágrafo Terceiro: poderá o CONTRATADO terceirizar funções da atividade de coleta de dados e informações, sem a necessidade de prévia autorização do CONTRATANTE.

É importante destacar que é fundamental delimitar adequadamente a natureza do serviço no próprio contrato, apresentando o objetivo (descoberta, aclaramento, demonstração), o possível fato a ser averiguado (infidelidade, espionagem industrial etc.) e as pessoas, os fatos ou as situações provavelmente envolvidas.

Não deve o Contratado ter receio de incluir a maior quantidade de informações possíveis a fim de que não comprometam o sigilo da investigação, pois não há excesso de garantias que possa macular a validade contratual. Inclusive, apenas a sua falta é que pode viciar o negócio.

Lembre-se de que a simplicidade vernacular é demonstração de segurança linguística. Tentar impressionar o cliente com a redação de um contrato de forma rebuscada demonstra não apenas um anacronismo desnecessário, mas também um desespero intelectual.

Por exemplo, perceba, na seguinte redação, como é ridículo rebuscar o texto: "Para se atender ao escopo pretendido no estabelecimento deste complexo liame de obrigações compactuadas, ter-se-á o desígnio determinado pela notícia da ausência de objetiva certeza factual à determinação de fatos e dados que possam completar a orientação subjetiva da vontade imediata propugnada pelo contratante".

Se um cliente precisa ler mais de uma vez o texto do contrato, provavelmente isso significa que o estilo de redação contratual adotado pelo detetive particular está comprometido.

Um texto muito mais simples e evidentemente mais claro conseguirá trazer mais segurança para o próprio cliente, que não é obrigado a aceitar ou interpretar termos parcamente utilizados na linguagem corrente e que foram usados apenas para tentar impressioná-lo, esboçando um misto de afetação e arrogância.

Estabelecidas as partes, o objeto da própria profissão e o assunto a ser investigado, deve-se especificar os detalhes que podem impedir a formação de dúvidas ou erros interpretativos. Nada pode ser pior do que estabelecer um acordo de vontades e falhar em expressar esse acordo no contrato.

Com a informação das partes, do objeto e do assunto (natureza do serviço), o próximo passo será informar a relação de documentos e dados fornecidos pelo contratante. Assim, sugerimos a seguinte redação:

> 4º O CONTRATANTE confirma ter recebido a relação dos documentos enumerados em anexo, necessários para a coleta dos dados e informações que satisfaçam a natureza do serviço proposto, conforme explicitado na cláusula anterior.
> Parágrafo Único: todos os documentos serão devolvidos quando da entrega do Relatório Circunstanciado.

Afinal, é imperativo relatar quais documentos serão disponibilizados ao detetive particular. Essa informação é relevante tanto para o investigador notificar o cliente sobre as informações que efetivamente conseguiu recolher quanto, principalmente, para devolver quaisquer documentos que lhe tenham sido confiados.

Por óbvio, um excelente detetive particular não ficará com a posse de nenhum documento, pois estamos no século XXI e a disponibilidade de cópias, fotografias, escaneamentos etc. é gigantesca. No entanto, se algum documento ficar disponibilizado, deverá existir cláusula e relação desse material.

Não são raras as vezes em que clientes alegam ter disponibilizado muito mais material do que realmente lhe foi entregue. Evitar quaisquer rusgas com o Contratante é sempre uma medida de prudência.

Para a próxima cláusula, conforme explicado na primeira seção do Capítulo 4, o detetive particular somente poderá pleitear a participação em colaboração com uma investigação policial em curso se houver autorização expressa do Contratante.

Obviamente, um documento em separado terá muito mais praticidade, pois não será necessário apresentar o contrato inteiro para o delegado de polícia. Porém, constar a autorização no contrato facilita qualquer eventualidade.

É importante notar, como já discutimos, que o delegado de polícia tem autoridade administrativa para ato discricionário. Nesse sentido, é necessário esclarecer a impossibilidade de se garantir a participação do Contratante em quaisquer investigações policiais.

> 5º O CONTRATANTE autoriza, desde já, o CONTRATADO a requisitar autorização para a colaboração com investigação policial em curso, para cooperar com a colheita de dados e informações constantes da natureza do serviço.
>
> Parágrafo Único: sendo essa autorização ato discricionário do Delegado de Polícia encarregado de investigar o caso, nenhuma sanção ou perda de direitos poderá ocorrer caso haja a negativa ao CONTRATADO de colaborar com as investigações.

Conhecidas as partes, o objeto, a natureza do serviço, quais documentos (dados e informações) o Contratado já possui, além da permissão concedida ao detetive particular para requerer a autorização a fim de colaborar com investigação policial, deve-se exprimir qual prestação efetivamente o detetive particular deverá realizar, qual seja, o Relatório Circunstanciado.

Maiores detalhes e minúcias sobre a natureza, o alcance e o significado do Relatório Circunstanciado serão apresentados na próxima seção. Mas já cabe relembrar que se trata de um texto, acompanhado de documentos, provas, fotografias, gráficos etc., que demonstrará como, por que e quais resultados foram obtidos com a atividade do detetive particular.

> 6º É dever do CONTRATADO apresentar Relatório Circunstanciado ao CONTRATANTE, mediante recibo, caracterizando-se como prova final do seu adimplemento contratual.
> Parágrafo Primeiro: no Relatório Circunstanciado, deverão constar:
> a) os procedimentos técnicos adotados para a colheita de dados;
> b) a conclusão em face do resultado dos trabalhos executados;
> c) a indicação das providências legais possíveis de serem adotadas;
> d) data, identificação completa do detetive particular e sua assinatura.
> Parágrafo Segundo: quaisquer dúvidas em relação ao conteúdo apresentado no Relatório Circunstanciado deverão ser realizadas por escrito, ou do mesmo modo que tenha sido apresentado o relatório, no prazo de três dias, para resposta do CONTRATADO no mesmo período.
> Parágrafo Terceiro: o Relatório Circunstanciado poderá ser apresentado, acompanhado dos respectivos documentos, por texto, áudio ou vídeo, conforme acordo entre as partes.
> Parágrafo Quarto: a entrega antecipada do Relatório Circunstanciado, ou de Relatórios Parciais, não prejudicará quaisquer disposições em relação aos honorários contratados.

Essa cláusula ficou um pouco mais longa, especialmente por conter o elemento fundamental da prova de uma adequada prestação de serviço do detetive particular: o Relatório Circunstanciado.

Mas, reiteramos, o Relatório Circunstanciado será objeto específico da próxima seção, sendo desnecessário entrarmos em maiores detalhes nesse momento.

Continuando, a próxima cláusula deverá abordar o prazo de vigência do contrato, pois informará quando o detetive particular, então Contratado, deverá apresentar o indigitado Relatório Circunstanciado. Também, o contrato poderá ter sua duração determinada por algum evento, como a descoberta de infidelidade ou de um funcionário que vendia segredo industrial, por exemplo. Observe a abertura à possibilidade de mudança de prazo, caso seja consensual:

> 7º Os serviços contratados por esse instrumento particular terão a duração (até descobrir se houve XXX ou quem realizou o XXX) de XXX semanas a partir da sua assinatura, encerrando-se no dia XXX de XXX de XXX, quando o CONTRATADO apresentar o respectivo Relatório Circunstanciado, prestando contas de sua atividade profissional.
>
> Parágrafo Primeiro: o prazo poderá ser modificado, ampliado ou reduzido por ato consensual das partes, inclusive em função de fato ou outra condição futura.
>
> Parágrafo Segundo: eventuais mudanças nos valores de honorários e demais custos que se alterarem deverão ser tratadas por aditamento contratual.

Com a informação das partes, do objeto, do assunto (natureza do serviço), dos documentos, do relatório e do prazo, deve-se apresentar a forma de remuneração do trabalho realizado, determinada na forma do valor dos honorários combinados, nos seguintes termos:

> 8º O valor dos honorários devidos pelo CONTRATANTE ao CONTRATADO será de R$ XXX,xx (VALOR POR EXTENSO), a serem pagos nos dias XXX, XXX e XXX (ou à vista), por depósito bancário na conta XXX, (ou por cheque nominal, ou em espécie, ou mesmo com algum bem – carro, moto etc.).
> Parágrafo Primeiro: este contrato legitima a emissão de Notas Promissórias no valor e no prazo de pagamento acordados, para servir, de pleno direito, como título executivo extrajudicial na hipótese de inadimplemento do CONTRATANTE.
> Parágrafo Segundo: o recebimento de pagamentos parciais atrasados não significa, de maneira alguma, modificação dos prazos, significando mera liberalidade do CONTRATADO.

O modelo de notas promissórias configura uma maior garantia jurídica da capacidade de se exigir o devido pagamento pelos serviços prestados.

A nota promissória, regulamentada pelo Decreto n. 2.044, de 31 de dezembro de 1908, em seu art. 54, implica as seguintes condições:

> Art. 54. A nota promissória é uma promessa de pagamento e deve conter estes requisitos essenciais, lançados, por extenso no contexto:
> I – a denominação de "Nota Promissória" ou termo correspondente, na língua em que for emitida;
> II – a soma de dinheiro a pagar;
> III – o nome da pessoa a quem deve ser paga;
> IV – a assinatura do próprio punho da emitente ou do mandatário especial. (Brasil, 1908)

Para não nos envolvermos com maiores detalhes sobre títulos de crédito, apresentamos, a seguir, um modelo com data e local de pagamento definidos, posto não ser de interesse deste capítulo, ou mesmo desta obra, deter-se nas filigranas desse instituto jurídico:

> NOTA PROMISSÓRIA n. XXX
> No dia XXX de XXX de XXX, pagarei por esta única via de nota promissória a (NOME DO CONTRATADO e CPF), ou à sua ordem, o valor de R$ XXX,xx (colocar o valor por extenso), em moeda corrente do país na praça de (CIDADE E ESTADO)
> DATA DA EMISSÃO DA NOTA (dia, mês e ano) e LOCAL
> NOME DO EMITENTE, CPF ou CNPJ, ENDEREÇO COMPLETO
> ASSINATURA DO EMITENTE

Cabe apenas lembrar que a nota promissória é um título executivo extrajudicial por força no disposto pelo art. 784, inciso I, do Código de Processo Civil (CPC) – Lei n. 13.105, de 16 de março de 2015 (Brasil, 2015a). Em outras palavras: se a parte não pagar, poderá ingressar, imediatamente, com a cobrança judicial.

Por derradeiro, basta uma cláusula para determinar o local em que será prestado o serviço de detetive particular, a fim de que, na hipótese da necessidade de viagem ou de quaisquer outras atividades fora daquela comarca, sejam decididos os valores que devam ser acrescentados ao contrato original.

Essa necessidade de pagamento de diárias, estadias ou demais custos é algo que pode causar os maiores problemas na relação entre detetive particular e cliente, demonstrando a mais alta necessidade de se esmiuçar os detalhes dessa relação contratual.

> 9º Os serviços contratados por esse instrumento particular serão prestados na comarca/cidade de (NOME DA CIDADE), pelo período avençado.
>
> Parágrafo Primeiro: havendo a necessidade de viagem para fora da comarca, para a prestação de serviços, os respectivos custos serão suportados pelo CONTRATANTE, com o pagamento de uma diária no valor de R$ XXX,xx (por extenso) nas viagens intermunicipais e uma diária no valor de R$ XXX,xx nas viagens interestaduais.
>
> Parágrafo Segundo: no caso de viagem, os valores poderão ser negociados se houver uma exagerada desvantagem para qualquer uma das partes.

Repare que o texto menciona somente a opção de pagamento de diárias, pois as dificuldades para comprovar cada um dos custos existentes na viagem – sendo necessário guardar cada nota fiscal para comprovar os gastos com refeição, hotel etc. – podem se tornar, e normalmente se tornam, mais um elemento de atrito entre as partes.

Obviamenteo, havendo negociação que chegue a termos razoáveis para ambas as partes, basta descrever esses termos em contrato ou apresentar um aditivo contratual – lembrando que um aditivo contratual é apenas mais um contrato, com as novas cláusulas, vinculado ao contrato original.

Uma dica de organização do negócio é enumerar os contratos com diferentes clientes, mas, em vez de utilizar somente números, pode-se classificá-los conforme a natureza e o objeto de investigação.

Por derradeiro, uma cláusula de confidencialidade é sempre importante na relação contratual entre o detetive particular e o cliente, mormente a existência de dados sensíveis que possam ser produzidos no decorrer da colheita de informações.

Deixar absolutamente claro que é terminantemente proibido publicar todos os dados colhidos (caso se trate de questões que envolvam a privacidade alheia) ou que, caso sejam publicados, deve-se citar a fonte (no caso, principalmente, de assuntos empresariais), trará maior segurança no trato com o resultado das investigações.

Afinal, nunca é demais relembrar: um detetive particular, normalmente, tratará de assuntos controversos, que exigem uma postura mais discreta na apresentação de resultados.

Nenhum profissional gostaria de ser acusado de violar a privacidade de uma pessoa ou de causar algum dano moral a indivíduos que tenham sido flagrados, mesmo que em público, em situações constrangedoras.

Exatamente por esse motivo, qualquer informação que não seja de interesse imediato do cliente deve ser apagada. Por exemplo: se o detetive particular seguiu uma pessoa até um motel e tirou fotos do carro entrando no estabelecimento, caso haja outros veículos na fotografia, suas placas devem ser desconfiguradas, para não gerar dados e informações sobre pessoas ou situações que não tenham sido contratadas.

Pela mesma razão, ao tirar fotos em ambientes públicos, quaisquer outras pessoas que apareçam nas fotografias e que não possam ser recortadas, por comporem as circunstâncias dos locais onde os dados foram colhidos, deverão ter seus rostos apagados ou colocados fora de foco, para não haver dúvidas ou gerar possibilidade de desabonos jurídicos – conforme extensivamente tratado no Capítulo 3 desta obra.

Assim, um modelo dessa espécie de cláusula contratual poderia ter a seguinte redação:

> 10. Considerando a natureza sensível do colhimento de dados e informações, as partes se comprometem, explicitamente, no dever de confidencialidade em relação ao conteúdo decorrente dessa relação contratual.
> Parágrafo Primeiro: o dever de sigilo somente poderá ser afastado com a expressa anuência do CONTRATADO.

> Parágrafo Segundo: havendo expresso dever legal de comunicação de dados sigilosos, especialmente para fins de investigação criminal, a cláusula de confidencialidade poderá ser afastada.
>
> Parágrafo Terceiro: se as informações coletadas pelo CONTRATADO tiverem utilidade em juízo, terá o CONTRATANTE o dever de resguardar o sigilo da fonte em razão da natureza reservada dessa atividade, conforme regra expressa no art. 6º da Lei n. 13.432/2017.
>
> Parágrafo Quarto: quaisquer danos decorrentes do vazamento das informações prestadas pelo CONTRATANTE serão de sua única e exclusiva responsabilidade, posto a permanente conduta lícita e ilibada do CONTRATADO na informação e no esclarecimento dos riscos inerentes à atividade investigativa.
>
> Parágrafo Quinto: as informações também serão consideradas sigilosas na hipótese de contratação de terceiros que colaborem com a colheita de dados e informações.

Note a importância de o detetive particular se comportar de forma proba e lícita, pois isso irá minorar, e muito, a possibilidade de sofrer qualquer processo por dano moral, mormente se não tiver concorrido com a realização do dano.

Afinal, se o detetive particular somente realizar escuta ambiental e não invadir a privacidade do objeto de investigação, as chances de sofrer restrições jurídicas diminuirão drasticamente.

Dito isso, os principais elementos que compõem um contrato foram devidamente abordados e lavrados com exemplos que podem ser utilizados pelos leitores para melhor realizarem suas atividades profissionais.

No caso de haver descumprimento de cláusula contratual, é importante já predeterminar os valores a serem pagos a título de indenização.

É importante observar que há limitações legais em relação à quantidade de juros de mora que possam ser impostos ao devedor e, principalmente, que o exagero na penalidade poderá se voltar contra o detetive particular, o Contratado, caso não possa cumprir com as suas obrigações avençadas.

Acompanhe as alternativas (que podem ser cumulativamente utilizadas) para a cláusula penal:

> 11. Se houver rescisão contratual, as partes acordam na fixação de trinta por cento do valor global do contrato, independentemente de culpa, contra a parte que deu causa à rescisão.
> Parágrafo Primeiro: a obrigação no caso de rescisão não impede eventual indenização por perdas, danos e lucros cessantes suportados.
> 12. O atraso no pagamento das parcelas avençadas acarretará ao devedor a multa de dois por cento no valor da prestação, além da aplicação de juros mensais de mora no valor de um por cento, *pro rata die*, e correção monetária calculada pelo INPC ou, sucessivamente, pelo índice do IGP-DI ou IPC da FGV.
> 13. Sendo necessária a cobrança judicial dos valores avençados, a parte responsável também arcará com as custas judiciais e os honorários advocatícios, na proporção de vinte por cento do valor da causa.

As cláusulas são facilmente interpretáveis. A única questão é lembrar que *pro rata die* significa que o valor dos juros será reajustado diariamente. Em outras palavras, não será preciso aguardar um mês para cobrar um por cento, pois os juros serão cobrados proporcionalmente a cada dia de atraso.

A questão de lucros cessantes também é relevante, pois o detetive particular pode demonstrar que deixou de aceitar outras propostas de trabalho e, com efeito, de lucrar com os serviços para os quais não pôde ser contratado.

Evidentemente, conforme acumula experiência, o detetive particular conseguirá aprimorar não apenas a redação, mas, principalmente, o conteúdo a ser contratado com os seus clientes.

Durante a coleta de informações, se houver necessidade de acréscimo ou mudança de termos contratuais, especialmente em relação a pagamento, à dificuldade na busca de dados etc., bastará às partes, em comum acordo, realizarem um Aditivo Contratual.

Um *Aditivo Contratual* é o aditamento de cláusulas ou de novas condições perante a relação contratual anterior. Pode ser considerado, também, um novo contrato, o qual se inicia com a seguinte cláusula: "Este é um Aditivo Contratual referente ao contrato celebrado entre XXX e XXX, sobre o assunto XXX, da data de XX/XX/XXXX, que acordam o seguinte:".

Feito esse primeiro parágrafo, o restante será apenas a junção de novas cláusulas que descreverão o novo acordo feito entre cliente e detetive particular.

Não há quaisquer problemas em se realizar um aditivo, pois o aditamento se referirá ao contrato original e, se for meramente um acréscimo, lavrar-se-ão novas cláusulas. Caso se trate de mudança nos termos contratuais, bastará dizer que "a cláusula XXX do contrato original deverá ser lida como XXX".

Para concluir o Contrato, basta apor o local, a data, a assinatura das partes e a assinatura das testemunhas.

> Estando justos e contratados, as partes se comprometem ao fiel cumprimento deste contrato, cujos anexos acompanham o original, tendo em vista a sua função social e nossa boa-fé objetiva, elegendo a Comarca de XXX (NOME DA CIDADE), renunciando a qualquer outra, para dirimir quaisquer controvérsias que sejam oriundas desse acordo. Para maior firmeza ao presente, assinamos em duas vias, com XXX páginas, de igual valor.
> NOME DA CIDADE, DATA
> ASSINATURA DO CONTRATANTE
> ASSINATURA DO CONTRATADO
> ASSINATURA DAS TESTEMUNHAS (COM CPF ANOTADO)

O último detalhe a ser lembrado se refere a rubricar todas as vias desse contrato, inclusive os anexos, para comprovar a leitura e a anuência de todas as cláusulas. Além disso, anotar o número nas páginas ajuda no controle do instrumento contratual.

É importante destacar que esse é um modelo padrão de contrato de prestação de serviços de detetive particular, no qual poderão ser incluídas todas as cláusulas explicadas no capítulo anterior, bastando haver a necessidade de incluir outras espécies de cláusulas.

Mas, sem dúvidas, podemos afirmar que mais de 90% de todos os casos contratuais estarão cobertos pelo exemplo apresentado.

Em relação à cobertura, inclusive, o art. 8º da Lei n. 13.432/2017 trata da possibilidade de contratação de seguro de vida pelo Contratado em favor do Contratante. Não se recomenda fazer um seguro de vida exclusivamente para cada caso.

É mais seguro o detetive particular já ter um seguro de vida próprio (que inclua também acidentes e outras eventualidades) e diluir esses custos no valor cobrado a título de honorários a cada um de seus clientes.

Obviamente, caso o profissional prefira incluir essa opção, basta inserir uma cláusula lavrandro-a:

> X° O CONTRATANTE fica obrigado à estipulação de seguro de vida em favor do CONTRATADO, que indicará os beneficiários em caso de algum evento danoso.
> Parágrafo Único: a apólice, no valor de XXX, terá como beneficiários:
> a) XXX
> b) XXX

Após apresentarmos e debatermos o modelo de contrato*, analisaremos a seguir um modelo de Relatório Circunstanciado, uma vez que esse documento representa o elemento fundamental da demonstração de cumprimento, pelo detetive particular, das obrigações avençadas perante o seu cliente.

6.3 Modelo de Relatório Circunstanciado

Depois de conhecermos o modelo de contrato, com seus respectivos elementos obrigatórios, previstos no art. 8º da Lei n. 13.432/2017, apresentaremos os aspectos fundamentais que compõem o Relatório Circunstanciado, conforme disposto no art. 9º da mesma lei:

> Ao final do prazo pactuado para a execução dos serviços profissionais, o detetive particular entregará ao contratante ou a seu representante legal, mediante recibo, relatório circunstanciado sobre os dados e informações coletados, que conterá:

---

* O modelo de Contrato de Prestação de Serviço apresentado e comentado em partes pode ser encontrado, na íntegra, no "Apêndice 1 – Modelo de Contrato de Prestação de Serviço", localizado no final desta obra.

I – os procedimentos técnicos adotados;
II – a conclusão em face do resultado dos trabalhos executados e, se for o caso, a indicação das providências legais a adotar;
III – data, identificação completa do detetive particular e sua assinatura. (Brasil, 2017)

Nesse sentido, é necessário compreender o que deve ser definido como Relatório Circunstanciado, para que não haja problemas quanto aos elementos fundamentais que determinam a realização final da atividade do detetive particular.

Afinal, chegamos ao momento de conhecer o documento de comprovação final do completo adimplemento, da verdadeira prova de cumprimento do acordo realizado entre detetive particular e cliente.

Quase mais relevante do que o próprio contrato, o Relatório Circunstanciado demonstrará toda a probidade, engenhosidade e capacidade profissional do detetive particular, impondo o respeito ao próprio profissional e à profissão.

Mas, além dessas afirmações genéricas, é fundamental conhecer o que significa um *relatório*; pois não basta tecer loas ou fazer elogios em relação a esse documento tão relevante à prestação final das contas da atividade profissional do detetive particular, é necessário saber, exatamente, a que ele se refere e como deve ser apresentado.

A palavra *relatório* possui uma definição simples, pois significa meramente o ato de relatar algum evento. Já o termo *circunstanciado* denota certo cuidado descritivo, porque não se trata apenas de dizer o que aconteceu, relatar uma situação pretérita, mas sim de explicar como aconteceu ou, também, por que ocorreu de determinada maneira.

Para sermos mais claros e não ficarmos meramente nas concepções abstratas sobre a realidade que esses termos devem designar, basta imaginarmos a seguinte situação: foram realizadas gravações de imagem estática em um ambiente público que captaram o encontro de um cônjuge com uma garota bem mais jovem; ambos saíram para um paradeiro desconhecido.

Nesse caso, não poderá o detetive particular simplesmente juntar a foto, com local e data, e mencionar que foi tirada naquele determinado lugar e em certo momento. É importante explicar como o alvo de investigação foi localizado, qual era o comportamento desse alvo perante a pessoa também fotografada, se eles estavam com pressa e, principalmente, por qual motivo o detetive particular não conseguiu seguir o objeto de investigação até o local para onde este se dirigiu com a outra pessoa.

Essa é justamente a compreensão do significado de *circunstanciado*. Tautologicamente, refere-se à explicação das circunstâncias do que está acontecendo. Não basta somente explicar o elemento fundamental (no exemplo, o fato de o cônjuge estar com outra pessoa), mas, sim, o que aconteceu em volta disso, quais foram os elementos que compuseram aquela determinada realidade.

Para reforçar, basta fazer um paralelo com termos como *circunferência, circundar*, isto é, estar em volta. No Relatório Circunstanciado, não apenas o assunto fundamental deve ser abordado, relatado, mas sim todas as circunstâncias conhecidas e que possam ser expressadas, mesmo que não haja alto grau de certeza.

Inclusive, esse elemento da ausência de certeza é importante, pois caberá ao detetive particular descrever todas as impressões que teve ao examinar determinado fato, explicando onde há certezas e onde existem meras possibilidades, cabendo ao cliente orientar-se conforme perceba as sutilezas do objeto de investigação.

Nesse sentido, é importante para o detetive particular manter um bom registro dos atos de investigação que esteja realizando, pois ter que lembrar de detalhes ínfimos dias ou mesmo horas depois do ocorrido poderá comprometer o próprio trabalho, impedindo uma verdadeira descrição detalhada do que foi possível observar.

Obviamente, o Relatório Circunstanciado pode ser entregue antes mesmo do prazo final do contrato, ainda que de modo parcial, para que o cliente tenha um acompanhamento contínuo dos fatos que estão sendo investigados. Tudo dependerá de como o contrato foi acordado entre as partes.

É importante lembrar que, após a entrega do Relatório Circunstanciado, a atividade profissional se esgota, pois os atos que satisfazem o cliente já foram cumpridos: o planejamento e a coleta de dados e informações úteis ao esclarecimento de assuntos do interesse particular dele.

Mesmo sendo suficiente para o cliente, conforme disposto no exemplo de contrato da seção anterior, na sua sexta cláusula (aqui repetida), a entrega antecipada do Relatório ou de Relatórios Parciais não significa, de forma alguma, que o detetive particular tenha renunciado a qualquer valor devido em função da prestação de seu serviço.

Na verdade, a apresentação de Relatórios Parciais ou do Relatório Circunstanciado final denota apenas um maior zelo com a própria atividade profissional, certificando o direito de o detetive particular receber os valores que lhe sejam devidos.

Reiteramos que a redação proposta para o modelo contratual deve trazer, necessariamente, os elementos fundamentais que deverão integrar o próprio relatório. Senão, vejamos:

> 6º É dever do CONTRATADO apresentar Relatório Circunstanciado ao CONTRATANTE, mediante recibo, caracterizando-se como prova final do seu adimplemento contratual.
> Parágrafo Primeiro: no Relatório Circunstanciado, deverão constar:
> a) os procedimentos técnicos adotados para a colheita de dados;
> b) a conclusão em face do resultado dos trabalhos executados;

> c) a indicação das providências legais possíveis de serem adotadas;
> d) data, identificação completa do detetive particular e sua assinatura.
>
> Parágrafo Segundo: quaisquer dúvidas em relação ao conteúdo apresentado no Relatório Circunstanciado deverão ser realizadas por escrito, ou do mesmo modo que tenha sido apresentado o relatório, no prazo de três dias, para resposta do CONTRATADO no mesmo período.
>
> Parágrafo Terceiro: o Relatório Circunstanciado poderá ser apresentado, acompanhado dos respectivos documentos, por texto, áudio ou vídeo, conforme acordo entre as partes.
>
> Parágrafo Quarto: a entrega antecipada do Relatório Circunstanciado, ou de Relatórios Parciais, não prejudicará quaisquer disposições em relação aos honorários contratados.

Na seção anterior, mostramos as vantagens de detalhar as obrigações no próprio contrato, pois isso trará maior segurança jurídica (no estabelecimento mais claro e detalhado dos direitos e deveres que tenham sido avençados), por demonstrar exatamente aquilo que pode ser exigido nessa relação profissional.

Compreendido o significado, o alcance e a relevância de um Relatório Circunstanciado, faz-se necessário demonstrar quais modelos seriam suficientes para comprovar o cumprimento das obrigações contratualmente avençadas.

De acordo com o modelo de cláusula contratual apresentado anteriormente, há quatro elementos fundamentais para a realização integral de um Relatório Circunstanciado: a) os procedimentos técnicos adotados para a colheita de dados; b) a conclusão em face do resultado dos trabalhos executados; c) a indicação das providências legais possíveis de serem adotadas; d) data, identificação completa do detetive particular e sua assinatura.

Vamos tratá-los individualmente:

a. **Procedimentos técnicos adotados para a colheita de dados**

Tais procedimentos significam, meramente, a informação suficiente e necessária para explicar como determinadas informações foram coletadas.

É importante o detetive particular ter a sensibilidade de não revelar, completamente, como conseguiu realizar a coleta de determinada informação ou algum dado específico.

Por exemplo, ao apresentar imagens estáticas (fotografias) de determinadas pessoas de interesse do cliente, não é necessário explicar que a câmera fotográfica estava embaixo do paletó, que o detetive estava se disfarçando como turista, que a fotografia foi realizada a longa distância, utilizando uma câmera Canon com lente de distância focal de 85 mm e abertura de diafragma a f/5.6.

Em suma, não é necessário, muito menos aconselhável, descrever os detalhes técnicos em relação ao modo como os dados ou as informações foram colhidos, por permitir gerar duas espécies de problemas:

O primeiro problema reside no fato de o Relatório Circunstanciado se tornar obscuro para o cliente, isto é, de difícil entendimento. Lembre-se de que a clareza na comunicação é essencial. Afinal, o detetive particular não está lidando com um estudioso da temática de investigação ou com alguém que tenha particular interesse nos detalhes técnicos de determinada abordagem investigativa. Basta ao investigador privado apresentar os meios utilizados: *foi fotografado*; *foi realizada escuta ambiental*; *acompanhou-se o objeto de investigação* etc.

O cliente precisa apenas saber que algum meio foi utilizado para buscar a informação, ou seja, que tais dados não foram obtidos por acaso (mesmo que tenha sido com alguma sorte, basta informar).

O segundo problema é uma questão de sobrevivência profissional. Se o detetive particular explicar, com muitos detalhes, como conseguiu obter determinada informação, o cliente poderá repassar esse conteúdo para qualquer outro profissional, fazendo-o perder clientela e tornando públicas as técnicas que eventualmente tenha criado.

É notório reconhecer que a atividade de detetive particular significa, precisamente, a capacidade de planejar e colher dados e informações, constituindo-se como uma atividade de inteligência (em seu sentido mais amplo). Se todos os segredos profissionais de um investigador forem efetivamente revelados, muitos poderão imitar tais técnicas e atingir, quiçá, os mesmos resultados.

Nesse sentido, é importante reconhecer os limites do que deve ser exposto ao cliente em relação a esse quesito: apenas o essencial.

b. **Conclusão em face do resultado dos trabalhos executados**

Esse elemento fundamental para a elaboração de um Relatório Circunstanciado obedece a uma lógica completamente distinta, uma vez que representa toda a engenhosidade do detetive particular em função dos dados e das informações que tenham sido obtidos em sua atuação profissional.

É importante lembrar que a própria natureza da atividade profissional do detetive particular significa a capacidade de planejar e executar a "coleta de dados e informações [...] visando ao esclarecimento de assuntos de interesse do cliente", conforme disposto no art. 2º da Lei n. 13.432/2017.

Nesse sentido, se o primeiro momento é a coleta de dados e informações, conforme reiteradamente explicado neste livro, o segundo momento, o esclarecimento de assuntos de interesse do cliente, é fundamental.

Afinal, não adianta colher centenas de informações e não conseguir realizar o esclarecimento de assuntos do interesse do cliente. Ter dados não significa ter informação. Da mesma forma, informação não é conhecimento, inteligência. Por derradeiro, essa inteligência deve possibilitar a tomada de decisão.

Agora o primeiro capítulo torna-se completamente justificado, mostrando o didático caráter circular desta obra: investigar é mais do que coletar dados; é realizar a busca da verdade e gerar atividade de inteligência.

Obviamente, essa atividade de inteligência tem abrangência individual, pois não pretende orientar as tomadas de decisões de um governo ou de uma nação. No entanto, a questão permanece exatamente a mesma: transformar dados em informações e, em seguida, em conhecimento, a fim de que o cliente tenha meios suficientes para sua tomada de decisão.

Conforme os exemplos que serão apresentados nesta seção, acrescentando-se o conteúdo exposto no primeiro capítulo, uma certeza torna-se óbvia: a conclusão em face do resultado dos trabalhos executados significa capacidade de organizar os dados e contextualizar as informações, conferindo-lhes sentido e expressando a noção de uma determinada realidade, compreendendo as minúcias de sua composição intrínseca e de seu significado.

Em outros termos, trata-se de fazer com que o conhecimento da realidade permita, ao cliente, realizar melhores e mais responsáveis escolhas de conduta.

c. **Indicação das providências legais possíveis de serem adotadas**

Por mais que esteja expressamente descrito na redação da lei e, ainda, que sua interpretação literal não possa gerar dúvidas, as providências legais que podem ser adotadas devem ser cuidadosamente analisadas.

É notória a problemática em relação ao conteúdo redigido pelos legisladores nacionais. Há tantas questões envolvendo o conteúdo e o significado das leis que boa parte da jurisprudência é destinada, exclusivamente, a determinar o que deve ser interpretado de uma legislação específica.

Não bastando essa fragilidade interpretativa, o sistema jurídico brasileiro tem ações constitucionais destinadas ao Supremo Tribunal Federal (STF): a Ação Direta de Inconstitucionalidade e a Ação Declaratória de Constitucionalidade, respectivamente, para retirar uma ação do sistema jurídico por contrariar a Constituição Federal e para confirmar que determinada lei obedece à Constituição.

Fazemos essa ressalva para mostrar que a problemática legislativa é muito maior do que podemos imaginar. O fato de uma lei ter sido escrita não significa que ela seja necessariamente válida.

Dito isso, compreendemos ser absolutamente problemática a redação dada ao art. 9º, inciso II, da Lei n. 13.432/2017, na sua parte final: "a indicação das providências legais a adotar" (Brasil, 2017).

Isso porque a Lei n. 8.906, de 4 de julho de 1994, que dispõe sobre o Estatuto da Advocacia e a Ordem dos Advogados do Brasil, afirma, logo no segundo inciso do seu primeiro artigo: "São atividades privativas de advocacia [...] II – as atividades de consultoria, assessoria e direção jurídicas." (Brasil, 1994).

Se a consultoria, a assessoria e a direção jurídicas são atividades privativas de advocacia, não poderia outra lei retirar essa exclusividade do profissional dessa esfera.

Assessoria jurídica significa, exatamente, auxiliar juridicamente quem deve tomar uma decisão. Conforme explica Paulo Lobo (citado por Piovezan; Freitas, 2015, p. 14), na obra *Estatuto da advocacia e da OAB comentado*: "A assessoria jurídica [...] se perfaz auxiliando quem deve tomar decisões".

Nesse sentido, o detetive particular deve tomar cuidado para não se imiscuir em seara alheia, sobretudo invadindo, ainda que aparentemente permitido pela lei, a atividade privativa de advogado.

De maneira alguma o detetive particular deverá, especialmente em documento assinado e entregue ao seu cliente, indicar as providências legais que este deveria tomar, muito menos tomar essas providências legais. No limite, poderá – e, então, sim, deverá – orientar o cliente para que busque um advogado, a fim de que este se oriente em relação a quaisquer providências legais a serem tomadas sobre os fatos (dados e informações) colhidos.

d. **Data, identificação completa do detetive particular e sua assinatura**

Por último, basta apor a data, com identificação completa do detetive particular e sua assinatura.

Mesmo que aparentemente seja um detalhe trivial, a data informa que quaisquer eventos ocorridos após a lavratura do Relatório Circunstanciado estarão fora da alçada do detetive particular, não cabendo a este ser responsável por reiniciar uma investigação já concluída. Obviamente, se houver uma nova contratação, deve-se fazer uma nova colheita de dados e informações.

A identificação completa do detetive particular envolve juntar, no relatório, cópia do próprio contrato que originou esse dever de relatar.

A necessidade da juntada do contrato, ou explícita referência, inclusive com cópia das cláusulas pactuadas, demonstra o efetivo cumprimento das obrigações compactuadas, provando que o detetive particular atuou, no "desempenho da profissão [...] com técnica, legalidade, honestidade, discrição, zelo e apreço pela verdade", conforme art. 6º da Lei n. 13.432/2017 (Brasil, 2017).

Em relação aos parágrafos referentes à cláusula que normatiza o Relatório Circunstanciado – apresentados no modelo de proposta de contrato –, de acordo com o segundo parágrafo, se houver dúvidas em relação ao conteúdo apresentado no Relatório Circunstanciado, o cliente deverá apresentá-las por escrito (ou por áudio ou vídeo, conforme as partes negociarem), no prazo de três dias (ou por outro prazo que seja acordado entre as partes), para resposta do Contratado no mesmo período (propugna-se pelo mesmo período para que exista bilateralidade, proporcionalidade entre as obrigações avençadas).

Já em relação ao terceiro parágrafo, abriu-se a possibilidade da entrega do Relatório Circunstanciado acompanhado dos respectivos documentos, por texto, áudio ou vídeo, conforme acordo entre as partes.

É importante haver essa negociação, conforme já esboçado neste e no capítulo anterior, em relação aos termos do contrato. Por isso, nada impede que, sendo de comum acordo, possam as partes (detetive particular e cliente) negociar a entrega do Relatório Circunstanciado por áudio ou vídeo.

A única questão fundamental, nesse caso, é fazer prova, por via de recibo, da entrega desse relatório. Tal recibo pode ser eletrônico, da mesma forma que o contrato, conforme exposto no início deste capítulo, e regulamentado pela Medida Provisória n. 2.200-2/2011.

Por fim, se houver alguma necessidade de adiantamento parcial do Relatório Circunstanciado, deve constar no modelo de contrato a menção de não significar qualquer disposição (renúncia, modificação ou diminuição) aos honorários contratados.

Os exemplos a seguir demonstrarão, cabalmente, a possibilidade de realização de um Relatório Circunstanciado que traga a certeza do cumprimento dos requisitos expressos no art. 9º da Lei n. 13.432/2017 e esmiuçados nesta seção.

Se houver um contrato bem acurado, detalhista, com uma precisa delimitação da natureza do serviço a ser prestado, o respectivo relatório terá melhor possibilidade de ser indefectível, ausente de qualquer mácula que possa indicar a existência de um descumprimento das cláusulas contratuais.

Observe este primeiro exemplo (sempre utilizando-se da terceira cláusula do modelo de contrato), com as especificações em maiúsculo:

> 3º Os dados e informações serão colhidos tendo em vista a DESCOBERTA da possível existência de INFIDELIDADE CONTRA A CONTRATANTE em relação à pessoa DO SEU CÔNJUGE.
>
> Parágrafo Primeiro: a natureza e o limite obrigacional da coleta de dados e informações serão determinados pelo objetivo explicitado no *caput* desta cláusula, com a delimitação do objetivo, do fato e das pessoas envolvidas.
>
> Parágrafo Segundo: os modos de pagamento de honorários e cobertura de despesas extras, com vistas à prestação de serviço descrita, serão abordados em cláusula específica.
>
> Parágrafo Terceiro: poderá o CONTRATADO terceirizar funções da atividade de coleta de dados e informações, sem a necessidade de prévia autorização do CONTRATANTE.

Assim, este seria um primeiro Modelo de Relatório Circunstanciado:

> Conforme a sétima cláusula do Contrato de Prestação de Serviços, em anexo, que fizeram a CONTRATANTE e o CONTRATADO, procedeu-se à vigilância do objeto de investigação, o respectivo Cônjuge, durante o período de três semanas.
>
> De acordo com a documentação em anexo, juntando-se fotos e arquivos de vídeo da vigilância realizada, as atividades do Cônjuge, no período observado, restringiram-se a realizar três almoços com pessoas que aparentavam ser sócios, colegas de trabalho ou mesmo clientes, nos restaurantes A, B e C, utlizando-se da mesma vestimenta formal que usou no

> trabalho, terno e gravata, sem demonstrar qualquer indício da existência de relações afetivas nesses almoços.
>
> Também, o objeto de vigilância frequentou a academia D, todos os dias da semana, entre os horários 19:00 e 20:30 horas, sempre saindo diretamente do escritório e voltando imediatamente para a sua residência.
>
> Em conversa com membros da academia, além da vigilância pessoal, nenhuma pessoa notou qualquer comportamento do Cônjuge que denotasse, ainda que remotamente, qualquer demonstração de infidelidade conjugal.
>
> Pela impossibilidade de prova da inexistência de algo, especialmente porque o período do contrato fora limitado, não se pode afirmar peremptoriamente a inexistência de infidelidade por parte do Cônjuge, mas todos os fatos indicam que não tenha havido traição.

Se, pelo contrário, o comportamento fora extremamente suspeito, o Relatório Circunstanciado poderia afirmar:

> Conforme a sétima cláusula do Contrato de Prestação de Serviços, em anexo, que fizeram a CONTRATANTE e o CONTRATADO, procedeu-se à vigilância do objeto de investigação, o respectivo Cônjuge, durante o período de três semanas.
>
> De acordo com a documentação em anexo, juntando-se fotos e arquivos de vídeo da vigilância realizada, as atividades do Cônjuge, no período observado, se desenvolveram de várias formas diferentes.
>
> Nos dias XX, XX, XX, e XX, o objeto de vigilância frequentou um local chamado XXX, notória casa de prostituição da Cidade de XXX, conforme fotos em anexo, sempre no horário

> do almoço, entre 12:00 e 13:00, saindo apressadamente e se dirigindo imediatamente ao trabalho.
>
> Também, nos dias XX, XX e XX, o Cônjuge foi visto nos restaurantes A, B e C, com diferentes mulheres com aparência muito mais jovial do que a dele, conforme consta nas fotos (que, de acordo com o contrato de confidencialidade, décima cláusula, não devem ser expostas em público).
>
> Em suma, de acordo com os dados e as informações colhidos no período contratado, há probabilidade da existência de infidelidade do Cônjuge, objeto de investigação, contra a CONTRATANTE, sendo recomendável a busca de um psicólogo para melhor poder lidar com essa frustração da expectativa de fidelidade e, caso haja a decisão de término do casamento, de um advogado que possa realizar os atos jurídicos necessários.

Observe a sutileza em não se afirmar, peremptoriamente, a existência de infidelidade.

Mesmo que o objeto de investigação tenha sido pego em flagrante, em atividade lasciva num lugar público, não é muito adequado ao detetive particular, em documento escrito e assinado, afirmar a existência de traição.

Imiscuir-se em relações matrimoniais sempre causará danos, pois se o detetive particular estiver certo, poderá destruir um casamento. E se estiver errado no seu julgamento, poderá ser destruído por conta de um erro de julgamento.

Em se tratando de relações profissionais, não vale a pena arriscar-se a promover certezas em questões que cabem exclusivamente ao Contratante.

Dito isso, e buscando modelos de Relatório Circunstanciado para a seara empresarial, apresentamos o seguinte modelo, com um contrato redigido (em letras maiúsculas) nesses termos:

3º Os dados e informações serão colhidos tendo em vista o ACLARAMENTO da possível existência de ESPIONAGEM INDUSTRIAL, em relação à EMPRESA XXX, DE PROPRIEDADE DO CONTRATANTE.

Parágrafo Primeiro: a natureza e o limite obrigacional da colheita de dados e informações serão determinados pelo objetivo explicitado no *caput* desta cláusula, com a delimitação do objetivo, do fato e das pessoas envolvidas.

Parágrafo Segundo: os modos de pagamento de honorários e cobertura de despesas extras, com vistas à prestação de serviço descrita, serão abordados em cláusula específica.

Parágrafo Terceiro: poderá o CONTRATADO terceirizar funções da atividade de coleta de dados e informações, sem a necessidade de prévia autorização do CONTRATANTE.

Com essas cláusulas contratuais, um modelo final de Relatório Circunstanciado ficaria da seguinte maneira:

Conforme a sétima cláusula do Contrato de Prestação de Serviços, em anexo, que fizeram a CONTRATANTE e o CONTRATADO, procedeu-se ao aclaramento do objeto de investigação, o reconhecimento da existência de espionagem industrial em relação à Empresa XXX, durante o período de quatro meses.

Considerando a complexidade do tema em apreço, nota-se que foi necessário realizar um planejamento dos meios de se buscar a probabilidade, senão a certeza, da existência de espionagem.

Num primeiro momento, contratou-se profissionais da área de Tecnologia de Informação para verificar a existência de fragilidades estruturais nos computadores da empresa, conforme expressa autorização contida no parágrafo terceiro. Não foi encontrada nenhuma fragilidade estrutural, mas recomenda-se a comunicação, para todos os funcionários, sobre a nova política de vigilância do conteúdo produzido e transmitido nas dependências da empresa.

Foram realizadas inúmeras entrevistas (com os detalhes de pessoas, datas e horário em anexo, juntamente com fotos) para verificar se haveria algum descontentamento generalizado ou suspeitas de funcionários da empresa objeto de investigação. Nada foi identificado.

Também se verificou se as empresas concorrentes estariam realizando pesquisas ou apresentando inovações tecnológicas/estéticas/funcionais que denotassem cópia de algum produto que ainda não esteja disponibilizado ao público pela empresa objeto de investigação, inexistindo quaisquer evidências nesse sentido.

Com a verificação interna (dos computadores e demais documentos da empresa), entrevista com diversos funcionários que interagem com as pesquisas que estão sendo desenvolvidas, além da verificação externa, por meio da qual não se localizou quaisquer cópias dos produtos que ainda estão em desenvolvimento, tem-se que não há indícios da existência de espionagem industrial, o que obviamente não impede a necessidade de novas investigações no futuro.

Com vistas a minorar a probabilidade de espionagem na empresa, recomenda-se a utilização dos programas de computador indicados pelos técnicos de TI, para que a vigilância seja constante, além da implementação de um discreto departamento de sindicância permanente, cujo chefe poderá ser orientado em conjunto com o setor administrativo e a

> equipe de detetives particulares, mediante novo contrato, para exercer essa função permanente de controle.

Perceba que, nesse Relatório Circunstanciado, o conteúdo foi bastante modificado. Se antes o foco era exclusivamente o resultado das investigações, nesse relatório tornou-se importante destacar os meios utilizados para a colheita de dados e informações, pois o próprio planejamento é fundamental para assegurar o cumprimento do objeto de investigação (aclaramento da possível existência de espionagem industrial).

Enfim, os modelos apresentados neste capítulo são exemplos das várias formas possíveis de demonstração de um Relatório Circunstanciado, documento em que se descreve, em pormenores, o trabalho realizado e o resultado atingido.

De qualquer maneira, é absolutamente fundamental perceber que a relação entre o contrato firmado e o Relatório Circunstanciado é o principal quesito de comprovação do adimplemento contratual.

Ainda mais importante é ter certeza de que o modelo adequado de Relatório Circunstanciado dependerá do conteúdo apresentado no contrato. Então, muito cuidado com o que você promete, pois será exatamente o que você terá de cumprir.

Com isso, concluímos o último capítulo deste livro.

Síntese

Neste último capítulo, estudamos que o conteúdo de um contrato é determinado pela sedimentação da vontade negocial entre as partes, definindo quais direitos e obrigações foram escolhidos para reger a relação entre o detetive particular e o cliente.

Definidas as partes, ou seja, contratante (cliente) e contratado (detetive particular), explicou-se sobre a liberdade contratual, sempre vinculada à função social do contrato, que permite às partes escolherem, conforme seus interesses e suas necessidades, a natureza, objeto e valor do contrato.

Lembrando dos elementos imprescindíveis à vinculação contratual (partes, objeto e valor), destacou-se a necessidade da previsão de prova do adimplemento contratual, qual seja, o relatório circunstanciado, elemento fundamental à realização do trabalho do detetive particular.

Para que haja melhores instrumentos de cobrança dos valores pactuados, foi trazida a opção de vincular notas promissórias ao contrato. O detetive particular dispor de outros meios de execução de seus devidos honorários, já líquidos, com os valores pré-estabelecidos, em função do serviço prestado, é mais um instrumento de utilidade ao exercício da profissão.

Foram trazidos os detalhes em relação às cláusulas mais relevantes, lembrando que a liberdade contratual permite a existência de modelos diversos, posto que há diferentes conteúdos, direitos e obrigações passíveis de serem contratados. Nesse sentido, mais do que servir de elemento de engessamento do instrumento contratual, servem à orientação da produção própria e particular dos direitos e obrigações que o detetive particular pretenda avençar com o seu cliente.

Por último, sendo o aspecto fundamental que determinará o total adimplemento contratual por parte do detetive particular, modelos concretos de relatórios circunstanciados foram apresentados, demonstrando que a atividade do detetive particular, de desvelamento de fatos e atribuição de significados, ou seja, produção de inteligência à orientação da conduta do cliente, apenas se tornarão existentes e válidas quando devidamente lavradas em instrumento privado de comunicação pessoal e direta do detetive particular com seu cliente. Afinal, a própria essência do resultado da atividade investigativa ficará registrada no relatório circunstanciado, demonstrando não apenas o que fora descoberto e possíveis ações do seu cliente, mas a comprovação do adimplemento direto e integral do contrato realizado.

Estudo de caso
Um cliente com graves problemas

No escritório de um detetive particular, aparece um cliente, esbaforido e nervoso, dizendo que já havia contratado um detetive particular para coletar dados e informações sobre a possibilidade de espionagem industrial na empresa da qual ele faz parte.

Mas o cliente não está confiando no trabalho do detetive contratado, apesar de o contrato ainda não ter terminado.

O cliente manifesta a suspeita de que tal detetive esteja mancomunado com o possível espião, embora não possa afirmar isso categoricamente. Além disso, a empresa possui várias invenções inéditas, e o cliente receia que algum concorrente descubra tais produtos, copie-os e os coloque à venda no mercado.

O detetive recém-procurado pelo cliente tem alguns dilemas pela frente: Como trabalhar para um cliente que já tenha detetive particular? Que argumentos ele poderia utilizar para aceitar, ou negar, o trabalho? E quanto ao contrato, como poderá ser constituída a cláusula contratual sobre o objeto de investigação, caso ele aceite o caso? E em termos de pagamento, como negociá-lo?

A legislação específica para a profissão de detetive particular (Lei n. 13.462/2017), em seu art. 10, II, b, informa que um detetive pode aceitar um caso mesmo que já exista outro investigador trabalhando no mesmo caso, caso haja algum conflito de interesses entre o cliente e o detetive contratado, além da possibilidade de existência de risco de dano.

Assim, sempre considerando os interesses do cliente, o detetive particular recém-procurado poderá assumir o caso, mostrando que realizará o trabalho para sanar as dúvidas existentes e prevenir eventuais danos.

Porém, ele também poderá se negar a prestar tal serviço, utilizando-se do art. 12, II, da mesma lei, caso acredite que o serviço seja imoral, discriminatório ou ilícito.

Quanto à cláusula contratual, basta especificar ao cliente que o serviço será prestado em função do conflito entre o cliente e o detetive contratado, a fim de preveni-lo de eventuais danos.

Em relação aos termos de negociação de honorários, essa questão é um pouco mais complexa, pois tal negociação dependerá da capacidade econômica do cliente e, principalmente, do valor do serviço prestado. Nesse caso, o detetive recém-procurado poderá apenas indicar o prejuízo certo que o cliente terá se não sanar suas dúvidas quanto ao detetive contratado, pois poderá perder patentes de invenções da empresa à qual está vinculado.

Ter essa inteligência na relação contratual sempre será consequência da realização de estudos sobre a natureza do próprio serviço e da compreensão da realidade social em que o detetive particular se encontra.

Para saber mais

Artigo

FERREIRA, M. L. T. **Negociação**: como funciona o método de Harvard. 19 mar. 2009. Disponível em: <http://www.administradores.com.br/artigos/negocios/negociacao-o-metodo-de-harvard/28822>. Acesso em: 6 set. 2018.

Conforme afirma o próprio título do artigo, trata-se de um texto que simplifica os conceitos contidos no modo de negociação de Harvard, uma técnica fundamental para aprimorar a capacidade de negociação.

Filme

O CONTRATO. Direção: Bruce Beresford. EUA/Alemanha, 2006. 97 min.

Dramático *thriller* que demonstra os riscos de se aceitar qualquer serviço em troca de pagamento. Mostra a necessidade de prudência e conhecimento das pessoas e do serviço que se pretende realizar, pois a contratação gera direitos e deveres que, nessa demonstração dramática, podem originar consequências imprevisíveis.

Livros

FERNANDES, A. C. **Direito Civil**: obrigações. Caxias do Sul: Educs, 2010.
FERNANDES, A. C. **Direito Civil**: contratos. Caxias do Sul: Educs, 2011.
Livros didáticos que demonstram o entendimento do direito em relação às obrigações e aos contratos possíveis de serem acordados entre as partes.

Questões para revisão

1. O que significa a qualificação *circunstanciado*?
2. Qual é a relação entre as obrigações assumidas em contrato e a redação do Relatório Circunstanciado?
3. Assinale a alternativa correta:
    a) Todo contrato de prestação de serviços deve apresentar o mesmo conteúdo.
    b) Todo contrato pode ser assinado eletronicamente.
    c) O contratante é o detetive particular.
    d) O contratado é o cliente.
    e) O contrato de prestação de serviços é solene.
4. Analise as assertivas a seguir e, na sequência, assinale a alternativa correta:

Todo contrato com detetive particular é válido.

PORQUE

As cláusulas contratuais já estão definidas por lei.

a) A primeira assertiva é verdadeira, mas a segunda assertiva é falsa.
b) A primeira assertiva é falsa, mas a segunda assertiva é verdadeira.
c) As duas assertivas são verdadeiras, sendo a segunda uma consequência lógica da primeira.
d) As duas assertivas são verdadeiras, mas a segunda não é uma consequência lógica da primeira.
e) As duas assertivas são falsas.

5. Analise as seguintes assertivas:
   I) A natureza do serviço do detetive particular é planejar e coletar dados e informações.
   II) A redação das cláusulas contratuais obedece a rígidas formas definidas em lei.
   III) O Relatório Circunstanciado é opcional entre as partes.

A seguir, indique a alternativa que apresenta apenas a(s) assertiva(s) correta(s):

a) I.
b) II.
c) III.
d) I e II.
e) II e III.

Questões para reflexão

1. Por mais completo que um contrato seja, sempre podem ocorrer mudanças no quadro factual, ensejando novos aditivos contratuais. Apresentar um contrato com princípios bem definidos, mostrando os reais interesses e intenções, sempre poderá auxiliar na negociação de novas cláusulas?

2. O Relatório Circunstanciado é o momento final da conclusão do serviço de um detetive particular. A demonstração definitiva do adimplemento contratual pode incluir gráficos, tabelas, fotos, filmagens e áudio. A questão fundamental é: Como um investigador privado pode demonstrar que efetivamente utilizou as melhores técnicas na busca do resultado pretendido?

para concluir...

Fizemos uma longa jornada neste livro. O motivo? Entender como o Direito controla, orienta e determina a profissão do detetive particular.

Tudo começou com a apresentação do significado de *investigação*. Afinal, o conteúdo específico da atividade profissional de um detetive particular é a investigação de fatos.

Para realizar tal intento, foi necessário conhecermos, fenomenologicamente, o conceito de investigação. Investigar é conhecer a realidade. Mas, para conhecê-la, devemos buscar a verdade, por meio de dados e informações, chegando à produção de inteligência – no amplo sentido da realização de uma narrativa que possua sentido, que traga um significado, a fim de aclarar dúvidas, questionamentos e problemas do cliente.

Em seguida, analisamos o fenômeno jurídico, a fim de satisfazermos à notória necessidade de compreensão da civilização e da cultura para que o direito tenha sentido e imperatividade. A intenção desta obra sempre foi a de iniciar o conhecimento da realidade pelos seus elementos mais óbvios, mais diretamente perceptíveis, para que, analisados, eles possam trazer certezas e ser úteis ao conhecimento produzido.

Com a noção do que é a normalidade dentro da realidade social, a *norma* passou a ser mais do que uma mera palavra. Ela se tornou uma demonstração de que a política é, ou deveria ser, um instrumento para construir uma comunidade, um país, uma civilização feita de pessoas morais, sérias e valorosas.

Assim, mostramos que a profissão de detetive particular é reconhecida pelo direito com as suas especificidades e limitações, sendo uma espécie de prestação de serviços que está submetida ao Código de Defesa do Consumidor (CDC). Por atender a um consumidor, os deveres de qualidade, transparência e honestidade perfazem o centro motriz do verdadeiro detetive particular.

Mas essa profissão está inserida em um contexto social, em uma civilização. Por isso, foi necessário analisarmos os direitos destinados a todos os humanos, pois a dignidade da pessoa humana é um bem fundamental, imprescindível à possibilidade até da própria vida. Com esses direitos humanos reconhecidos – afinal, se lidaremos com pessoas, devemos saber quais são os direitos que elas possuem –, os detalhes da privacidade e da intimidade mostraram que, sem a existência de um núcleo essencial que o investigador possa chamar de seu, um pouco de sua humanidade se derreterá perante a multidão.

E por conhecer tudo isso, o futuro detetive particular deve entender e respeitar esses limites, sabendo gerenciar a colheita dos dados e das informações com sabedoria, a fim de produzir inteligência.

Então, chegamos à escolha política fundante da comunidade de detetives particulares: a própria lei em análise nesta obra. Sob essa ótica, demonstramos que investigar é recolher dados e informações para produzir inteligência, como já mencionamos. Afinal, conforme avançamos na matéria, deparamo-nos com menos novidades e mais certezas.

Toda a facilidade para iniciar uma empresa, para escapar um pouco da obscena carga tributária do Brasil, faz-nos exigir espaço para, talvez um dia, sermos microempreendedores (MEI), para que o Simples Nacional nos salve, da mesma forma como consegue ajudar tantas empresas que elegem esse regime tributário.

Descobrimos muitos espaços, destinos e possibilidades de trabalho. Por exemplo, sabemos que podemos lutar contra a espionagem de produtos, na intenção de protegê-los dos concorrentes. Além disso, as oportunidades de *compliance* e auditoria trazem a certeza da essência sindicante da nossa atividade profissional.

Sim, estamos à procura da verdade, mas não apenas de fatos. Estamos em busca de sabedoria, de sentido, de embasamento para decisões refletidas, responsáveis. Afinal, o detetive particular sabe que pode proteger as empresas e, principalmente, as pessoas, com um conhecimento mais profundo e refletido sobre a realidade e sobre os atos dos indivíduos que a moldaram. Ser um detetive particular é saber o que aconteceu, quem agiu e, até mesmo, orientar o próprio cliente sobre o que pode ser feito – quando esta não for uma competência exclusiva de outras profissões.

Outras possibilidades de atuação, conforme discutimos na obra, envolvem encontrar um ente desaparecido, fazer um cliente melhor conhecer seu cônjuge, seus filhos, seus empregados domésticos... Enfim, um ótimo detetive particular deve saber até onde pode agir, para que não recaia em desvios profissionais e gere danos às pessoas, aos clientes.

As ocupações de um investigador privado também podem se referir a trazer mais segurança aos negócios, aumentando a reputação de empresas e de pessoas, permitindo que se afastem do que é ruim e busquem o que é bom. Tal ocupação não envolve apenas ajudar a melhor conhecer os empregados, mas sim perceber se há quaisquer ações que desviem do destino ótimo da produção empresarial: produzir empregos e riquezas, nessa ordem.

Enfim, como detetives particulares, devemos descobrir quem é nosso cliente, saber o que ele precisa e, por meio de um contrato, buscar satisfazer seus interesses e, obviamente, também os nossos. Afinal, nossa profissão se realiza por meio de um contrato oneroso, por meio do qual nós levamos a verdade e trazemos o pão, damos a certeza e recebemos a subsistência. Uma troca justa, um escambo honesto, uma reserva de valores importantes, mas tão desgastados e perdidos em uma civilização que, aos poucos, perde também o rumo da vida elevada.

Neste livro, ainda analisamos a importância do Contrato de Prestação de Serviço, que permite esclarecer todos os aspectos que nortearão nossa conduta, bem como saber o que podemos esperar da conduta do cliente. Tudo isso com transparência e honestidade. O contrato estabelece o que faremos e o que queremos. Tudo o que exigimos, e nos é exigido, é claro, indubitável, certo e honesto.

Enfim, terminamos com a resposta adequada a um contrato bem feito, relatando os detalhes e os resultados de nossas pesquisas: do contrato ao Relatório Circunstanciado, mostrando o caminho realizado por este livro, que começou explicando a atividade investigatória como um relatório de inteligência.

Com isso, completamos esse ciclo de educação. Este livro se propõe a ser uma obra propedêutica, apesar de rigorosa e abrangente, não apenas trazendo comentários sobre a legislação corrente, mas, principalmente, aclarando, fundamentalmente, o significado do detetive particular perante a realidade e o direito, mostrando um caminho correto, seguro e honroso de buscar, nos fatos, um sentido à vida.

Diante da complexidade dos fatos da vida, compreender profundamente o significado de investigação, os limites do investigador, os objetos a serem investigados, inclusive com um modelo de contrato que regulará toda a relação entre detetive particular e cliente, permitirá ao futuro profissional orientar-se, tendo a certeza de que o seu melhor comportamento estará orientado pelo conteúdo desta obra.

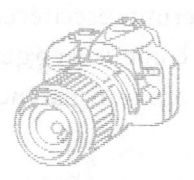

referências

AGUIAR, R. R. de (Coord.). **IV Jornada de Direito Civil**: Direito das Obrigações e Responsabilidade Civil. CJF – Conselho da Justiça Federal, 2009. Disponível em: <http://www.cjf.jus.br/enunciados/enunciado/474>. Acesso em: 8 ago. 2018.

ALEXANDRINO, M.; PAULO, V. **Direito administrativo descomplicado**. 25. ed. Rio de Janeiro: Forense; São Paulo: Método, 2017.

ARISTÓTELES. **Metafísica**. Tradução de Valentin García Yebra. 2. ed. Madrid: Gredos, 1982.

ÁVILA, H. **Teoria dos princípios**: da definição à aplicação dos princípios jurídicos. 4. ed. São Paulo: Malheiros, 2005.

ÁVILA, R. F. de et al. Empatia e reconhecimento de expressões faciais de emoções básicas e complexas em estudantes de Medicina. **Jornal Brasileiro de Psiquiatria**, Rio de Janeiro, v. 65, n. 3, p. 209-214, 2016. Disponível em: <http://www.scielo.br/pdf/jbpsiq/v65n3/0047-2085-jbpsiq-65-3-0209.pdf>. Acesso em: 12 jul. 2018.

BLOK, M. *Compliance e governança corporativa*. Rio de Janeiro: F. Bastos, 2017.

BOBBIO, N. **Teoria da norma jurídica**. Tradução de Ariani Bueno Sudatti e Fernando Pavan Batista. 2. ed. Bauru: Edipro, 2003.

BOTTINO, T. **Marido perdoa traição e "Fabíola da unha" passará o Natal com a família**. 19 dez. 2015 Disponível em: <http://www.itapetingaagora.net/2015/12/brasil-marido-perdoa-traicao-e-fabiola.html>. Acesso em: 12 jul. 2018.

BRASIL. ABIN – Agência Brasileira de Inteligência. Gabinete de Segurança Institucional. **Inteligência e Contrainteligência**. Disponível em: <http://www.abin.gov.br/atividadeinteligencia/inteligenciaecontrainteligencia/>. Acesso em: 12 jul. 2018a.

BRASIL. Constituição (1988). **Diário Oficial da União**, Brasília, DF, 5 out. 1988. Disponível em: <http://www.planalto.gov.br/ccivil_03/Constituicao/Constituicao.htm>. Acesso em: 12 jul. 2018.

BRASIL. Decreto n. 2.044, de 31 de dezembro de 1908. **Coleção de Leis do Brasil**, Poder Executivo, Rio de Janeiro, 1908. Disponível em: <http://www.planalto.gov.br/ccivil_03/decreto/historicos/dpl/DPL2044-1908.htm>. Acesso em: 12 jul. 2018.

_____. Decreto n. 50.532, de 3 de maio de 1961. **Diário Oficial da União**, Brasília, DF, 4 maio 1961. Disponível em: <http://www.planalto.gov.br/ccivil_03/decreto/1950-1969/D50532.htm>. Acesso em: 12 jul. 2018.

_____. Decreto n. 61.934, de 22 de dezembro de 1967. **Diário Oficial da União**, Brasília, DF, 27 dez. 1967. Disponível em: <http://www.planalto.gov.br/ccivil_03/decreto/antigos/d61934.htm>. Acesso em: 4 out. 2018.

_____. Decreto-Lei n. 3.689, de 3 de outubro de 1941. **Diário Oficial [da] República dos Estados Unidos do Brasil**, Rio de Janeiro, 13 out. 1941. Disponível em: <http://www.planalto.gov.br/ccivil_03/decreto-lei/Del3689.htm>. Acesso em: 12 jul. 2018.

_____. Decreto-Lei n. 9.295, de 27 de maio de 1946. **Diário Oficial da União**, Poder Legislativo, Rio de Janeiro, 28 maio 1946. Disponível em: <http://www.planalto.gov.br/CCiViL_03/Decreto-Lei/Del9295.htm>. Acesso em: 12 jul. 2018.

_____. Lei Complementar n. 123, de 14 de dezembro de 2006. **Diário Oficial da União**, Poder Legislativo, Brasília, DF, 15 dez. 2006a. Disponível em: <http://www.planalto.gov.br/ccivil_03/leis/lcp/lcp123.htm>. Acesso em: 12 jul. 2018.

_____. Lei n. 3.099, de 24 de fevereiro de 1957. **Diário Oficial [da] República dos Estados Unidos do Brasil**, Rio de Janeiro, 27 fev. 1957. Disponível em: <http://www.planalto.gov.br/ccivil_03/LEIS/1950-1969/L3099.htm>. Acesso em: 12 jul. 2018.

_____. Lei n. 4.769, de 9 de setembro de 1965. **Diário Oficial [da] República dos Estados Unidos do Brasil**, Rio de Janeiro, 13 set. 1965. Disponível em: <http://www.planalto.gov.br/ccivil_03/Leis/L4769.htm>. Acesso em: 4 out. 2018.

_____. Lei n. 8.078, de 11 de setembro de 1990. **Diário Oficial da União**, Poder Legislativo, Brasília, DF, 12 set. 1990a. Disponível em: <http://www.planalto.gov.br/ccivil_03/leis/l8078.htm>. Acesso em: 12 jul. 2018.

BRASIL. Lei n. 8.112, de 11 de dezembro de 1990. **Diário Oficial da União**, Poder Legislativo, Brasília, DF, 12 dez. 1990b. Disponível em: <http://www.planalto.gov.br/CCIVIL_03/leis/L8112cons.htm>. Acesso em: 12 jul. 2018.

_____. Lei n. 8.906, de 4 de julho de 1994. **Diário Oficial da União**, Poder Legislativo, Brasília, DF, 5 jul. 1994. Disponível em: <http://www.planalto.gov.br/ccivil_03/Leis/L8906.htm>. Acesso em: 12 jul. 2018.

_____. Lei n. 9.279, de 14 de maio de 1996. **Diário Oficial da União**, Poder Legislativo, Brasília, DF, 15 maio 1996a. Disponível em: <http://www.planalto.gov.br/ccivil_03/leis/l9279.htm>. Acesso em: 12 jul. 2018.

_____. Lei n. 9.296, de 24 de julho de 1996. **Diário Oficial da União**, Poder Legislativo, Brasília, DF, 25 jul. 1996b. Disponível em: <http://www.planalto.gov.br/CCivil_03/LEIS/L9296.htm>. Acesso em: 12 ago. 2018.

_____. Lei n. 10.406, de 10 de janeiro de 2002. **Diário Oficial da União**, Poder Legislativo, Brasília, DF, 11 jan. 2002. Disponível em: <http://www.planalto.gov.br/ccivil_03/LEIS/2002/L10406.htm>. Acesso em: 12 jul. 2018.

_____. Lei n. 11.340, de 7 de agosto de 2006. **Diário Oficial da União**, Poder Legislativo, Brasília, DF, 8 ago. 2006b. Disponível em: <http://www.planalto.gov.br/ccivil_03/_Ato2004-2006/2006/Lei/L11340.htm>. Acesso em: 12 jul. 2018.

BRASIL. Lei n. 12.441, de 11 de julho de 2011. **Diário Oficial da União**, Poder Legislativo, Brasília, DF, 12 jul. 2011a. Disponível em: <http://www.planalto.gov.br/ccivil_03/_Ato2011-2014/2011/Lei/L12441.htm>. Acesso em: 2 out. 2018.

BRASIL. Lei n. 12.527, de 18 de novembro de 2011. **Diário Oficial da União**, Poder Legislativo, Brasília, DF, 18 nov. 2011b. Disponível em: <http://www.planalto.gov.br/ccivil_03/_ato2011-2014/2011/lei/l12527.htm>. Acesso em: 2 out. 2018.

_____. Lei n. 13.105, de 16 de março de 2015. **Diário Oficial da União**, Poder Legislativo, Brasília, DF, 17 mar. 2015a. Disponível em: <http://www.planalto.gov.br/ccivil_03/_Ato2015-2018/2015/Lei/L13105.htm>. Acesso em: 12 jul. 2018.

BRASIL. Lei n. 13.432, de 11 de abril de 2017. **Diário Oficial da União**, Poder Legislativo, Brasília, DF, 12 abr. 2017. Disponível em: <http://www.planalto.gov.br/ccivil_03/_ato2015-2018/2017/lei/L13432.htm>. Acesso em: 12 jul. 2018.

_____. Medida Provisória n. 2.200-2, de 24 de agosto de 2001. **Diário Oficial da União**, Poder Legislativo, Brasília, DF, 27 ago. 2001. Disponível em: <http://www.planalto.gov.br/ccivil_03/mpv/antigas_2001/2200-2.htm>. Acesso em: 8 ago. 2018.

BRASIL. Ministério do Trabalho e Emprego. Poder Executivo Federal. **CBO – Classificação Brasileira de Ocupações**. 3. ed. Brasília, 2010. Disponível em: <http://www.cofen.gov.br/wp-content/uploads/2015/12/CLASSIFICAÇÃO-BRASILEIRA-DE-OCUPAÇÕES-MEC.pdf>. Acesso em: 8 ago. 2018.

BRASIL. Ministério do Trabalho. Poder Executivo Federal. **CBO – Classificação Brasileira de Ocupações**. Disponível em: <http://www.mtecbo.gov.br/cbosite/pages/saibaMais.jsf>. Acesso em: 20 ago. 2018b.

BRASIL. Superior Tribunal de Justiça. **Decisão n. 2017/0274466-4, Agravo em Recurso Especial n. 1.192.367**. Brasília, DF, 30 de julho de 2018. Brasília, 14 ago. 2018c. Disponível em: <https://ww2.stj.jus.br/processo/revista/documento/mediado/?componente=MON&sequencial=85837199&num_registro=201702744664&data=20180814&formato=PDF>. Acesso em: 1º nov. 2018.

BRASIL. Tribunal Superior Eleitoral. Acórdão n. 48369, de 10 de novembro de 2015. Relator: Ministro Henrique Neves da Silva. **Diário de Justiça Eletrônico**, Brasília, 26 nov. 2015b. Disponível em: <https://tse.jusbrasil.com.br/jurisprudencia/348593734/recurso-especial-eleitoral-respe-48369-sao-miguel-da-baixa-grande-pi/inteiro-teor-348593758?ref=juris-tabs>. Acesso em: 3 out. 2018.

CANDELORO, A. P. P.; RIZZO, M. B. Martins de; PINHO, V. **Compliance 360°**: riscos, estratégias, conflitos e vaidades no mundo corporativo. São Paulo: Trevisan Editora Universitária, 2012.

CFC – Conselho Federal de Contabilidade. Resolução CFC n° 560/83. In: ____. **Legislação da profissão contábil**. Brasília: CFC, 2003. p. 60-68.

DISTRITO FEDERAL. Tribunal de Justiça. Acórdão n. 986.220, de 6 de dezembro de 2016. Relator: Desembargador Fernando Antonio Tavernard Lima. **Diário da Justiça**, Brasília, 12 dez. 2016.

FERNANDES, F. do C. Inteligência ou informações? **Revista Brasileira de Inteligência**, Brasília, v. 2, n. 3, p. 7-21, set. 2006. Disponível em: <http://www.abin.gov.br/conteudo/uploads/2015/08/revista3.pdf>. Acesso em: 2 out. 2018.

FERRAZ JÚNIOR, T. S. Sigilo de dados: o direito à privacidade e os limites à função fiscalizadora do Estado. **Revista da Faculdade de Direito da Universidade de São Paulo**, São Paulo, v. 88, p. 439-459, jan. 1993. Disponível em: <http://www.revistas.usp.br/rfdusp/article/view/67231>. Acesso em: 16 jul. 2018.

FIGUEIREDO, C. de. **Novo diccionário da língua portuguesa**. 1913. Disponível em: <http://dicionario-aberto.net/dict.pdf>. Acesso em: 8 ago. 2018.

FIUZA, C. **Direito Civil**: curso completo. 13. ed. São Paulo: Del Rey, 2009.

FIUZA, R.; SILVA, R. B. T. da. (Coord.). **Código Civil comentado**. 9. ed. São Paulo: Saraiva, 2013.

GONÇALVES, C. R. **Direito civil esquematizado**. 2. ed. São Paulo: Saraiva, 2012. v. 1.

GREENWALD, G. **No Place to Hide**: Edward Snowden, the NSA, and the U.S. Surveillance State. London: Picador, 2015.

GREUEL, M. da V. **Experiência, pensar e intuição**: introdução à fenomenologia estrutural. São Paulo: Uniube, 1998.

GUEDES, L. C. A mãe das inteligências. **Revista Brasileira de Inteligência**, Brasília, v. 2, n. 2, p. 21-36, abr. 2006. Disponível em: <http://www.abin.gov.br/conteudo/uploads/2015/08/revista2.pdf>. Acesso em: 2 out. 2018.

HART, H. L. A. **O conceito de direito**. Tradução de A. Ribeiro Mendes. 3. ed. Lisboa: Fundação Calouste Gulbenkian, 2001.

HEUER JR., R. J. **Psychology of Intelligence Analysis**. Central Intelligence Agency, Center for the Study of Intelligence, 1999.

INFORMATIONSPLATTFORM HUMANRIGHTS.CH. **Informationelle Selbstbestimmung**: (noch) kein neues Grundrecht. 26 Oct. 2017. Disponível em: <https://www.humanrights.ch/de/menschenrechte-schweiz/inneres/person/datenschutz/informationelle-selbstbestimmung>. Acesso em: 8 ago. 2018.

ISO – International Organization for Standardization. **ISO 19600**: Compliance Management Systems – Guidelines. 2014. Disponível em: <https://www.iso.org/obp/ui/#iso:std:iso:19600:ed-1:v1:en>. Acesso em: 8 ago. 2018.

JOUVENEL, B. de. **O poder**: história natural de seu crescimento. São Paulo: Peixoto Neto, 2010. (Coleção Teoria Política).

LACOUE-LABARTHE, P.; NANCY, J.-L. **O mito nazista**. Tradução de Márcio Seligmann-Silva. São Paulo: Iluminuras, 2002.

LAROUSSE. **Révolution française (1789-1799)**. Disponível em: <http://www.larousse.fr/encyclopedie/divers/Révolution_française/140733>. Acesso em: 27 nov. 2017.

LEMBO, C. **A pessoa**: seus direitos. Barueri: Manole, 2007.

MACHADO, C. (Org.). **Código de Defesa do Consumidor interpretado**: artigo por artigo, parágrafo por parágrafo. Barueri: Manole, 2013.

MALULY, V. **Organização do Tratado do Atlântico Norte vs Pacto de Varsóvia**: crise dos mísseis. Internationali Negotia, Brasília, 2015. Disponível em: <http://site.internationali.com.br/images/mib/crise.pdf>. Acesso em: 8 ago. 2018.

MATO GROSSO DO SUL. Tribunal de Justiça. Acórdão n. 00016712920078120026. Relator: Desembargador Francisco Gerardo de Sousa.

Diário da Justiça, 4 dez. 2013. Disponível em: <https://tj-ms.jusbrasil.com.br/jurisprudencia/128096933/apelacao-apl-16712920078120026-ms-0001671-2920078120026?ref=serp>. Acesso em: 3 out. 2018.

MELLO, C. de M. **Direito civil**: contratos. 2. ed. Rio de Janeiro: F. Bastos, 2017.

MELLO, C. de M.; MOREIRA, T. **Direitos fundamentais e dignidade da pessoa humana**. São Paulo: F. Bastos, 2015.

MITNICK, K. D.; SIMON, W. L. **A arte de enganar**. Tradução de Kátia Aparecida Roque. São Paulo: Pearson Education, 2003.

NAZI PARTY. In: **Encyclopædia Britannica**. Disponível em: <https://www.britannica.com/topic/Nazi-Party>. Acesso em: 6 ago. 2018.

NOZOE, N. H.; BIANCHI, A. M.; RONDET, A. C. A. A nova classificação brasileira de ocupações: anotações de uma pesquisa empírica. **São Paulo em Perspectiva**, São Paulo, v. 17, n. 3-4, p. 234-246, 2003. Disponível em: <http://www.scielo.br/pdf/spp/v17n3-4/a23v1734.pdf>. Acesso em: 20 ago. 2018.

OLIVEIRA, R. C. R. **Curso de Direito Administrativo**. 5. ed. rev., atual. e ampl. Rio de Janeiro: Forense; São Paulo: Método, 2017.

OLIVEIRA, V. L.; PIMENTEL, D.; VIEIRA, M. J. O uso do termo de consentimento livre e esclarecido na prática médica. **Revista Bioética**, v. 18, n. 3, p. 705-724, 2010. Disponível em: <http://revistabioetica.cfm.org.br/index.php/revista_bioetica/article/viewFile/595/601>. Acesso em: 20 ago. 2018.

PACELLI, E. **Curso de processo penal**. 21. ed. rev., atual. e ampl. São Paulo: Atlas, 2017.

PARANÁ. Tribunal de Justiça. Apelação Cível n. 0111764-8. Relator: Desembargador Miguel Kfouri Neto. **Diário da Justiça**, Curitiba, 4 dez. 1997.

PEIXOTO, J. R. Elementos da negociação: critérios objetivos. In: MARASCHIN, M. U. (Coord.). **Manual de negociação baseado na teoria de Harvard**. Brasília: Escola da Advocacia-Geral da União, 2017. p. 21-37.

PESTANA, M. **Lei anticorrupção**: exame sistematizado da Lei n. 12.846/2013. Barueri: Manole, 2016.

PIOVEZAN, G. C.; FREITAS, G. T. O. (Org.). **Estatuto da advocacia e da OAB comentado**. Curitiba: OABPR, 2015. Disponível em: <http://www2.oabpr.org.br/downloads/ESTATUTO_OAB_COMENTADO.pdf>. Acesso em: 8 ago. 2018.

PLATT, W. **A produção de informações estratégicas**. Tradução de Álvaro G. Pereira e Heitor A. Ferreira. Rio de Janeiro: Biblioteca do Exército/Livraria Agir, 1974.

REALE, M. **Lições preliminares de direito**. 25. ed. São Paulo: Saraiva, 2001.

RIBEIRO, M. C. P.; DINIZ, P. D. F. Compliance e Lei Anticorrupção nas empresas. **Revista de Informação Legislativa**, Brasilia, ano 52, n. 205, p. 87-105, jan./mar. 2015. Disponível em: <https://www12.senado.leg.br/ril/edicoes/52/205/ril_v52_n205_p87.pdf>. Acesso em: 16 jul. 2018.

RIO DE JANEIRO (Estado). Tribunal de Justiça. Acórdão n. APL: 02981986620128190001 RJ 0298198-66.2012.8.19.0001. Relator: Desembargador Elton Martinez Carvalho Leme. **Diário da Justiça**, 7 maio 2014.

ROCHA, A. G. F. (Org.). **Planejamento e gestão estratégica**. São Paulo: Pearson Education do Brasil, 2012.

SÃO PAULO. Tribunal de Justiça. Acórdão n. 10324078220138260100. Relator: Desembargador Alcides Leopoldo e Silva Júnior. **Diário da Justiça**, São Paulo, 23 fev. 2016. Disponível em: <https://www.jusbrasil.com.br/jurisprudencia/busca?q=RELAT%C3%93RIO+FALSO>. Acesso em: 3 out. 2018.

STF – Supremo Tribunal Federal. Acórdão n. ADI 1.950, de 3 de novembro de 2005. Relator: Ministro Eros Grau. **Diário da Justiça**, Brasília, 2 jun. 2006. Disponível em: <http://redir.stf.jus.br/paginadorpub/paginador.jsp?docTP=AC&docID=266808>. Acesso em: 2 out. 2018.

_____. Acórdão n. ADI 2.832, de 7 de maio de 2008. Relator: Ministro Ricardo Lewandowski. **Diário da Justiça**, Brasília, 20 jun. 2008. Disponível em: <http://www.stf.jus.br/portal/constituicao/constituicao.asp>. Acesso em: 8 ago. 2018.

_____. Acórdão n. ARE 689.593 SP, de 20 de agosto de 2013. Relator: Ministro Dias Toffoli. **Diário da Justiça**, Brasilia, 17 out. 2013.

Disponível em: <http://redir.stf.jus.br/paginadorpub/paginador.jsp?docTP=TP&docID=4682031>. Acesso em: 8 ago. 2018.

STF – Supremo Tribunal Federal. Acórdão n. HC 79.285, de 31 de agosto de 1999. Relator: Ministro Moreira Alves. **Diário da Justiça**, Brasília, 12 nov. 1999. Disponível em: <http://redir.stf.jus.br/paginadorpub/paginador.jsp?docTP=AC&docID=78021>. Acesso em: 2 out. 2018.

_____. Acórdão n. RE 349.686, de 14 de junho de 2005. Relatora: Ministra Ellen Gracie. **Diário da Justiça**, Brasília, 5 ago. 2005. Disponível em: <http://redir.stf.jus.br/paginadorpub/paginador.jsp?docTP=AC&docID=261185>. Acesso em: 2 out. 2018.

_____. Acórdão n. RE 402.717, de 2 de dezembro de 2008. Relator: Ministro Cezar Peluso. **Diário da Justiça**, Brasília, 13 fev. 2009. Disponível em: <http://stf.jus.br/portal/jurisprudencia/listarJurisprudencia.asp?s1=(RE$.SCLA.+E+402717.NUME.)+OU+(RE.ACMS.+ADJ2+402717.ACMS.)&base=baseAcordaos&url=http://tinyurl.com/agxe3lr>. Acesso em: 2 out. 2018.

TARTUCE, F.; NEVES, D. A. A. **Manual de direito do consumidor**. 6. ed. rev., atual. e ampl. Rio de Janeiro: Forense; São Paulo: Método, 2017.

TEIXEIRA, M. M. S. Perfil do profissional de inteligência. **Revista Brasileira de Inteligência**, Brasília, v. 2, n. 3, p. 29-43, set. 2006. Disponível em: <http://www.abin.gov.br/conteudo/uploads/2018/05/RBI3-Artigo3-PERFIL-DO-PROFISSIONAL-DE-INTELIG%C3%8ANCIA.pdf>. Acesso em: 2 out. 2018.

UNICRIO – Centro de Informação das Nações Unidas Rio de Janeiro. Disponível em: <http://unicrio.org.br/>. Acesso em: 11 jan. 2018.

UNITED FOR HUMAN RIGHTS. **A Brief History of Human Rights**. 2018a. Disponível em: <http://www.humanrights.com/what-are-human-rights/brief-history/>. Acesso em: 6 ago. 2018.

_____. **Human Rights Defined**. 2018b. Disponível em: <http://www.humanrights.com/what-are-human-rights/>. Acesso em: 6 ago. 2018.

UNITED NATIONS HUMAN RIGHTS. **Declaração Universal dos Direitos Humanos**. Disponível em: <http://www.ohchr.org/EN/UDHR/Documents/UDHR_Translations/por.pdf>. Acesso em: 6 ago. 2018.

bibliografia comentada

LEMBO, C. **A pessoa**: seus direitos. Barueri: Manole, 2007.
Obra completa e fundamental sobre os direitos humanos e os limites à privacidade e à intimidade. Ensina a respeitar os limites do outro na hora de trabalhar com a investigação.

MACHADO, C. (Org.). **Código de defesa do consumidor interpretado**: artigo por artigo, parágrafo por parágrafo. Barueri: Manole, 2013.
Considerando a necessidade de o detetive particular ser regido pelo CDC, essa obra é de leitura obrigatória, especialmente nos artigos tratados neste livro de fundamentos legais.

MELLO, C. de M. **Direito civil**: contratos. 2. ed. Rio de Janeiro: F. Bastos, 2017.
Sendo o contrato o instrumento por excelência da relação profissional entre o cliente e o detetive particular, a leitura deste livro é essencial.

PLATT, W. **A produção de informações estratégicas**. Tradução de Álvaro G. Pereira e Heitor A. Ferreira. Rio de Janeiro: Biblioteca do Exército/Livraria Agir, 1974.
Esse texto é considerado um clássico para a organização de dados e informações que possam gerar inteligência. Trata-se de um manual fundamental para o detetive particular.

REALE, M. **Lições preliminares de direito**. 25. ed. São Paulo: Saraiva, 2001.
Uma das obras propedêuticas em direito que alcançou maior recorde de edições. Em linguagem simples e atraente, permite levar o aluno a compreender o fenômeno jurídico com rapidez e facilidade.

ROCHA, A. G. F. (Org.). **Planejamento e gestão estratégica**. São Paulo: Pearson Education do Brasil, 2012.
Obra de referência sobre organização estratégica e fundamental para a gestão de dados e informações do detetive particular.

apêndice

Modelo de Contrato de Prestação de Serviço

INSTRUMENTO PARTICULAR DE CONTRATO DE PRESTAÇÃO DE SERVIÇO DE DETETIVE PARTICULAR

I) DAS PARTES
Pelo presente instrumento particular, as partes infranomeadas e qualificadas comprometer-se-ão:

Contratante: NOME DA PESSOA (ou da EMPRESA), estado civil, profissão, CPF (ou CNPJ), domicílio (ou SEDE), e-mail (Representante Legal da Empresa), doravante denominada CONTRATANTE;

Contratado: NOME DO DETETIVE PARTICULAR (ou da EMPRESA), estado civil, CPF (ou CNPJ), domicílio (ou SEDE), e-mail (Representante Legal da Empresa, com CPF), doravante denominada CONTRATADO;

Na melhor forma de direito, as partes estabelecem como válido e justo para si as seguintes obrigações recíprocas, mutuamente outorgadas e consideradas exigíveis inclusive perante seus sucessores, comprometendo-se a respeitar e a cumprir, com boa-fé, as seguintes cláusulas contratuais:

II) DO OBJETO
1º O presente instrumento tem por objeto a prestação de serviços do CONTRATADO à CONTRATANTE, de planejamento e execução da coleta de dados e informações visando o esclarecimento de assuntos de interesse privado do CONTRATANTE.

2º A responsabilidade do CONTRATADO é de meios, utilizando o seu conhecimento técnico e os recursos tecnológicos permitidos, atuando com técnica, legalidade, honestidade, discrição, zelo e apreço pela verdade.

Parágrafo Primeiro: não poderá ser o CONTRATADO considerado inadimplente se as informações obtidas forem inconclusivas.

Parágrafo Segundo: o relatório circunstanciado demonstrará os meios buscados ao planejamento e à colheita de dados e informações, comprovando o adimplemento do CONTRATADO.

III) DA NATUREZA DO SERVIÇO

3º Os dados e informações serão colhidos tendo em vista a (descoberta, aclaramento, demonstração) da possível existência de (infidelidade, espionagem, necessidade de planejamento) em relação à pessoa XXX (ao fato XXX, à situação XXX).

Parágrafo Primeiro: a natureza e o limite obrigacional de colheita de dados e informações serão determinados pelo objetivo explicitado no *caput* desta cláusula, com a delimitação do objetivo, do fato e das pessoas envolvidas.

Parágrafo Segundo: os modos de pagamento de honorários e cobertura de despesas extras, com vistas à prestação de serviço descrita, serão abordados em cláusula específica.

Parágrafo Terceiro: poderá o CONTRATADO terceirizar funções da atividade de coleta de dados e informações, sem a necessidade de prévia autorização do CONTRATANTE.

4º O CONTRATANTE confirma ter recebido a relação dos documentos enumerados em anexo, necessários para a coleta dos dados e informações que satisfaçam a natureza do serviço proposto, conforme explicitado na cláusula anterior.

Parágrafo Único: todos os documentos serão devolvidos quando da entrega do Relatório Circunstanciado.

5º O CONTRATANTE autoriza, desde já, o CONTRATADO a requisitar autorização para a colaboração com investigação policial em curso, para cooperar com a colheita de dados e informações constantes da natureza do serviço.

Parágrafo Único: sendo essa autorização ato discricionário do Delegado de Polícia encarregado de investigar o caso, nenhuma sanção ou perda de direitos poderá ocorrer caso haja a negativa ao CONTRATADO de colaborar com as investigações.

6º É dever do CONTRATADO apresentar Relatório Circunstanciado ao CONTRATANTE, mediante recibo, caracterizando-se como prova final do seu adimplemento contratual.

Parágrafo Primeiro: no Relatório Circunstanciado deverão constar:

a) os procedimentos técnicos adotados para a colheita de dados;
b) a conclusão em face do resultado dos trabalhos executados;
c) a indicação das providências legais possíveis de serem adotadas;
d) data, identificação completa do detetive particular e sua assinatura.

Parágrafo Segundo: quaisquer dúvidas em relação ao conteúdo apresentado no Relatório Circunstanciado deverão ser realizadas por escrito, ou do mesmo modo que tenha sido apresentado o relatório, no prazo de três dias, para resposta do CONTRATADO no mesmo período.

Parágrafo Terceiro: o Relatório Circunstanciado poderá ser apresentado, acompanhado dos respectivos documentos, por texto, áudio ou vídeo, conforme acordo entre as partes.

Parágrafo Quarto: a entrega antecipada do Relatório Circunstanciado, ou de Relatórios Parciais, não prejudicará quaisquer disposições em relação aos honorários contratados.

7º Os serviços contratados por esse instrumento particular terão a duração (até descobrir se houve XXX ou quem realizou o XXX) de XXX semanas a partir da sua assinatura, encerrando-se no dia XXX de XXX de XXX, quando o CONTRATADO apresentar o respectivo Relatório Circunstanciado, prestando contas de sua atividade profissional.

Parágrafo Primeiro: o prazo poderá ser modificado, ampliado ou reduzido por ato consensual das partes, inclusive em função de fato ou outra condição futura.

Parágrafo Segundo: eventuais mudanças nos valores de honorários e demais custos que se alterarem deverão ser tratados por aditamento contratual.

8º O valor dos honorários devidos pelo CONTRATANTE ao CONTRATADO será de R$ XXX,xx (VALOR POR EXTENSO), a serem pagos nos dias XXX, XXX e XXX (ou à vista), por depósito bancário na conta XXX, (ou por cheque nominal, ou em espécie, ou mesmo com algum bem – carro, moto etc.).

Parágrafo Primeiro: este contrato legitima a emissão de Notas Promissórias no valor e no prazo de pagamento acordados, para servir, de pleno direito, como título executivo extrajudicial na hipótese de inadimplemento do CONTRATANTE.

Parágrafo Segundo: o recebimento de pagamentos parciais atrasados não significa, de maneira alguma, modificação dos prazos, significando mera liberalidade do CONTRATADO.

9º Os serviços contratados por esse instrumento particular serão prestados na comarca/cidade de (NOME DA CIDADE), pelo período avençado.

Parágrafo Primeiro: havendo a necessidade de viagem para fora da comarca, para a prestação de serviços, os respectivos custos serão suportados pelo CONTRATANTE, com o pagamento de uma diária no valor de R$ XXX,xx (por extenso) nas viagens intermunicipais e uma diária no valor de R$ XXX,xx nas viagens interestaduais.

Parágrafo Segundo: no caso de viagem, os valores poderão ser negociados se houver uma exagerada desvantagem para qualquer uma das partes.

10. Considerando a natureza sensível do colhimento de dados e informações, as partes se compromentem, explicitamente, no dever

de confidencialidade em relação ao conteúdo decorrente dessa relação contratual.

Parágrafo Primeiro: o dever de sigilo somente poderá ser afastado com a expressa anuência do CONTRATADO.

Parágrafo Segundo: havendo expresso dever legal de comunicação de dados sigilosos, especialmente para fins de investigação criminal, a cláusula de confidencialidade poderá ser afastada.

Parágrafo Terceiro: se as informações coletadas pelo CONTRATADO tiverem utilidade em juízo, terá o CONTRATANTE o dever de resguardar o sigilo da fonte em razão da natureza reservada dessa atividade, conforme regra expressa no art. 6º da Lei n. 13.432/2017.

Parágrafo Quarto: quaisquer danos decorrentes do vazamento das informações prestadas pelo CONTRATANTE serão de sua única e exclusiva responsabilidade, posto a permanente conduta lícita e ilibada do CONTRATADO na informação e no esclarecimento dos riscos inerentes à atividade investigativa.

Parágrafo Quinto: as informações também serão consideradas sigilosas na hipótese de contratação de terceiros que colaborem com a colheita de dados e informações.

11. Se houver rescisão contratual, as partes acordam na fixação de trinta por cento do valor global do contrato, independentemente de culpa, contra a parte que deu causa à rescisão.

Parágrafo Primeiro: a obrigação no caso de rescisão não impede eventual indenização por perdas, danos e lucros cessantes suportados.

12. O atraso no pagamento das parcelas avençadas acarretará ao devedor a multa de dois por cento no valor da prestação, além da aplicação de juros mensais de mora no valor de um por cento, *pro rata die*, e correção monetária calculada pelo INPC ou, sucessivamente, pelo índice do IGP-DI ou IPC da FGV.

13. Sendo necessária a cobrança judicial dos valores avençados, a parte responsável também arcará com as custas judiciais e os honorários advocatícios, na proporção de vinte por cento do valor da causa.

Estando justos e contratados, as partes se comprometem ao fiel cumprimento deste contrato, cujo anexos acompanham o original, tendo em vista a sua função social e nossa boa-fé objetiva, elegendo a Comarca de XXX (NOME DA CIDADE), renunciando a qualquer outra, para dirimir quaisquer controvérsias que sejam oriundas desse acordo.

Para maior firmeza ao presente, assinamos em duas vias, com XXX páginas, de igual valor.

NOME DA CIDADE, DATA

ASSINATURA DO CONTRATANTE

ASSINATURA DO CONTRATADO

ASSINATURA DAS TESTEMUNHAS (COM CPF ANOTADO)

respostas

Capítulo 1
Questões para revisão
1. A engenharia social permite controlar o comportamento de outras pessoas por meio de técnicas específicas de manipulação. Com isso, ampliam-se as possibilidades de ações à coleta de dados e informações.
2. Porque a inteligência é a formação de sentido de uma narrativa que permite ao cliente conhecer a realidade para tomar as próprias decisões. Se não se investiga a realidade, a ausência de dados e informações impede fazer inteligência sobre a realidade.
3. Alternativa **c**, pelos seus próprios fundamentos.
4. Alternativa **d**, conforme explícita informação contida no texto.
5. Alternativa **c**, pois o direito é sempre mais complexo do que alguma de suas partes. Sendo fruto da cultura e da busca civilizacional, entender o direito apenas como norma ou, pior, como lei, é um simplismo irresponsável.

Capítulo 2
Questões para revisão
1. A propaganda enganosa deve ser proibida porque induz o consumidor ao erro, retirando o caráter de probidade e veracidade que rege as relações de consumo. A propaganda abusiva deve ser proibida porque impõe um temor injustificado em função da parca experiência ou do estado emocional do consumidor.
2. Porque as relações consumeristas estão balizadas pelo princípio da defesa do consumidor, que deve proteger a parte considerada vulnerável.
3. Alternativa **c**. Conforme informação textual no capítulo, a CBO apenas classifica os tipos de trabalhos existentes com a finalidade de formação de inteligência.

4. Alternativa **d**. Novamente, conforme informação literal no capítulo, ao Estado, resultado das relações de poder em uma sociedade, cabe decidir o que é normal, isto é, o que deve ser normal, lícito.
5. Alternativa **d**, pelos seus próprios termos. O fato de as assertivas serem verdadeiras em nada determina que uma seja consequência da outra.

Capítulo 3
Questões para revisão
1. Um mundo sem direitos humanos seria uma sociedade fundada exclusivamente na força, sem racionalidade e sem valores. Imperaria a verdadeira lei da selva, em que a exploração, a escravidão, o medo e o engano seriam as bases dessa falta de civilização.
2. Conforme citação literal contida no texto: "No direito à privacidade, o objeto é, sinteticamente, a integridade moral do sujeito. [...] Aquilo que é exclusivo é o que passa pelas opções pessoais, afetadas pela subjetividade do indivíduo e que não é dominada nem por normas nem por padrões objetivos. O princípio da exclusividade comporta três atributos principais: a solidão (donde o desejo de estar só), o segredo (donde a exigência de sigilo) e a autonomia (donde a liberdade decidir sobre si mesmo como centro emanador de informações)" (Ferraz Júnior, 1993, p. 441-442).
3. Alternativa **a**. Houve a formação moderna dos direitos humanos (que não significa inexistir antes essa espécie de direito), mas na Primeira Guerra Mundial o que se formou foi a Liga das Nações.
4. Alternativa **c**. Conforme citação no texto, a necessidade de o indivíduo ter um espaço apenas para si mesmo e compartilhá-lo somente com quem quiser é condição até de sanidade mental.
5. Alternativa **d**. A primeira assertiva está respondida na quarta questão. Para a assertiva III, basta lembrar que as únicas restrições à colheita de dados e informações são os direitos humanos, a privacidade e a intimidade. Se uma pessoa publica uma informação na internet, ela mesma abdica da privacidade, permitindo o uso de tal

dado. O único detalhe é lembrar que não existe a possibilidade de usar ostensivamente tais informações – recomenda-se fazer um uso discreto, como convém a um detetive particular.

Capítulo 4
Questões para revisão
1. Não é nada justo, pois a atividade permite formação empresarial. Só ocorre porque a regulamentação da atividade é muito recente e ainda não houve pressão para a inclusão dessa profissão no MEI.
2. Porque *sindicar* significa, literalmente, obter dados e informações sobre um fato e realizar um relatório circunstanciado, com vistas a orientar ou sugerir uma conduta.
3. Alternativa **c**, pelos seus próprios fundamentos, conforme reiteradamente repetido no livro.
4. Alternativa **c**. É importante destacar que a formação empresarial sempre reduz os abusivos tributos a que somos submetidos.
5. Alternativa **e**. II – conforme expressa disposição legal (Lei n. 13.432); III – pela experiência comum das pessoas. Se o assunto é pessoal, mexe com a intimidade e a privacidade da pessoa. Inclusive por isso há importância de proteger esse aspecto do indivíduo.

Capítulo 5
Questões para revisão
1. O contrato delimita os direitos e os deveres a que o detetive particular se submete com o cliente.
2. Na negociação por posições, apenas se focaliza no que a pessoa quer. Na negociação por interesses, pesquisa-se o porquê de a pessoa desejar determinada posição. Normalmente, a posição é rígida, mas os interesses são o fundamento da causa do contrato.
3. Alternativa **a**. A assertiva II está incorreta porque a discrição é regra para o detetive particular, especialmente em se tratando de

resultados obtidos. Já a assertiva III parece verdadeira, mas prestar contas ao cliente não é uma atividade permitida, e sim obrigatória.
4. Alternativa **a**, posto o consentimento livre e esclarecido compor a atividade médica, mas não jurídica.
5. Alternativa **c**, porque a negociação significa a compreensão do outro e representa fazer algo que seja proximamente desejado por ambos, cliente e detetive particular.

Capítulo 6
Questões para revisão
1. *Circunstanciado*, conforme apresenta o texto do capítulo, significa apresentar as circunstâncias, os detalhes, os motivos e as especulações.
2. A prova de cumprimento das obrigações avençadas em contrato é expressa por meio do relatório.
3. Alternativa **b**. Conforme demonstrado no capítulo, por meio da Medida Provisória n. 2-200.2, todo contrato pode ser assinado eletronicamente.
4. Alternativa **e**. A liberdade contratual só encontra limites na função social do contrato, boa-fé etc. Nunca um contrato desses tem seu conteúdo determinado por lei, mas poderá ser inválido se contrariar a função social do contrato, por exemplo.
5. Alternativa **a**, conforme reiteradamente explicado desde o primeiro capítulo.

sobre o autor

Maurício Marques Canto Júnior possui graduação (2001) e mestrado (2001) em Direito pela Universidade Federal do Paraná (UFPR). Concentra suas atividades na seara epistemológica jurídica, nas disciplinas propedêuticas de Teoria da Argumentação, Direito Internacional, Filosofia e Ações Constitucionais.

Em sua carreira profissional, verticalizou atividades de orientação discente à produção científica, estabelecendo protocolos e paradigmas epistemológicos. Também, realizou atividades de gestão acadêmica, tendo presidido a Comissão Própria de Avaliação (CPA) e a Comissão Interna de Prevenção de Acidentes (Cipa) no Centro Universitário Campo Real, em Guarapuava. No mesmo Centro Universitário, foi membro do Conselho de Ensino, Pesquisa e Extensão do Núcleo Docente Estruturante do curso de Direito e coordenador do setor de Pós-graduação, Pesquisa e Extensão.

Além da redação de legislação municipal e criação de cursos de pós-graduação, obteve autorização da Harvard Law School The Case Studies para traduzir e utilizar em sala de aula o estudo de caso denominado "In the Stadium and in the Street: fhe Brazil Soccer Riots". Desenvolve sistemas epistemológicos de regimes jurídicos *de lege data* e *de lege ferenda*.

Os papéis utilizados neste livro, certificados por instituições ambientais competentes, são recicláveis, provenientes de fontes renováveis e, portanto, um meio sustentável e natural de informação e conhecimento.

FSC
www.fsc.org
MISTO
Papel produzido a partir de fontes responsáveis
FSC® C057341

Impressão: Log&Print Gráfica & Logística S.A.
Julho/2021